新しいIPWを学ぶ

Interprofessional Work

を学ぶ

利用者と地域とともに展開する
保健医療福祉連携

埼玉県立大学＝編集

中央法規

編集の意図、読者への期待

　本書は、『IPW を学ぶ——利用者中心の保健医療福祉連携』（2009（平成 21）年発行）の内容を再編し改訂版として刊行いたしました。

　全国、各自治体で進められている地域包括ケアシステムの構築は、その範囲が拡大され、介護保険下の高齢者のみならず、子どもから高齢者まで、世代を超えて支援を求める人の課題解決ができる地域社会のシステムづくりへと発展しています。その過程のなかで、IPW は支援システムの重要な基盤となっています。健康で豊かで有意義な社会生活を営むためには、保健医療福祉の枠を超えた地域社会を構成している人材のかかわりが必須です。例えば、脳卒中を患った人は、急性期医療から回復期、維持期へと社会生活に適応するために、医療の専門家のかかわりから社会復帰のための福祉の専門家、さらには健康や生活を維持するための介護の専門家や行政の支援など、時系列のなかで多職種がその濃淡を包含しながら継続的にかかわりをもつことになります。また、現実的な問題として、終末期や在宅医療・介護、家族介護、発達障害、子どもの貧困、孤独死、子どもや高齢者の居場所など、身近な地域社会でさまざまな課題提起がなされ、その支援については多様性が要請されています。すなわち、真に IPW の地域展開が求められているといえます。

　一方、支援を求める人は、生物としての身体機能を有する人であり、日常活動を営む人であり、社会生活に参画する人です。また同時に、主体的な意志や価値観、感情、思いをもつ人でもあります。言い換えれば、IPW を展開するうえで、生物心理社会学的多面性をもつ主体である人の理解が必要だといえます。このように多面性をもつ人を支援するためには、多種多様な専門家がかかわると同時に、各専門家が主体としての利用者に対して共通の理解をもつことが求められます。

　地域社会の課題解決の手段として、IPW とその実践を保証するための IPE が急務であることはいうまでもありません。

　したがって本書は、人の理解にもとづくヒューマンケアを基盤に、利用者の理解、IPW を推進する各メンバーが利用者の主体的な日常活動や社会参画を重んじる価値観、そして、連携の中心にいる利用者の存在性の理解を強調しています。また、IPW が実践であることをふまえ、地域における IPW の啓発や実践教育、課題解決事例提示を通して、地域に密着した IPW の理解を強調しています。

　埼玉県立大学は、1999（平成 11）年の開学以来、教育の基本方針として IPE を基盤に人と人のつながりを重視した教育を行ってきました。2009（平成 21）年

には大学院保健医療福祉学研究科を開設し、IPW にかかわる教育と研究を深化させてきました。学士教育では、1 年次から 4 年次までの継続教育プログラムとして、ヒューマンケア論、ヒューマンケア体験実習、IPW 論、IPW 演習、IPW 実習を全学必修科目に設定するとともに、2012（平成 24）年度に文部科学省大学間連携共同教育推進事業に採択された「彩の国連携力育成プロジェクト（SAIPE）」を契機に、4 大学共同教育プログラムとして IPE 科目を「彩の国連携科目」と位置づけ、埼玉医科大学医学部、城西大学薬学部、日本工業大学建築学部の学生を交えた大学間連携教育を積み重ねています。

　大学院でも博士前期課程の IPW 論（専門職連携実践論）、博士後期課程の IPW システム開発論を共通科目として、IPW を基盤とした高度専門職実践者および研究者の育成に力を注いでいます。さらに、地域包括ケアの実践者や病院、施設で活躍している各専門職を対象とした「IPW 総合課程（履修証明プログラム）」を開設し、社会の要請に応える現任教育を行っています。

　埼玉県立大学は 23 年の経験を通して、学士教育から大学院教育、さらに現任教育へと連なる持続的な IPE システムを深化させてきました。本書では、埼玉県立大学の学士教育、大学院教育、現任教育の実際を紹介し、読者がそれぞれの立場でIPE に携わるための手法や新たな展開をするためのヒント、今後の IPW のあり方を展望する視点を提供します。

　埼玉県立大学は、日本の IPE のリーディング大学であることを自負しつつ、さらに連携教育を持続発展させていくために本書の制作を試みました。

2022 年 3 月

埼玉県立大学　学長

星　文彦

本書を読み進めるにあたって

　この度は本書を座右に置いていただき、ありがとうございます。多くの執筆者が「利用者とともに」「地域とともに」の新しいコンセプトにもとづき、専門職連携（IPW）と専門職連携教育（IPE）の意義と重要性にせまっています。そのため、原稿時点では専門用語等についてそれぞれの文脈において多様な表現が工夫されていました。こうしたそれぞれの表現は意味をもちますが、本書を読まれる方に一定の統一感を共有していただくことが重要になります。そこで、本書をより理解していただくために、関連する用語の取り扱いについてご説明します。

○専門職連携（実践）、多職種連携（実践）、連携と協働

　本書は、英国専門職連携教育推進センター (Centre for the Advancement of Interprofessional Education：CAIPE) の Interprofessional Work（IPW）の定義に即して記述しています。日本語訳では、専門職連携、専門職連携実践、多職種連携、多職種連携実践などと表現されます。その際に「『連携』は状況を示し、そこに行為が伴って実践になる」という考え方や、「『連携』にはそもそも『実践』が包含されている」など、多様な解釈があります。そこで本書では、これらの概念を原則的に「IPW」と表現しています。

○専門職連携教育、多職種連携教育

　同様に、Interprofessional Education（IPE）も英国専門職連携教育推進センター (CAIPE) の定義に即して記述しています。日本語訳では、専門職連携教育、多職種連携教育などと表現されますが、IPW と同様、本書ではこれらの概念を原則的に「IPE」と表現することにしました。もちろん「専門職（多職種）が連携して……」のような文脈ではそのままの表現になります。

○利用者、患者、クライエント、当事者

　IPW にとって働きかけの対象となる患者、高齢者や障害者などについては、実践現場でも多様な呼称が存在します。また、より丁寧な呼称に心がけている場面もあるかもしれません。本書ではこうした実際の呼称を大切にしながら、働きかけの対象となる人々を「利用者」と表現します。医療の実践現場では利用者というくくりに違和感を覚える場合もあるかもしれません。その際には、医療を受ける「利用者」として受け止めていただければ幸いです。

さらには「当事者」については、例えば「障害当事者」のように働きかけの対象者の当事者性を強調する場合もありますが、本書では原則的に前述の「利用者」の概念に含めることにしました。もちろん文脈上、第一義的な当事者を表現する場合には、そのまま「当事者」としています。

○地域密着型、地域基盤型

「地域とともに」のサブタイトルにあるように、本書では人々の生活が展開する地域に密着したIPWとIPEのあり方を追求しています。その際、「地域」のとらえ方にも多様性があることに配慮し、例えば医療機関・施設に入院・入所している人々の生活も含むよう、幅広いものになるよう意識しています。そのうえで、地域基盤型という表現には支援の提供者の論理が強いイメージを否定できないので、基本的には「地域密着型」という表現に統一しています。そして、文脈上「地域基盤型」のほうが適切な場合には、「地域に密着した」という意味合いの接頭語をつけるようにしました。

○暮らし、生活

IPWを展開する場面の1つでもある対象者の「暮らし」と「生活」の表現も混在します。両者の違いは執筆者の観点によるところが大きく、明確に区分することが困難です。そのため本書では、「暮らし」と「生活」という両表記がされています。

○問題、課題

IPWは働きかけの対象者がもつ問題と課題の解決や改善が目標になります。問題と課題については、IPWの担い手のとらえ方によって異なるかもしれません。こうした違いを認識しつつ、本書では原則的に「課題」と表現することにしました。

○成果、効果

IPWとIPEの取り組みにおいては、その成果や効果が期待されます。アウトプット（output）やアウトカム（outcome）の日本語訳としても表現される「成果」は重要な要素ではありますが、「計画や投入量に対する結果」という意味合いが強いので、プロセスにおけるプラスアルファの変化を包含する「効果」という表現に統一しています。そのうえで、「チームの成果をあげる」といった文脈ではそのまま「成

果」としました。

　読者の皆さんにおかれましては、これらの用語についてそれぞれのご経験やご見識にもとづく、さらに違った観点からの解釈等があるかもしれません。その際には、用語をめぐっての見解のすり合わせやコンセンサスの形成もまた、IPW と IPE のプロセスである点をご理解のうえ、読み進めていただければ幸いです。

CONTENTS

第5章　IPW の基盤となる人間性
──ヒューマンケアを手がかりに

第6章　ヒューマンケアの初期体験

第7章　地域密着型の IPW 実習

第1章

保健医療福祉
課題解決の鍵、IPW

1 保健医療福祉を取り巻く状況と変化

　日本の保健医療福祉における支援活動を、量的および質的に適切に実施するうえで、保健医療および人口や家族構成の状況と推移を理解することは重要である。

　本節では、日本の出生と死亡、人口や世帯の状況と長期推移を国民生活基礎調査、国勢調査、人口動態統計を用いてたどり、それらの未来予測を国立社会保障・人口問題研究所の将来推計報告[1] [2]をもとに解説する。

1）保健医療の状況の長期推移

① 出生と死亡の推移（図 1-1）

　年間の出生数は 1949（昭和 24）年の 270 万人と 1973（昭和 48）年の 209 万人の 2 つのピークを経て、一貫した減少に転じ、2020（令和 2）年は 84 万人であった。死亡数は 1947（昭和 22）年の 114 万人から 1979（昭和 54）年の 69 万人へ低下したが、1980 年代前半に上昇に転じ、2020（令和 2）年は 137 万人であった。2007（平成 19）年に死亡数が出生数を上回り、日本は人口減少へ転じた。

　人口 1,000 人あたりの出生数と合計特殊出生率[※1]は、それぞれ 1947（昭和 22）年の 34.3 と 4.54 から、2020（令和 2）年には 6.8 と 1.34 へ低下した。人口 10 万人あたりの死亡数（粗死亡率）は、1980 年代以降は死亡数の増加を反映して増加している。これに対し、年齢構成（高齢化）の影響を調整した年齢調整死亡率は、現在に至るまで減少し続けている。

② 主な死因別の死亡率の長期推移（図 1-2）

　第二次世界大戦前は、結核や肺炎などの呼吸器感染症を主体とした感染症が首位を占め、1918（大正 7）年前後の肺炎死亡の急増は、当時のスペイン風邪の影響である。第二次世界大戦後は結核の時代を経て、生活習慣病とされる脳血管疾患（脳卒中）や心疾患、その後は悪性新生物による死亡が増加した。一方、第二次世界大戦後に減少していた肺炎が 1980 年代から再び増加した。これには老年人口の増加に伴う誤嚥性肺炎の増加が影響している。

※1）合計特殊出生率は、15 ～ 49 歳までの女性の年齢別出生率を合計したもので、1 人の女性が、その年齢別出生率で一生の間に生むとしたときの子どもの数に相当する。

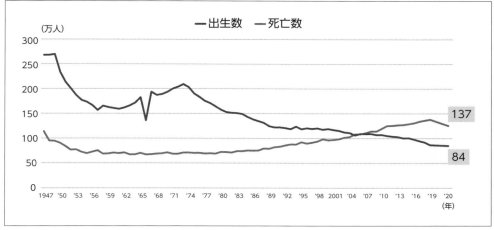

図1-1　わが国の出生数と死亡数の推移

出典：厚生労働省「人口動態統計」より作成

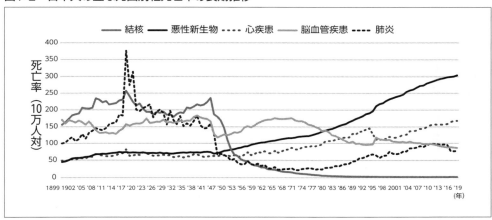

図1-2　日本人の主な死因別粗死亡率の長期推移

出典：厚生労働省「人口動態統計」より作成

③ 人口動態統計の限界と不確実性への対応

　保健医療福祉の状況を的確に把握するには、死因別の死亡統計などの人口動態統計のみでは限界がある。

　2019（令和元）年の国民生活基礎調査によると、介護を必要とする原因となった疾患は、骨折・転倒などとともに、過去50年間に死亡率が減少している脳血管疾患や、それが原因の1つである認知症が、特に介護度が高い集団で上位を占めている（表1-1）。

　1995（平成7）年の阪神・淡路大震災では6,000人以上、2011（平成23）年

表1-1 要介護度別に見た介護が必要となった主な原因（上位3位）

要介護度	第１位		第２位		第３位	
	疾患	%	疾患	%	疾患	%
総数	認知症	17.6	脳血管疾患（脳卒中）	16.1	高齢による衰弱	12.8
要支援者	関節疾患	18.9	高齢による衰弱	16.1	骨折・転倒	14.2
要支援1	関節疾患	20.3	高齢による衰弱	17.9	骨折・転倒	13.5
要支援2	関節疾患	17.5	骨折・転倒	14.9	高齢による衰弱	14.4
要介護者	認知症	24.3	脳血管疾患（脳卒中）	19.2	骨折・転倒	12.0
要介護1	認知症	29.8	脳血管疾患（脳卒中）	14.5	高齢による衰弱	13.7
要介護2	認知症	18.7	脳血管疾患（脳卒中）	17.8	骨折・転倒	13.5
要介護3	認知症	27.0	脳血管疾患（脳卒中）	24.1	骨折・転倒	12.1
要介護4	脳血管疾患（脳卒中）	23.6	認知症	20.2	骨折・転倒	15.1
要介護5	脳血管疾患（脳卒中）	24.7	認知症	24.0	高齢による衰弱	8.9

出典：厚生労働省「2019年国民生活基礎調査」

の東日本大震災や2020（令和２）年からの新型コロナウイルス感染症（COVID-19）パンデミックでは多数の死亡者を含む甚大な被害が発生したが、死亡に至らないまでも多くの人々の健康や社会生活に大きな影響を及ぼした。これらを含めて、戦争や地域紛争、地球温暖化による気候変動、巨大地震や津波などの大規模自然災害、新興感染症の大規模流行、さらにはリーマンショックのような経済危機など、既存の死因分類別の死亡数ではその実態を十分にはとらえきれない、予測が困難な状況に留意する必要がある。

２）総人口および世帯の年齢構成の推移と将来予測

　日本の人口および世帯数の将来推計とは、全国の将来の出生、死亡、ならびに国際人口移動について、既存のデータをもとに複数の仮定を設け、これらにもとづいて人口統計学的手法を用いて、将来の人口規模ならびに年齢構成等の人口構造の推移について推計したものである（図1-3、図1-4）。その予測値には低位値から高位値まで一定の幅があるが、本項では中位値を用いて示す。

① 総人口

　国勢調査によれば、2015（平成27）年の総人口は１億2,709万人であった。2007（平成19）年に死亡数が出生数を上回った後、長期の人口減少過程に入り、2053（令和35）年には１億人を割り、2065（令和47）年には8,808万人と推計される。

図1-3　日本の総人口と年齢3区分（年少（0〜14歳）、生産年齢（15〜64歳）、
　　　老年（65歳以上））人口割合の長期推移と将来予測

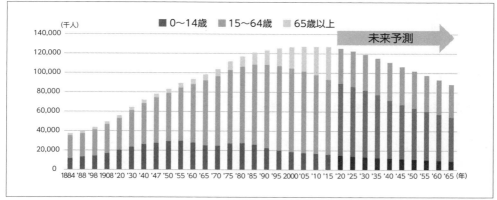

出典：国立社会保障・人口問題研究所「日本の将来推計人口（平成29年推計）」より作成

図1-4　世帯数と平均世帯人員数の推移と将来予測

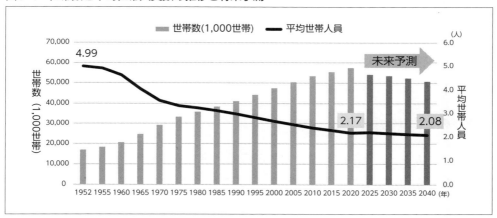

出典：国立社会保障・人口問題研究所「日本の世帯数の将来推計（全国推計）2018（平成30）年推計」より作成

② 年少（0〜14歳）の人口および割合

　年少人口は1980年代初頭の2,700万人規模から、2015（平成27）年には1,595万人まで減少した。その後も減少が続き、2056（令和38）年には1,000万人を下回り、2065（令和47）年には898万人と推計される。

　年少人口割合は、2015（平成27）年の12.5％から減少を続け、2065（令和47）年には10.2％とされる。

③ 生産年齢（15〜64歳）の人口および割合

　生産年齢人口は第二次世界大戦後、一貫して増加を続け、1995（平成7）年に

は8,726万人に達したが、その後は減少し、2015（平成27）年には7,728万人となった。今後、2029（令和11）年には7,000万人、2056（令和38）年では5,000万人を下回り、2065（令和47）年には4,529万人と推計される。

生産年齢人口割合は2015（平成27）年の60.8%から、2065（令和47）年には51.4%へ減少するとされる。

④ 老年（65歳以上）の人口および割合

老年人口は1950（昭和25）年の410万人から増加し、2015（平成27）年には3,387万人に達した。その後、緩やかな増加となり、2042（令和24）年に3,935万人でピークを迎える。その後は一貫した減少に転じ、2065（令和47）年には3,381万人とされる。

老年人口割合は1950（昭和25）年には5.2%で、2015（平成27）年には26.6%であった。2036（令和18）年には33.3%、2065（令和47）年には38.4%と予測される。

老年人口は2042（令和24）年にピークとなるが、年少および生産年齢人口の減少が続くため、老年人口割合は今後50年間は増加を続けるとされる。

⑤ 世帯の総数と構成の変化

世帯総数は1952（昭和27）年の1,697万世帯から2020（令和2）年の5,738万世帯まで増加してきた。しかしながら2040（令和22）年には5,076万世帯まで減少するとされる。

平均世帯人員は1952（昭和27）年の4.99人より一貫して減少が続き、2020（令和2）年には2.17人まで低下した。この傾向は続き、2040（令和22）年には2.08人とされる。

2015（平成27）年から2040（令和22）年の間の予測される変化では、世帯主が65歳以上の世帯数は1,918万世帯から2,242万世帯に、そのうち75歳以上は888万世帯から1,217万世帯に、全世帯主に占める65歳以上世帯主の割合は36.0%から44.2%に、高齢者世帯[2]の独居率が65歳以上の男性は14.0%から20.8%、女性は21.8%から24.5%と、それぞれ上昇するとされる。

※2）国民生活基礎調査における高齢者世帯とは、65歳以上の者のみで構成するか、またはこれに18歳未満の未婚の者が加わった世帯。

3）保健医療福祉の状況の変遷と IPW の必要性と課題

　第二次世界大戦後に主要な死因となった脳血管疾患や心疾患および悪性新生物などの生活習慣病への対策は、食生活や身体活動、喫煙などの生活習慣（行動）へ介入する一次予防から、早期発見のための二次予防、発症後の集学的治療と再発予防対策まで、多職種が関与する組織化された体制を必要とする。

　感染症の脅威が過去のものとなったかと思われた 1970 年代に、エボラウイルス病などの重症新興感染症がアフリカで報告され、1980 年代には後天性免疫不全症候群（AIDS）のパンデミックが発生した。2020 年初頭からは COVID-19 パンデミックが本格化した。日本では、1970 年代より医療施設や介護福祉施設での施設内感染の発生や、薬剤耐性菌の蔓延などが問題となった。これらの感染症対策では、多分野の保健医療専門職や国家行政、国際機関、NGO（非政府組織）などの多機関間連携の必要性が認識されるに至った。

　保健医療や介護の進歩などにより、年齢調整死亡率は低下したが、老年人口の増加と、それに伴う支援需要の増加がもたらされた。一方、人口の高齢化や家族構成の変化により、家庭内相互扶助や共助のための地域資源が減少傾向にある。

　これらの状況の変化は、担当者がそれぞれの領域で目的を達するために身につけなければならない知識、技術、経験などの複雑化、高度化をもたらした。その結果、さまざまな専門領域（specialty）と、そのなかの入れ子のように細分化された専門領域（subspecialty）が生み出された。そのような状況に対応するためには、専門職を担う人材育成の質的、量的な増強が必要であるが、この点においても年少および生産年齢人口の減少は大きな課題である。

2　地域包括ケアシステムの展開

1）地域包括ケアシステムが求められる背景

　2008（平成 20）年ごろまでに、日本の要介護者・要支援者の多くは介護保険サービスを利用できるようになった。褥瘡を伴うような寝かせきり処遇は激減した（はずである）。では、それで私たちは満足してよいだろうか。いうまでもなく、答えは「否」が正しい。介護の本質とは、加齢や疾病等により、生活の機能の一部、すなわち ADL（Activities of Daily Living：日常生活動作）、IADL（Instrumental Activities of Daily Living：手段的日常生活動作）等であらわされる身体的機能

や認知機能が低下した人が、その状態のもとで「生活を再構築する支援」にほかならない。

では、人は介護サービスを受けていればそれだけで幸せになれるだろうか。先と同じく、答えは「否」だろう。生活とは（仕事や勉学の側面を除けば）、家族や友人と会話や楽しい笑いをともにしたり、ペットを可愛がったり、盆栽の世話をしたり、スポーツ観戦をしたり、バラエティ番組を見ながら笑ったり、飲めるならお酒を少しでも味わったり、さらに可能ならささやかでも地域の役に立ったり……の総体であることに異論はあるまい。適切な介護サービスを一定の時間利用できたとしても、残りの時間をただ休んでいる状態では幸せとはいえない。

別の課題としては、医療機関入退院時、あるいは介護施設入退所時に、医療・介護サービスの切れ目をなくす工夫があげられる。1人の要介護者にかかわる各種サービス従事者が、ケアプランと予後予測などを一定程度共有するあり方があたりまえになる姿が求められる。同じ期間に提供される、在宅医療と在宅介護についても同様である。

こうした専門職協働と専門事業所連携を進めるために工夫されはじめた手法の代表がIPWであり、それを実現するための政策概念が地域包括ケアシステムと考えてよい。後者に関しては、介護、医療、予防、住まい、生活支援の5つの要素の組み合わせの大切さを、2008（平成20）年度の地域包括ケア研究会報告で最初に訴えた[1]。

2015（平成27）年度の研究会で「五輪の花図」（図1-5）は立体化され、専門職が担うサービスを「葉」、生活を「土」、住まいを「鉢」、そして本人の覚悟を「皿」であらわした「植木鉢図」（図1-6）へと進化を遂げた[2]。今では地域包括ケアシステム支援体制が、各自治体や地方厚生局において設置されるようになった。

要介護者・要支援者に対しては、介護サービスだけではなく、地域リハビリテーションの普及も鍵となる。軽度の動作練習、認知症者に対するサービスを含む作業療法、咀嚼・嚥下機能を高める口腔リハビリ等が進化してきた。最近では、管理栄養士による栄養指導もセットで考えられるように介護報酬が改定されている。

一方、歴史上空前の数に上る元気な高齢者は、地域資源ととらえるべきである。会社・役所・学校などを定年退職したら、地域に貢献できる時間が増える。定年等で退職した65～70歳の一定割合の人が地域活動に加われば、地域にとって大きな力となる。社会的なトレーニングを受け、仕組みを動かすマネジメントができる高齢者は、まちづくり、地域デザインに役立つ貴重な資源だと考えたい。

図1-5　五輪の花図

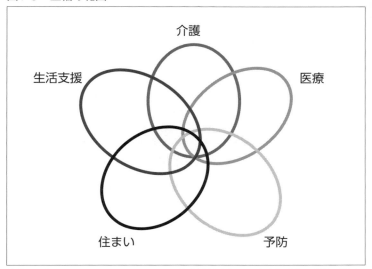

出典：三菱UFJリサーチ＆コンサルティング「地域包括ケア研究会報告書〜今後の検討の
　　　ための論点整理〜」（在宅医療と介護の連携，認知症高齢者ケア等地域ケアの在り
　　　方等研究事業），平成20年度厚生労働省老人保健健康増進等事業，2009．で展開
　　　された記述をもとに委員たちが説明のために用いた図柄

図1-6　植木鉢図

出典：三菱UFJリサーチ＆コンサルティング「＜地域包括ケア研究会＞地域包括ケアシス
　　　テムと地域マネジメント」（地域包括ケアシステム構築に向けた制度及びサービス
　　　のあり方に関する研究事業），平成27年度厚生労働省老人保健健康増進等事業，
　　　2016．

2）代表的な地域課題

① 入院患者の高齢化

　医療の社会的重要性は、COVID-19 のような新興感染症にかかわる対応を考えるまでもなく、これからも変わらない。ただし、急性期病院の入院患者の過半数が75 歳を超えるようになってきている事実をふまえなくてはならない。80 歳過ぎの患者の場合、急性期入院治療によって一応は病気を治せたとしても、退院時に心身機能が低下しているケースがむしろ普通である、と警告する医師の声もよく聞くようになった。

　50 歳の患者の場合、1 週間を病床で過ごしても、退院時の ADL と IADL は、入院時と比べ、さほど低下しない人が大多数だろう。ところが、80 歳過ぎの患者の場合、歩いて来院したにもかかわらず、ほんの 1 ～ 2 週間の急性期入院期間中、寝ている時間がほとんどだと、立てなくなる可能性を伴う。あるいは、生活から離れた入院によって、それが短い期間であっても、認知が混濁し、自分がどこにいるか、今どういう状況かが分からなくなったりする例も、各種学会や慢性期医療協会などによって問題として取り上げられている。

　もちろん、COVID-19 感染者に対する懸命の治療を考えれば分かるように、急性期医療のおかげで命が救われる人は常に存在する。心臓発作や脳卒中も基本的には急性期医療によってしか救えないだろうから、急性期医療を受けもつ病院の役割の大切さは計り知れないにしても、平常時には、退院後の日常生活復帰、在宅側の関係職種との連携も必ず考慮すべきである。

② 看取り

　次に日本の年間死亡数推移を示す（図 1-7）。第二次世界大戦に日本が参戦した約 3 年半の間に、諸説あるが 300 万人を超える国民が戦病死したといわれている。それより国内死亡者数が多かった 1920（大正 9）年の年間 140 万人死亡の原因は、スペイン風邪と呼ばれたインフルエンザだった。第二次世界大戦後は、40 年近く年間 70 万人台の死亡数の年が続いた。1990（平成 2）年ごろから死亡数が増えはじめ、2020（令和 2）年には年間 137 万人となり、2040（令和 22）年ごろには 170 万人まで増えると予測されている。

　年間死亡数はかなり正確に予測できるので、葬儀等は対応可能としても、尊厳ある看取りができるかどうかは、医療のあり方、介護のあり方、IPW のあり方、そ

図1-7　年間死亡数推移と予測（1873-2065）

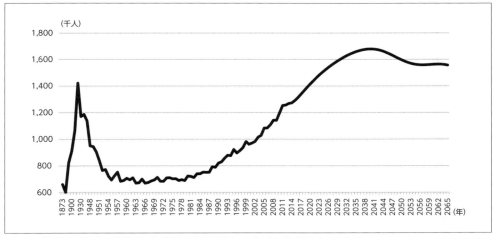

出典：国立社会保障・人口問題研究所「日本の将来推計人口（平成29年推計）」より作成

して本人と家族の覚悟にかかっている。尊厳ある看取りは、ある意味では地域包括ケアシステムにとって究極の目標といえるかもしれない。死因の半分近くが、老衰、がん末期、アルツハイマー型認知症末期など、闘う急性期医療の対象ではなくなったとの指摘も聞くようになった。

　そのため、疼痛管理、スピリチュアルケアと、介護保険サービスが組み合わされた尊厳ある看取りが、在宅のみならず、介護施設、居住系サービスでも広まるよう、実際に衰える前から、IPW の深化はもちろん、本人・家族も理解を深めなくてはならない。

③ 超高齢者の急増

　85 歳以上の超高齢者が急増している。85 歳以上は、1965（昭和 40）年には 25 万人しか存在していなかった。それが 2020（令和 2）年には 640 万人、2035（令和 17）年には 1,000 万人を超えると予測されている（**図1-8**）。ほんの 70 年間で 40 倍に達する。

　そこで、85 歳以上急増時代の新たな社会的ニーズを理解する必要がある。それは生活支援ニーズである。85 歳、90 歳を超えると、重い病気でも要介護状態でもなく、食事・排泄・入浴等の家庭内生活は自立しているものの、「買い物がおっくうになる」「浴槽をまたげない・洗えない」「洗濯はできるが重いものは干せない・取り込めない」「布団の上げ下ろしができない」「外来通院が難しくなる」「運転免許証の返納をせまられる」「機能が複雑化し続ける家電製品、スマートフォン、店舗の自動決済機器などが難しくて使えない」「銀行の支店や ATM が減少し続け、

図1-8　85歳以上人口推移と予測（1920-2040）

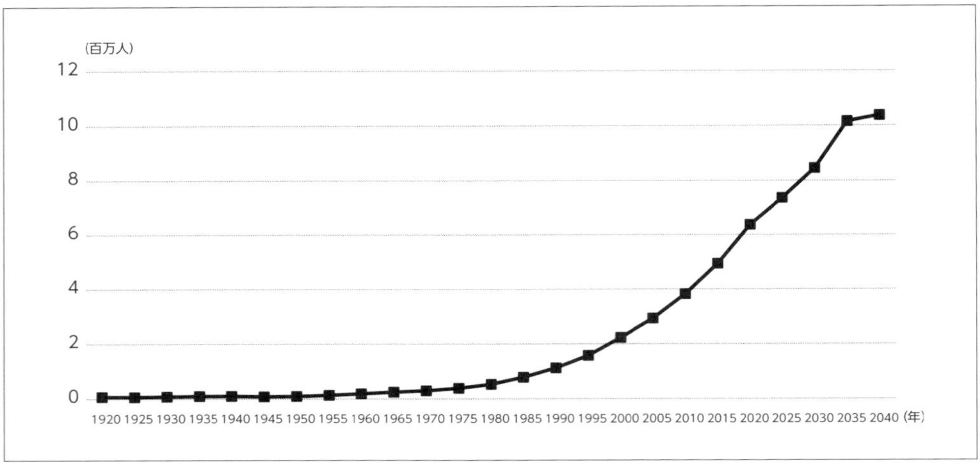

出典：2015（平成27）年までは総務省統計局「国勢調査」、2020（令和2）年以降は国立社会保障・人口問題研究所「日本の将来推計人口（平成29年推計）」より作成

決済手段として使っている現金の入手が不便になる」などの状態の人が増える事態は容易に想像できよう。そこに認知症の問題も加わる。

しかし、「風呂を洗えなくなったから、運転ができなくなったから、洗濯機の操作ができないから、金融取引が難しいから介護保険サービスを利用する」では、求人難に苦しむ状況のもとで、介護専門職人材がますます足りなくなり、介護保険財政を逼迫させてしまう。同じく、「通院が難しくなったから入院する」では、医療保険財政に悪影響を与えるばかりか、生活支援が専門ではない医療職に過重な負担をかけてしまう。

超高齢者本人に対する家族の支援力に関しても、容易に想定できるように、配偶者もまた超高齢者、もしくはすでに死亡、子ども世代も高齢者なので、体力が低下している可能性が高いと推定できる。

ゆえに、専門的医療・専門的介護サービス間のIPWとは別に、さまざまな介護保険給付とは別の生活支援ビジネスと、時代に即した新しい互助が求められる。通所事業者などが､昼は駐車場に置いてあるだけだった送迎車を運転手つきで提供し、近隣地区の高齢者を買い物に連れていくなどのサービスを実施している埼玉県の例や、スポーツセンターの送迎車が同様のサービスを提供している東海地方の市の例なども報告されている。地元の高校生や大学生も見守りや活動支援に役に立つ。

④ 複合課題

2040（令和22）年には85歳以上が1,000万人、75歳以上では2,200万人、

65歳以上は3,920万人となると、高齢者を平均像で語ることは不可能である。多様な暮らし方が存在するため、経済リスク、健康リスクが異なる。さらに、住まいと住まい方も異なる。閉じこもりの可能性もさまざまだろう。経済学用語でいう人間関係資本の多寡も広く分布する。豊かな関係性を家族・友人や地域の人ともっているか、もっていないか。仕事上の付き合い以外の人をつくれてきたか、つくれてこなかったか。これも暮らし方にかかわる大変重要な要素である。さらに、高齢期の経済格差は若年層よりも大きい。専門的調査によると、経済格差はヘルスリテラシーや健康格差と絡んでいると分かっている。残っている歯の本数も、若年期からの生活階層の影響を受けているともいわれる。

　当然ながら、配偶者が亡くなった後の高齢者の1人暮らしが増えていく。1人暮らしでも子どもや孫、兄弟姉妹などと、SNS活用を含めた社会的関係性が維持されていれば問題は少ないにしても、社会的に孤立している人の1人暮らしは、健康状態悪化の高いリスクを伴う。

　男性の生涯未婚率は、2040（令和22）年にはほぼ3割に達すると予測されている。未婚でも、「1人で生きる」と決意して、それなりの生活を築いてきた人、あるいは、結婚していないけれど異性・同性のパートナーがいる人ならあまり問題にならないのかもしれない。そうではなく、結婚したいのに主として経済的理由などで未婚のまま年をとり、親族付き合いも乏しく、友人も少ない1人暮らし高齢者については、孤立による近隣地区との分断を防ぐためにも、そして要介護状態を予防するためにも、社会的絆づくりを支援すべきである。

　近年、各地でそうした福祉面に取り組む自治体が増え、例えば生活圏域ごとの担当職員を決め、自治会長や町内会長、商店街の会長などのところを回り、その圏域に問題が発生していないかどうかを尋ね、問題の深刻化を防ぐ努力を実施している。役所の出先機関の窓口で待っているのではなく、また、「相談に来たら断らない」などのスローガンを誇るだけではなく、相談が来る以前に、問題を深刻化させない段階で見つける努力を行う。すると、見つかるケースは「複合課題」だという。

　介護ニーズだけではない複合課題をかかえる家族が、近隣から孤立し、社会的排除の対象となってしまうと、ごみ屋敷が典型だが、地域社会に分断のおそれが生じ、暮らしの安全に影響する。解決のためには、社会福祉専門職がもつソーシャルワーク機能をIPWの一環として改めて意識することが不可欠である。

⑤ 介護予防

　次に介護予防にもふれておきたい。医療の予防は公衆衛生的な予防が主であるが、

介護予防の根本はフレイル予防だと説く専門家の指摘を聞かなくてはならない。「フレイル」とは、「脆弱な」を意味する英語の形容詞・フラジャイル (fragile) の名詞形・フレイルティ (frailty) からつくられた日本語である。RとLが混じった単語の発音は日本人の多くにとって難しいので、フレイル (ローマ字であらわすと fu・re・i・ru) と口にしやすい言葉に工夫された。

フレイルの始まりは、研究報告によると、閉じこもり、より正確には社会的ひきこもりが主たる原因とされている。ひきこもって運動量が低下するからだけではなく、人と話さなくなり会話量が減ると、認知機能や嚥下機能も悪影響を受ける。社会的な関係性が切れるところから要介護状態への坂を下りはじめる、と研究者によって指摘されている。

身体面における高齢者の介護予防は、中年世代に対する生活習慣病予防とは異なる。高齢者の健診は、メタボリックシンドローム系統より筋骨格系のほうが後の生活状態維持にとって重要だと唱える専門家も存在する。膝関節や大腿骨、骨密度等にかかわる健診を重視する。

生活習慣病予防には重要な意味があり、将来の要介護になる時期の早い・遅いに影響し、認知症の発症に関係するとも指摘されている。とりわけ中年期の禁煙・節酒や肥満予防は大切だろう。ただし、75歳を過ぎたら、むしろ食べたかったら、そして食べられるなら食べるほうがよいと主張する医師や栄養関係者も増えた。IPWの広がりの1つといえよう。80歳の女性の半数は栄養不足であるとの指摘も多い。「食べる意欲が減ったから」が理由となっている場合、皆で食べると楽しいと感じられる地域食堂などの機能が意味をもつ。子ども食堂のみならず、食べることの喜びを感じ、多世代の人や子どもと会話しながら、笑いながら食べる楽しみが介護予防になり得る。

3）団塊世代の責務——地域包括ケアシステム構築支援

団塊世代の親世代、大正から昭和初期生まれまでの世代は、そのまた親たちや祖父母が、大部分のケースで健康が失われてから亡くなるまでの時間が短かったと思われるため、要介護状態、つまり健康寿命終了後の10年にわたる要介護人生などをあまり見たことがなかった。つまり、現在90歳くらいの人は、人生にかかわる知識のなかに要介護状態なるものがインプットされずに、医療の発展と介護提供体制の発展のおかげで、いつの間にか要介護状態となって暮らしている例がほとんどではなかろうか。

一方で、第二次世界大戦後の10年間に生まれた世代は、経済的先進国ではどこ

でも、病気だけではなく要介護状態になっていく親世代の人がめずらしくないと知っている、人類史上初の世代である。知っている以上、自分たちが75歳以上になったときにどう備えるか、死亡が急増する時期にいかなる覚悟で臨むかを考えておく責任がある。

　団塊世代が人生会議(Advance Care Planning：ACP)を行う先陣を切らないと、次の世代につながらない。さらに、安心して子どもを産み育てることができる社会を築くためにも、地域包括ケアシステムが支える安心して暮らせるまちづくり、多様性を認め合う地域づくりに貢献する義務をもつと考える。IPWに高齢者本人と家族、さらには地域デザインにかかわる人々を取り込む大切な理由の1つである。

　地域包括ケアシステムとIPWが機能すれば、人々は安心してその生活圏域で暮らすことができる。遠いところの高齢者向け施設に入所しなくともよい。地域密着型サービスなら、住み慣れた圏域での生活を続けられる。安心して暮らせるまち・むらとは、安心して子育てができるところでもある。障害者やその家族も暮らしやすい圏域となるだろう。地域包括ケアシステムとIPWの構築努力は、最初は対象者数が多く、医療保険・介護保険という財源がしっかりしている高齢者の医療介護から始まったにしても、次第に子どもや障害者を含む方向に進化していくのである。

3　IPWへの期待

1）IPWの社会的意義

　今日の高度化・グローバル化した社会のなかで生じる諸課題は、さまざまな要因が複雑に絡み合っており、個別領域での対処ではある側面からの対応に過ぎず、根本からの解決策を見出すことは難しいことが多い。

　2019年に発生して世界中にパンデミックを引き起こしているCOVID-19の対応では、日本においては分科会として専門家集団を設置し、医療、法律、経済、地方自治などの専門家が意見を出し合い、連携して政府に意見を提言し続けた。感染症の"専門家"は感染拡大を防ぐためには緊急事態宣言を出して人流を抑制すべきと言い、経済の"専門家"は経済を動かさないと自殺者が出ると言う。多くの国民はオリンピックを開催すべきでないと言い、政府はオリンピックで感染を拡大させることはないと言う。このCOVID-19という課題に対して、専門家それぞれの視点からの正論が激突するなかで、どこに答えを見出すのか、そうした葛藤を全国民が経験する機会となった。専門性の深化や細分化は人類の発展にとって重要であり

理解も示せるが、ことに課題を解決するうえでは、多領域の"専門家"が知見を寄せ合い、それぞれの意見を真摯に受け止め、そのなかから総合的な視点で最適な解決策を導かなければ、複雑な社会的問題を解決する手立ては見出せない。"専門家"が自分の専門分野の意見だけを出し合っても、それだけでは何の解決策も見出すことはできない。意見のぶつかり合いや、そこから生まれる葛藤のなかで、最適な解決策を導き出していくことこそが、IPWを進めるプロセスである。

　保健医療福祉の分野に目を向けると、利用者のための最適なケアの提供というアプローチにおいて、IPWの重要性は認識されている。今日では、学術の分野ではIPWを推進するための研究が進められ、医療専門職を養成する教育現場でもIPWが取り入れられるようになっている。地域包括ケアが全国で推進されているなか、保健医療福祉分野の専門職をめざす学生がIPWを学ぶことが必須になってきている。看護教育を例に取り上げると、文部科学省が2017（平成29）年に示した「看護学教育モデル・コア・カリキュラム」は、学生が卒業時までに身につけておくべき必須の看護実践能力について、その修得のための具体的な学修目標を提示している。そのなかでは、対象者や保健・医療・福祉や生活にかかわるすべての人々と協働して、チームの一員として看護職に求められる役割を果たすための基盤を学ぶことが求められている[1]。

　現代社会がかかえる課題は複雑で多岐にわたることから、関係者間で意見の対立や相反が生じることは多い。そうしたときに、多職種が連携することでよりよい解決策を見出すことができるIPWは、保健医療福祉分野だけでなく、あらゆる課題解決に有意義なものであり、そこに社会的意義があるといえる。

2）保健医療福祉の IPW への期待

　現場で起こるさまざまな課題を多職種が互いに尊重し合い、意見を出し合って解決策を見出す、そうした真に機能するIPWが期待されるが、そのためには方法論としてのIPWだけでなく、IPWを進めるうえでの基礎となる、他者の意見に真摯に耳を傾ける姿勢や物事を俯瞰的にまとめることのできる総合力を身につけることが肝要である。経済産業省は人生100年時代の社会人基礎力として、社会で活躍するために必要な能力（3つの能力・12の能力要素）を提唱しているが（図1-9）、このなかに「チームで働く力」を示しており、これには発信力、傾聴力、柔軟性、情況把握力、規律性、ストレスコントロール力が含まれると説明している。言い換えれば、集団内の他者とのかかわりのなかで、こうした力を個々人が磨き上げていかなければチーム力は発揮できない、すなわち真のIPWは機能しないとい

図1-9 「社会人基礎力」の定義

「社会人基礎力」の定義（3つの能力・12の能力要素）

平成18年1月に経済産業省が主催した産学の有識者による委員会（座長：諏訪康雄法政大学大学院教授（当時））により、職場や地域社会で多様な人々と仕事をしていくために必要な基礎的な力を「社会人基礎力（＝3つの能力・12の能力要素）」として定義。

前に踏み出す力（アクション）		考え抜く力（シンキング）		チームで働く力（チームワーク）	
一歩前に踏み出し、失敗しても粘り強く取り組む力		疑問を持ち、考え抜く力		多様な人々とともに、目標に向けて協力する力	
[主体性]	物事に進んで取り組む力	[課題発見力]	現状を分析し目的や課題を明らかにする力	[発信力]	自分の意見をわかりやすく伝える力
[実行力]	目的を設定し確実に行動する力	[計画力]	課題の解決に向けたプロセスを明らかにし準備する力	[傾聴力]	相手の意見を丁寧に聴く力
[働きかけ力]	他人に働きかけ巻き込む力	[創造力]	新しい価値を生み出す力	[柔軟性]	意見の違いや立場の違いを理解する力
				[情況把握力]	自分と周囲の人々や物事との関係性を理解する力
				[規律性]	社会のルールや人との約束を守る力
				[ストレスコントロール力]	ストレスの発生源に対応する力

出典：経済産業省HP　https://www.meti.go.jp/policy/kisoryoku/index.html

える。自分の一方的な意見に固執し、他者の意見のよいところを見出そうとする態度のない議論からは何も生まれない。ここで求められるものを一言でいえば、「教養」ということになる。一般に「教養」とは、自分の思考の枠を超え、知覚できる世界を広げていく能力を示し、単に知識を増やすのではなく、視点を増やす、未知にふれ、それがなぜそうなっているのかを知ろうとするものである。IPWの成功の鍵は、多職種それぞれの専門性を背景に、参加する個々人の「教養」によるところが大きいことを認識しなければならない。特に、人の命や人生に向き合う保健医療福祉分野の人材を育成する教育機関の関係者には、学生に対し、IPWを実践していくうえでの土台となる「教養」の重要性をふまえた教育を進めていくことが期待される。

　超高齢社会に突入した日本において、高齢者、障害者、子ども・子育て家庭、生活困窮者など、制度・分野ごとの「縦割り」や「支え手」「受け手」という関係にもとづくこれまでの支援制度では解決できないことが多くなっている。そこで、これにかわる新たな仕組みとして、さまざまな専門職や支援者だけでなく、地域を支える住民や企業などが加わって、地域の課題解決をめざす地域包括ケアシステムの展開が提唱されている[2]。埼玉県立大学研究開発センターが取り組む「地域包括ケア推進セミナー」では、地域包括ケアにかかわる関係者の実践力を高めることを目的とした勉強会を行っているが、こうした勉強会からも、新たな人と人とのつなが

りが生まれ、そこから新しい支援が広がっていく現実を目にしてきた。こうしたことからも、これからのIPEには、保健医療福祉の現場のみならず、地域に目を向けた課題をテーマとしたIPWをベースにしていくことが重要だといえる。そのためには、フィールドワークやICT（Information and Communication Technology：情報通信技術）を活用した新たな教授法の開発も必要である。

引 用 ・ 参 考 文 献

【第1節】
1）国立社会保障・人口問題研究所「日本の将来推計人口（平成29年推計）」2017.
2）国立社会保障・人口問題研究所「日本の世帯数の将来推計（全国推計）2018（平成30）年推計」2018.

【第2節】
1）地域包括ケア研究会「地域包括ケア研究会報告書〜今後の検討のための論点整理〜」三菱UFJリサーチ＆コンサルティング, 2009. https://www.murc.jp/sp/1509/houkatsu/houkatsu_01_pdf01.pdf
2）地域包括ケア研究会「〈地域包括ケア研究会〉地域包括ケアシステムと地域マネジメント」三菱UFJリサーチ＆コンサルティング, 2016. https://www.murc.jp/uploads/2016/05/koukai_160509_c1.pdf

【第3節】
1）文部科学省「看護学教育モデル・コア・カリキュラム」 https://www.mext.go.jp/b_menu/shingi/chousa/koutou/078/gaiyou/__icsFiles/afieldfile/2017/10/31/1397885_1.pdf
2）厚生労働省HP「『地域共生社会』の実現に向けて」 https://www.mhlw.go.jp/stf/newpage_00506.html

第2章

IPWの背景と発展

本節では保健医療福祉における課題、すなわち疾病や健康の課題、介護の問題、さまざまな原因により生じた多様な生活課題の解決のための基本的な枠組みの変化について、IPWの視点からせまることにする。言い換えれば、保健医療福祉の働きかけにおける「パラダイム」転換に通じる変化である。パラダイムとは、一般的には範例、模範など根源的な考え方を意味するが、ここではこれらに通じる概念も含めて緩やかに意味づけておきたい。

1）専門性の伸張を超えた協働の模索
――基盤となる相互理解、尊重

従来、保健医療福祉におけるサービス提供や支援の質を高めるための手段として、専門性をより伸張させていくことが重視されてきた。たしかに、保健医療福祉の諸分野における知識・技術の拡大や進歩は著しく、それらを活用した専門性の伸張は、まさにその専門性に依拠する専門職者にとっても必要な要素である。同時に、日進月歩の知識・技術の拡大と進歩に対応していくためには、保健医療福祉の現場もさることながら、養成機関においてもカリキュラムやそれにもとづく授業時間数が拡大する一方であった。

保健医療福祉のサービスや支援の受け手である利用者からすれば、それぞれの専門性の伸張はありがたいものの、そればかりに気をとられたり、専門分野間の「足の引っ張り合い」になったりしたのでは、かえって弊害を生むことになってしまう。

そこで、保健医療福祉を構成する各分野がそれぞれの専門性をいたずらに伸張させるのではなく、相互に調整をしながらサービスや支援を提供していくことの価値が見出され、協働していくことの意義が認識されるようになった。その基盤は、それぞれの専門分野と専門職の相互理解と尊重である。専門職集団は自らの存在意義を認識し、それを対象者のみならず、社会全体に発信していくことで「専門性」を高めていく宿命を帯びてきた。それが、専門性を高める原動力でもあり、動機づけにもなってきた。専門分野間の競争や切磋琢磨による伸張の原動力ももちろん重要ではある。しかしながら、それにとどまっていたのでは、まさに対象者抜きの専門職の論理による独りよがりの伸張・伸展に陥ってしまう。

こうした従来の枠組み、大袈裟な表現をすればパラダイムの転換をもたらすことが、IPWの主題である。

それぞれの専門分野には、それぞれの発展過程があり、また、専門分野を担うことへの自負や尊厳が存在する。その重要性を理解することが、相互理解の出発点である。それは、相対する専門分野に対する予断等、一切の価値観を脇に置くことから始まる。その行為は、ほかの専門分野や専門職を尊重することでもある。他者の専門性を尊重することは、自身の専門性を振り返り、さらに重要視すること、すなわち、自身の所属する分野の専門性を再確認することにほかならない。

表面的な理解や尊重するようなポーズでは、IPWは形成されない。理解や尊重の不足を認識しつつも、従来の他分野に対する見方や価値観から解放されることで、関係者はIPWの舞台を共有するのである。

2）「利用者とともに」の深化

今日、保健医療福祉のみならずあらゆる対人援助サービスにおいて、第一義的なサービスとともに、支援の対象者（利用者）の想いや願いを重視することは、普遍的な価値といえる。「利用者中心」について異論はないであろうし、スローガンとしては間違いなく定着している。

では、この「利用者とともに」といった言葉に示される価値は、保健医療福祉の分野においてどのように理解されているのだろうか。それぞれの倫理綱領で、「看護職は、いかなる場でも人間の生命、人間としての尊厳及び権利を尊重し、常に温かな人間的配慮をもってその人らしい健康な生活の実現に貢献するよう努める」（日本看護協会、看護職の倫理綱領）、「理学療法士は、国籍、人種、民族、宗教、文化、思想、信条、門地、社会的地位、年齢、性別などのいかんにかかわらず、平等に接しなければならない」（日本理学療法士協会、倫理規程）、「作業療法士は、個人の人権を尊重し、思想、信条、社会的地位等によって個人を差別することをしない」（日本作業療法士協会、倫理綱領）、「社会福祉士は、利用者の自己決定を尊重し、利用者がその権利を十分に理解し、活用していけるように援助する」（日本社会福祉士会、社会福祉士の倫理綱領・倫理基準）など、専門職能団体の倫理規定には、利用者中心にかかわる理念や基本的な考え方が通底している。

一方で、利用者中心がその本質の追求抜きに形骸的に展開されると、重視されるべき価値は一気に崩れ去ってしまう可能性もある。利用者中心が絵に描いた餅に終わらないよう、本質を問い続けることが関係者には求められる。すなわち「利用者とともに」の実質化である。

3）「地域とともに」の伸展——IPW の三重構造の理解

「地域とともに」には2つの側面がある。1つ目は、IPW の展開する場としての地域への広がり、そして2つ目は、連携する主体としての多様な地域資源の広がりである。

そもそも IPW は三重の構造を有している（**図2-1**）。1つ目は、当然、支援の対象者における問題や課題の解決、あるいは置かれた状況の改善である。そして2つ目が、1つ目の目的を達成するためのチーム形成のプロセスであり、3つ目が組織間、機関間、地域連携のプロセスとなる。IPW という形での要請がない時代においても、患者や利用者における問題や課題を解決するためのチームによる展開も見られたが、そこでは IPW の第一の構造ともいえる「問題解決プロセス」に対して、そこにかかわる専門職者による「チーム形成プロセス」という第二の構造が生じていた。一方で、本来の IPW は、そのチームにとどまらず、「組織間（チームの発展形）、機関間（組織の発展形）、そして地域連携へ」と拡大する三重構造を有している。IPW の本質にせまればせまるほど、この三重構造への発展が加速する。言い方を換えれば、保健医療福祉の課題や問題は、利用者における解決のレベルにとどまることなく、組織間、機関間での協働を通じて、地域連携の可能性の追求につながることになる。そこでは、従来の保健医療福祉の専門職にとどまらず、住民組織や住民1人ひとりを含む、多様な地域資源が専門職と連携・協働していくことが

図2-1　IPWの三重構造

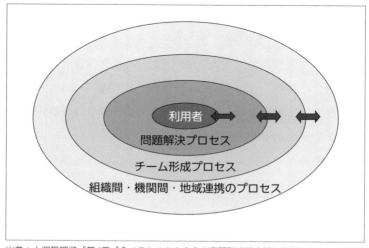

利用者
問題解決プロセス
チーム形成プロセス
組織間・機関間・地域連携のプロセス

出典：大塚眞理子「第4章「食べる」ことを支える専門職連携実践」諏訪さゆり・中村丁次編著『「食べる」ことを支えるケアとIPW——保健・医療・福祉におけるコミュニケーションと専門職連携』建帛社，p.32，2012．を一部改変

重要な意味をもつ。すなわち「地域とともに」の拡充の方向性にほかならない。

2　IPW と IPE とは

1）IPW と IPE

　英国専門職連携教育推進センター（Centre for the Advancement of Interprofessional Education：CAIPE）において、IPW は、「複数の領域の専門職者（住民や当事者も含む）が、それぞれの技術と知識を提供し合い、相互に作用しつつ、共通の目標の達成を患者・利用者とともにめざす協働した活動」と定義されている。また、IPE は、「複数の領域の専門職者が、連携およびケアの質を改善するために、同じ場所でともに学び、お互いから学び合いながら、お互いのことを学ぶこと」とされている。近年の日本では IPW を「多職種連携」とあらわすことが多い。

2）IPE でめざす IPW の実践者

　IPW は連携の実践活動、IPE は連携実践活動のためのスキルやマニュアル、役割分担方法を学ぶことのように、「臨床（実践）」と「教育」に分離した、または階層的な関係に受け取られがちである。しかし、CAIPE の Hugh Barr は、「IPWは当事者も含めた複数の専門職による相互作用にもとづく学習によって成立する協働関係」であると説明しており、IPW と IPE は一体的に存在することが理解できる。したがって本書では、IPW・IPE の本質的な定義に則って、「常に IPE の姿勢・態度をもって IPW に臨める専門職（professional）の育成」をめざす（図 2-2）。

3）めざす IPW の形

　保健医療福祉における IPW には、利用者の課題やニーズの複雑性・多様性の程度によって、各専門職の役割分担で対応可能な連携実践と、密な協働（統合的ケア）が必要とされる連携実践がある。いずれにしても利用者を中心に据えることが重要とされる。これは、もともとは各専門職が「疾患」や「障害」のみをケアの対象とし、「利用者の暮らしや生活」が考えられていなかった時代があったことに端を発している。また、連携実践においてもチームメンバー間の価値観の違いや軋轢等によってチーム機能が破綻し、結果的に利用者のケアやサービス提供に影響を及ぼしていることが明らかとなった。本書の前身である『IPW を学ぶ』でも、当時のこ

図2-2　IPEでめざすIPWの実践者

IPW	IPE
複数の領域の専門職者が、それぞれの知識と技術を提供し合い、<u>相互に作用しつつ</u>、共通の目標の達成を患者・利用者とともにめざす協働した活動	複数の領域の専門職者が、連携およびケアの質を改善するために、<u>同じ場所でともに学び、お互いから学び合いながら、お互いのことを学ぶこと</u>

IPWは当事者も含めた複数の専門職による<u>相互作用にもとづく学習</u>によって成立する協働関係

　常にIPEの姿勢・態度をもってIPWに臨める専門職（professional）の育成

のような状況から「利用者中心の保健医療福祉連携」がサブタイトルとされた。

　利用者中心の考え方がある程度浸透した今日においては、IPW の定義で明記されている「利用者とともにめざす協働」をさらに追求する必要がある。「利用者とともに」とは、利用者の課題やニーズを中心に据え、利用者も課題を解決するメンバーの 1 人として連携することを意味する。この連携のプロセスにおいて、「利用者とともに考え、活動する IPW」の形をめざしたい。

4）チーム活動による相互作用の形

　IPW は、利用者を含む複数の専門職による相互作用で成り立つことを説明した。利用者の課題・ニーズに対する支援方針をチームで検討する際に、すべて「同一意見」で順調に進行するわけではない。ときには「反対意見」が出たり「意見の食い違い」が起こったりすることもあり、いわゆる「コンフリクト（葛藤）」に陥ることもある。

　一見すると、前者の順調な進行はよいチーム活動、後者のコンフリクトが起こる状況は悪いチーム活動に思える。しかし、前者の順調な進行では「可能な範囲内での無難なあてはめ的な解決策」になってしまう危険性があり、新たなよりよい解決策が生まれない、または追求できない場合がある。一方、後者のコンフリクトが起

こる状況では、メンバーの自己主張性と協力性によって「新たな解決策」「創造的な解決策」が導かれる可能性を秘めている。

図2-3にシュミット（Schmidt, T.）の葛藤処理モデルを示した。自己主張性が高いだけで協力性が低ければ、相手を論破するだけの「競争（competing）」に陥ってしまう。逆に自己主張性が低く、協力性が高ければ、相手との関係性重視で意見を言わない、または屈服による「順応（accommodating）」に陥る。

私たちのめざすIPWは、「利用者のよりよい暮らしや生活の追求」である。したがって、自己主張性と協力性が適切に表出される「協働（collaborating）」または「妥協（compromising）」をめざしたいと考えている。

「協働」は、互いの意見や主張を否定することなく、「新たな解決策」「第3の案」を考えようとする行動である。「否定することなく」というのは、互いに理解する・受け入れる（共有する）という意味である。一方、「妥協」は否定的な印象をもってしまいがちであるが、実践現場では「どうしてもできない」「時間的な制約がある」などさまざまな状況があり、それらを理解して折り合いをつけるという意味で肯定的にとらえることができる。どちらも、互いを理解して共有する必要があることは確かである。「協働」または「妥協」に向けたチーム活動はメンバー間の「相互作用」が成立している。

図2-3　めざすチーム活動による相互作用の形

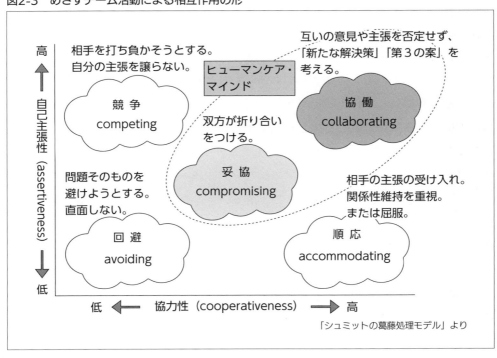

一方、「競争」や「順応」「回避（avoiding）」の状況に身を置いたままでは「相互作用」は成立しない。しかし、チームとしてその状況に気づき、打開しようとする発言や行動が表出することで、「相互作用」の歯車が回りはじめる。

　チーム活動がどの状況にあるのかを見極め、その状況をチームとして共有し、必要に応じてチーム活動のリフレクション（**第3章第7節**参照）を行う。これによって、相互作用による「協働」「妥協」をめざすチームとして成長できると考えている。

　チーム活動では、各専門職の専門背景（価値観、専門職教育）、メンバーの"ひと"としての人生経験や価値観、そして利用者の人生観・価値観・歩んできた歴史等について、まずは受け入れる必要がある。この部分についての「否定」は、チーム活動の崩壊につながる可能性があることに留意すべきである。また、意見の対立や不一致の際に立ち返ってほしいのが「ヒューマンケア・マインド」である。

5）IPW・IPEでめざすプロフェッショナル

　保健医療福祉における専門職は、各専門職教育（卒前教育・生涯教育）においてその"技術的熟達者（technical expert）"がめざされる。専門領域におけるspecialistまたはexpertである。たしかに利用者に対する直接的な専門ケアや専門アプローチではその知識や技術が期待される。プロフェッショナル（professional）にとってこれは必須である。一方、"省察的実践家（reflective practitioner）"の要素も求められる（図2-4）。省察的実践家とは、実践の多様な要請に対処する力を有する専門職であり、多様な状況との対話（conversation with situation）をしながら、行為のなかの省察（reflection in action）を通して培われるものであると説明されている[1]。もともとは、専門職教育で技術を教え込まれる教育に対して、実践指導者との対話から専門技術を多様な実践にいかすための架橋となるスキルとして論じられた用語である。

　しかし、この考え方は"協働"をめざしたチーム活動にもあてはまると思われる。複雑多岐な課題に対して、マニュアル的な専門知識・技術の役割分担的なあてはめを行うIPWでは、解決に至らないことが多い。そこで、複数の専門職がチームとして協働するIPWにおいて、課題解決に向けてそれぞれの専門知識・技術を創造的にいかすことが求められる。そのためにも個人として、またチームとして、チーム活動におけるリフレクション（省察）が必要である。専門知識・技術の創造は、チーム活動のなかにこそ見出すことができる。したがって、IPW・IPEにおいては、"技術的熟達者"と"省察的実践家"を兼ね備えたプロフェッショナルをめざしたい。

図2-4　IPW・IPEでめざすプロフェッショナル

6）チームとしての成長

　経験豊かな専門職者が集まればチーム活動が円滑に行われ、利用者のよりよい生活に向けた支援が実践できるとは限らない。チームメンバーが互いを理解し尊重する姿勢をもって、各種情報（メンバーの状況を含む）を共有し、コンフリクト（葛藤）をチームで乗り越え（リフレクション）、互いに学び合うチーム活動を通して、チームとしての成長があると考える。専門資格を得て1年目という時期があるように、チームとしても1年目という時期があり、そこから成長に向かう意識が必要だと思われる。

　ただし、チームメンバーはいつも同じではなく、課題もいつも同じではない。どのようなチームメンバーでも、どのような課題でも、チーム内で自分の役割を見つけ出し、他者の役割をうながし、サービスの質を落とさないチーム活動ができるチームとしての成長をめざしたい。

　表2-1にCAIPEで提示されているIPW・IPEにおける7つの視点を示した。所属するチームの成長を促進する下地ができているか、または逆にチームとしての成長をさまたげている要因は何かについて確認するための簡易なチェックリストとして活用し、チームとしての成長に役立ててほしい。

表2-1　IPW・IPEにおける7つの視点（CAIPE）

①	ケアの質の向上に努める
②	利用者と家族のニーズに焦点をあてる
③	利用者と家族とともに取り組む
④	ほかの専門職から彼らのことについて、ともに学ぶ
⑤	それぞれの専門職を尊重する
⑥	自分の専門的業務の質を高める（創造的専門性の発揮）
⑦	専門職としても満足度を上げる

3　専門分化に伴う IPW の希求

　本節では、専門分化に伴う IPW のあり方について述べる。IPW は、ケアの分類[1] に準じて「医療モデル」と「生活モデル」とに大別すると理解しやすい。それぞれの割合により、かかわる専門職の貢献度（関与の度合い）が変化する。また、現在求められている IPW 像を明らかにし、特に医師が関与する場合の注意点について述べる。

1）日本における IPW の歴史的変遷

　日本における IPW は、「医療モデル」の代表である「手術室におけるチーム医療」から、その歴史の順にたどると理解しやすい。

① 手術室内での IPW：チーム医療の始まり

　戦後、米国医学が導入され、外科学講座から、胸部外科学（心臓血管外科学、呼吸器外科学）、脳神経外科学など臓器別に専門分化が進み、また麻酔科も一診療科として独立した。一方、総合病院では外科、産科、耳鼻科、皮膚泌尿器科など診療科ごとに別々に配置されていた手術室が、中央手術部として集約された。

　このように、手術室という同一空間で、手術という同じ目的を達成するために、執刀医を頂点としたメディカルスタッフが集結したのが、日本におけるチーム医療の始まりである。

　現在では外科的治療のみならず、救命救急センター内で実施されている救急医療、さらにそこから派生する脳卒中や虚血性心疾患（心筋梗塞など）など、ほぼすべての先端医療が、この形態をとっている。術式の高度化、使用機器（人工心肺など）

やそれを扱う人材の専門化（臨床工学技士、認定看護師など）など、それぞれの専門分野に特化した非常に高度なIPWの1つの形である。

② 病院内でのIPW：intra-hospital IPW

人口の高齢化に伴い、単一臓器の治療に専念すればよいという状態ではなくなり、治療法の進歩も相まって、多くの診療科が連携しながら治療することが多くなった。それゆえ、医師・看護師以外のメディカルスタッフの協力が不可欠になった。この流れのもと、1960年代半ばから理学療法士、作業療法士や臨床検査技師などが国家資格となり、メディカルスタッフが増加した。

病院内のIPWの例として「がん治療」がある。手術療法（外科）、放射線治療（放射線治療科）、抗がん剤治療（内科）など、診療科が複数にまたがるうえ、術後のケア、薬剤・栄養管理、リハビリテーションなど、多領域のメディカルスタッフの協力が欠かせない。

また、高齢者に多く見られる特有の症状（老年症候群）の予防や早期発見・早期治療を目的とし、診療科を超えて病院内で多職種が連携するようになった。代表的なものに、褥瘡対策チーム、栄養サポートチーム、転倒予防対策チームなどがある。これも病院内のIPWの実際例である。

③ 病院間でのIPW：inter-hospital IPW（病病連携、病診連携など）

1990年代より、各病院・病床の機能が徐々に明確化し、急性期・回復期リハビリテーション、退院後に通院するかかりつけ医、長期療養施設（医療型療養病床など）など、状態に合わせて患者が病院間を移動するのがあたりまえとなった。

例えば脳卒中においては、2008（平成20）年ごろから地域ごとに連携用の「クリティカル・パス」が作成され、現在多くの地域で使用されている[2]。これに従い、急性期治療からリハビリ病院へ、そして退院後のかかりつけ医へと、治療内容とともに現状評価、患者の背景などの情報が、医師をはじめとしたメディカルスタッフ間で共有されるようになった。

④ 地域におけるIPW：「生活モデル」

経過とともに自宅退院した人が地域で不自由なく生活できるよう、「生活」という視点が特に重要となってきた。これには2000（平成12）年に始まった「介護保険制度」が大きく関与しており、社会福祉との連携が不可欠になった。

社会福祉領域には、終戦直後から、戦災孤児、傷病者、失業者等の困窮者救済に

あたってきた長年の歴史がある。そこで培った経験にもとづく知識・知恵を、医療モデルの対象者にも拡大・応用するために、連携しはじめたといえる。これによって、医療と福祉が連携し合い、その分、関与する職種（および人数）が増え、本来の意味での「IPW」が実現した。

2）「医療モデル」と「生活モデル」の理解

経時的に4つの類型を紹介したが、最初の例は「医療モデル」、最後の例は「生活モデル」の典型である。図2-5にそれぞれの「医療」および「生活」の割合を、そして表2-2に「医療モデル」と「生活モデル」の特徴をまとめた。

① 「医療モデル」の特徴

「医療モデル」では、医師のトップダウン型リーダーシップのもと、画一性が重視される。絶対的な安全・安心が重要視され、エビデンスにもとづいたガイドラインで推奨される治療が粛々と行われる。全国いつでも（anytime）どこでも（anywhere）「ルーティン化」した画一的治療が実施されるのが理想である。

これにかかわるのは、高度に特化した専門的技能を有した「スペシャリスト」であり、そのチームは大規模である必要はない。このようなモデルは、ほかの選択肢を考える時間的余裕のない状況下、特に救急疾患で、その利点が最大限に発揮される。

さらにこの専門的技能は日進月歩であり、最先端の医療知識や技術の習熟が不可欠である。看護師においても、認定看護師や専門看護師といった高度の資格が必要とされる。

図2-5　各IPWモデルにおける医療と生活の割合

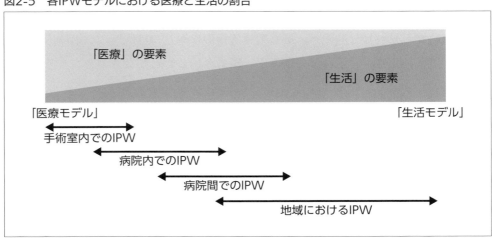

表 2-2 「医療モデル」と「生活モデル」の特徴

医療モデル	項目	生活モデル
対象、目的・目標		
疾患	対象	障害
突然発症、緊急症	対象者の健康状態	状態安定～緩徐悪化
高リスク	リスク	低リスク
救命、治癒	目的	QOL（生活の質）向上
健康	目標	自立
チームの特徴		
トップダウン型	求められるリーダー像	協調型、サーバント・リーダー
少数精鋭	チーム構成員の数	多人数を巻き込む
スペシャリスト	チーム構成員の特徴	幅広い人材 （スペシャリストでなくとも可）
医療機関内	活動場所	自宅および地域コミュニティ
考え方や価値観		
問題志向型	問題解決法	目標志向型
安全・安心、予定調和、ルーティン化、画一性	重要な視点や基本的な考え方	多様な価値観、テーラーメイド、多様性
少ない	自由度	多い
進歩は日進月歩	価値観の変化	少ない（生命哲学）

出典：長谷川敏彦「日本の健康転換のこれからの展望」武藤正樹編『健康転換の国際比較分析とQOLに関する研究』ファイザーヘルスリサーチ振興財団, p.38, 1993. 広井良典『ケア学――越境するケアへ』医学書院, p.37, 2000. より作成

　一方、このモデルでは、患者それぞれの特徴、性格、生活背景、人生観といった個別性が、時間的制約のもとに軽視されざるを得ないことがある。

② 「生活モデル」の特徴

　これに対し、「生活モデル」において最も重要視されるのは「個別性」である。利用者が、疾患という側面ではなく、それぞれの土地で生きていくのに最も役立つ手助けを、多様な人材を集めて議論し合う、その多様性が重視される。

　この場合、かかわる人数が多ければ多いほど、さまざまな意見が集約でき、質の高いケアを創造し得る。この際に必要なのは、強いリーダーシップがとれる人ではなく、多様な意見を聴き、すり合わせる協調性をもち、かつ全員を同じ目標へと向かわせ、結果を出すことができる人である。

③ 時代が求める IPW とは

　少子化かつ未曾有の超高齢社会へと突入し、日本全体が人口減少化社会へと進むなか、現在では「住み慣れた地域で、最期までその人らしく生きる」ための個別支援を充実させるべく、2025（令和7）年をめどに「地域包括ケアシステム」の構築が推進されている。

　さらに社会は複雑化し、個人の価値観も多様化している。まさに時代は「生活モデル」での IPW を求めている。

3）医師が IPW にかかわる際に注意すべきこと

① 無意識のうちに存在する医師の権威勾配

　医業独占の観点から、メディカルスタッフは、基本的に医師の指示のもとでなければ医行為を実施できない。すなわち医療に関しては、医師を頂点とする権威勾配が、暗黙の了解のもとに存在する。

　さらに学歴の差、圧倒的な医学的知識の差、また経営者と雇用者といった立場の差などの要素も加わり、医師とほかのメディカルスタッフの間には、心理的な壁ができやすい。これが原因となり、参加者の自由な発言をさまたげてしまう。医師はこの点に十分配慮して IPW に参加すべきである。

② どのレベルでの IPW かの見極め

　求められている IPW が、どのような状況において必要とされているのかを見極めることが重要である。

　「医療モデル」の IPW の場で、多様な価値観について延々と議論することはナンセンスであり、「生活レベル」での専門職連携会議において、医師が医学的価値観のみにもとづいた発言、例えば、患者が受け入れている緩和医療のあり方を批判し、積極的医療を強要するなどがあれば、一気にその場が白け、議論が停滞してしまう。

③ 医師のリーダーシップのあり方

　医師ゆえに、自分がリーダーシップを発揮しなければならないと盲信したり、自分の考えや価値観をほかのメディカルスタッフよりも価値あるものと考える医師も、いまだ少数ではあるが存在する。議論が医療の範疇でない場合は身を引き、扱

う課題に最も関与が大きい者にリーダーをゆだねるべきである。

　ただし「患者の生命の危険を回避し、安全・安心を確保する」という視点において、明らかに誤った方向に議論が進んだ場合、せっかくの会議の雰囲気を壊すのではないかという危惧から医師がその指摘をためらうようなことは、絶対にあってはならない。

④ 自身の能力の過大評価

　特に人並以上に優秀で、かつ人格者である医師が陥りやすい。患者の医学的側面だけでなく、性格、家族環境、経済状態など、医師本人がこと細かに聞き出し、自分なりの結論を出してしまう。能力の高い医師ゆえ、聞き取りも一定以上のレベルであり、導き出した結論は整合性のとれたものである。もちろんそれはそれで素晴らしいことであり、非難されるはずはないが、ここに落とし穴がある。

　メディカルスタッフができることであるならば、当然、自分でもできるはずだとして、すべて自分でかかえ込んでやってしまう。その結果、患者のことは何でも自分が一番よく理解していると過信し、ほかのメディカルスタッフの意見を聞き入れようとしない。

　こうしてでき上がったケアプランは独善的になり、1つの視点に偏ってしまう。また、同じようなケアプランばかりが生まれてしまう。

　さらに、過重な負担によって医師本人が疲弊してしまい、本来の医師としての業務がおろそかになり、さらには「燃え尽き症候群」となってしまう危険さえある。

　一緒に働くメディカルスタッフを「信じる」こと。お願いできることはほかのスタッフに任せ、自分は手を放すこと。自分ひとりでできることには限界があることを認識し、相手に敬意をもち、その意見を尊重すること。謙虚さをもって受け止めること。相手の土俵に土足でふみ込まないこと。そして医師としての専門性をさらに高めるべく研鑽を積むこと。こういった人間としての基本的な態度が何よりも大切である。

　自分と異なる多くの意見をすり合わせることにより、新たな視野が広がり、よりよいアイデアが生まれることは、実際に体験すればすぐに納得できるはずである。

4）現在の医学教育における IPW の扱い

　かつてはIPWに関して、学士教育では一切取り扱われておらず、実臨床に出た後、各自の経験で試行錯誤していた。特に病院勤務が長い医師は、「医療モデル」のIPWにしかかかわったことがない者もおり、「生活モデル」が求められている現在

の情勢に対応できない医師もいる。しかし現在の医学教育では、IPW について学ぶ機会が非常に増えている。

「医学教育モデル・コア・カリキュラム　平成 28 年度改訂版」では、超高齢社会を迎え地域における福祉介護等の関係機関との連携により、「地域完結・循環型医療」の提供を行う必要性、地域包括ケアシステムの実践が求められること、さらに IPW やチーム医療の重要性などについて、繰り返しふれられている[3]。このように卒前教育（学士教育）は、一昔前と比べると格段に進化している。

また、「医師臨床研修指導ガイドライン—2020 年度版—」でも「チーム医療の実践」が取り上げられている[4]。すでに 2004（平成 16）年から地域医療実習が必修化されていることもあり、地域包括ケアシステムを実践していくうえでの IPW は、研修医時代から実践している。

「医師」というだけで、IPW について理解がないという偏見のもと、ほかのメディカルスタッフから警戒されたり、毛嫌いされたりすることがあるが、このように最近の教育を受けた医師たちは、IPW について十分に学習している。彼ら・彼女らをあたたかくチームに迎え入れて、一層充実した IPW を実践してほしい。

4 英国における IPW と IPE の発展と国際的動向

1）英国における IPW と IPE の発展

① 医療サービスと介護サービスの概要

英国の医療サービスは、国民保健サービス（National Health Service：NHS）[※1] というが、主に税金による国営サービスである。「ベヴァリッジ報告」[※2]（1942 年）にもとづいて、第二次世界大戦後、国民保健サービス法（NHS Act）によって成立し、1948 年に施行された。患者や利用者は支払い能力ではなく、医療ニーズに応じて公平かつ無料でサービスを受けられる。原則、家庭医療専門医（General Practitioner：GP）[※3] の診療を受け、GP の紹介により、専門医

※1）NHSの骨子は、「疾病を予防し、医療によって疾病と傷害を治療する国民保健サービスを提供すること」および「医療と医療後の処置により雇用に向けたリハビリテーションと職業訓練のサービスを提供すること」（ベヴァリッジ報告）である。
※2）ベヴァリッジ（Beveridge）とは、経済学者の名前。報告書の主な内容は、貧困の解消に向けて、基本的な社会生活を充足させるための社会保険と緊急事態対処。

(consultant) を受診する^{※4)}。NHS の病院は、常に混雑状態ですぐに受診できないことが多い。民間医療機関によるプライベート医療（自由診療）は、待ち時間はかからないが、患者の全額自己負担となる。NHS は 70 周年を機に 10 年間の長期計画「NHS Long Term Plan」（2018 年）を作成し、治療から予防・ケアへの焦点化、GP を中心とした「プライマリ・ケアネットワーク」^{※5)} による IPW 強化、統合ケアシステムをめざしている¹⁾。

　他方、英国の介護サービスは、老人や病人、貧困者等への恩恵を主とした 1601 年のエリザベス救貧法（Poor Law）から始まり、1948 年の国民扶助法（National Assistance Act）によって、公的扶助^{※6)} として地方自治体のサービス供給体制に整備された。英国は、先駆的に社会保障制度の体系化に取り組んだ国であり、国民扶助法はモデルとされた。介護サービスは、在宅サービスと施設サービスに分けられ、税方式にもとづく社会扶助方式により、利用者の負担能力による応能負担を採用している。

② 医療サービスと介護サービスの連携不足

　英国では、医療と介護の制度が異なっているため、医療や介護双方のニーズをかかえる人々に対して、連携したサービスが行われていたわけではなく、常に医療と介護のサービス重複や隙間があり、さまざまな改革が行われた²⁾。1960 年代以降、疾病構造が慢性疾患中心に変化し、長期ケアの必要性から療養者の生活の場における医療や介護サービス全体を調整するなど、IPW の重要性が増した。精神保健分野では、施設ケアからコミュニティケアを中心としたサービスへと転換等が図られた。1970 年代初頭に児童・障害者・高齢者福祉を一体化し、「ゆりかごから墓場まで」の福祉国家の礎を築いたものの、財政悪化により、1979 年の保守党政権下では、国がすべての役割を担うのではなく、個人の責任と民間の役割が強調された。1990 年には、国民保健サービス及びコミュニティケア法（NHS and Community Care Act）により、公と民のパートナーシップ型福祉へと転換され、IPW の政策

※3）GPの変遷は次のとおりである。1948年「一般医」専門性は問われない。1981年「家庭医」3年間のプライマリ・ケア専門研修プログラムが必須化。Family practiceであるが、最初の名称GPを継承。2007年「家庭医療専門医」家庭医療後期研修プログラムと専門医試験を基盤とするライセンス制度を導入。プライマリ・ケア専門医とも。

※4）ゲートキーパー制度と呼ぶ。

※5）プライマリ・ケアは「国民のあらゆる健康上の問題、疾病に対し、総合的・継続的、そして全人的に対応する地域の保健医療福祉機能」（日本プライマリ・ケア連合学会）とされている。

※6）公的扶助は、社会保障制度の1つとして、社会保険制度とならび国民・住民生活を保障するもの。

的要請が高まった。2000年の国民保健医療サービス計画（The NHS Plan）により、ケア・トラスト化※7)（NHSに介護サービス統合）、中間ケア※8)推進等の改革が行われた。さまざまな改革は進められたものの、医療や介護の現場では連携不足によって、患者や利用者の安全・安心が脅かされ、ついにIPE創始の原動力となる2つの事件が起こった。

2）英国におけるIPWとIPEの発展に影響を与えた2つの事件

① ブリストル王立小児病院の事件

1つ目は、1997年のブリストル王立小児病院（Bristol Royal Infirmary）における2人の心臓外科医※9)が担当した手術後の過剰死亡事件である[3]。医師の倫理観や診療技術の問題、手術後の高い死亡率を放置していた病院管理者の責任も問われた。

2人の心臓外科医は、コンサルタント外科医という上級医師であり、その資格への信頼性の高さから、手術後の死亡は、死因究明制度における法律実務家かつ専従行政官であるコロナーへの届出や、問題のある医師の自律的な処分を行う英国の医事審議会が機能せずに見過ごされた。1989年、同病院コンサルタント麻酔医※10)が、心臓手術後の死亡率の高さをNHSトラスト（地域医療の管理機関）の管理者※11)へ内部告発したが放置された。その当時、治療成績の低さから小児心臓手術の「名門」とはいいがたいという認識が広まっていた。1995年に起こった心臓手術における台上死をきっかけに、ブリストル王立小児病院にて手術を受けて死亡した乳幼児の遺族、障害児となった家族が集団で、病院へ損害賠償を請求した。メディアが連日報道して事件が公となり、世論※12)の批判が高まったことで事が動いた。

1998年、医事審議会によって病院等関係者へ事情聴取が行われた結果、2名の

※7) Care Trust：トラストとは、企業形態のことを指す。ケアを提供する機関。
※8) 自宅・コミュニティでの本人の望む生活の実現のため、医療と介護を統合した専門職チームによって、日常生活の機能低下、病院退院時の在宅復帰の際に、短期間集中的に日常生活機能の回復訓練をすること。
※9) ジャナルダン・ダースマナ（Janardan Dhasmana）医師の担当した38人の大血管転位患者のうち20人が死亡（1988〜1995年）、ジェームス・ウィスハート（James Wisheart）医師の担当した15人の心内膜症欠損症患者のうち9人が死亡した（1990〜1994年）。
※10) スティーブン・ボルシン（Stephen Bolsin）医師。
※11) ジョン・ロイランス（John Roylance）医師。
※12) ある社会の問題について世間の人々がもっている意見。

コンサルタント外科医は診療上の重大な誤りを犯したこと、病院管理者である医師は管理上の責任を果たさなかったという裁定が下され、医師資格の登録抹消または一定期間の小児心臓手術禁止が宣告された。しかし、遺族や家族等の不服申し立てにより、政府は特別調査委員会を設置し、ブリストル王立小児病院における12年間（1984～1995年）の診療内容調査を9億円かけて行い、調査報告書「Learning from Bristol」（2002年）にまとめて198項目の勧告を公表した。報告書では、コミュニケーション不足、チームワーク不足、リーダー不在等のIPWにかかる複合的なシステム不全が指摘された。また、勧告にもとづいて、さまざまな診療ガイドラインが作成され、病院評価監視機構等の第三者機関設立等、医療組織を医療の質と安全で規律づける仕組み、クリニカル・ガバナンス（Clinical Governance）推進の契機となった。

② ヴィクトリア・クリンビエの事件

2つ目は、2000年にコートジボワール共和国出身の8歳の女児ヴィクトリア・クリンビエ（Victoria Climbie）が、父方の伯母とそのパートナーによって悪魔と罵られ、虐待を受けて殺害された事件である[4]。彼女は毎日のように靴やハンガー等の固いものを使って殴打され、風呂場に縛りつけられ、食べ物も犬のようにプレートに顔をつけて食べさせられていた。病院に収容されたときには栄養状態は極めて悪く、体温が測定できないほど重篤な状態で息を引き取った。検死では、肺、心臓、腎臓が損傷し、煙草の火傷痕等、128か所以上もの傷があることが分かった。

この事件が英国社会に衝撃を与えたのは、虐待の凄惨さだけではなかった。一般的に児童虐待は表面化せず、早期発見も難しく、親との関係で対応も困難になる。しかし、本ケースは初めから複数の行政局、警察児童保護チーム、全国児童虐待防止協会、複数病院等がかかわっていた。ソーシャルワーカー、保健師、警察官、医師、看護師等50名もの専門職者が存在し、12回以上命を救える機会はあったが命を救えなかった。各専門職者は個別に対応していたが、全体像の把握、情報共有、連携・協働等が機能していなかった。各々が基本的な責務を果たしていれば、事件を防ぐことができたかもしれないとされ、虐待者だけでなく、ソーシャルワーカーにも有罪判決が下った。

事件の検証結果は、ラミング報告書[※13]にまとめられ、その内容は、強い責任

※13）Laming Report：レミングと呼ぶこともある。ラミング報告書は、調査の統括者である英国のソーシャルワーカーであり貴族院議員のLord Laming卿の名前からとった。

感をもった人物の不在、現場の専門職者によるコーディネーションの不備、情報共有の欠落、不適切なマネジメント、スタッフ欠員等の問題が重なって、組織が機能不全に陥った結果として引き起こされたという強い警告であった。

　これにより、セクショナリズム※14)の打破、関係機関の協働推進の体制づくり、責任体系の明確化、スタッフの資質・意識向上のための対策が急がれた。2001年には「Working together,learning together（ともに働き、ともに学ぶ）：a framework for lifelong learning for the NHS（NHSのための生涯教育の枠組み）」という政府文書が出され、大学教育へのIPE導入が開始された。英国の大学では、学内学習と臨地実習にかかるIPEの展開と統合が義務づけられ、保健医療福祉系大学のカリキュラムではIPEが必修化されている。

3）IPW と IPE の国際的な動向

① 英国専門職連携教育推進センター（CAIPE）

　IPWとIPEの国際的拠点である英国専門職連携教育推進センター（CAIPE）は、1987年に独立慈善団体として設立された[5]。

　CAIPEの目的は、専門職者および関係機関間の連携を促進し、国内外の施策、学術組織に影響を与える提言へつなげ、産学官民（個人、サービス利用者、学生、組織）のメンバー、ネットワークを国際的に拡大させること、IPEの情報源となって、現場のIPW改善の手段としてIPEを促進・展開して地域医療等サービスの統合を支援することである。

　CAIPEでは、システマティックレビューを通じてIPEのエビデンスを確立した実践例とかかわり、成功事例にかかる知見や情報を発信している。隔年にて開催しているAll Together Better Health（ATBH）：The International Conference on Interprofessional Practice and Education（国際学会）は、IPWとIPE研究者の交流の場となっている。国際的なネットワークは、英国を拠点に、アフリカ、オーストラリア、インド、日本、スカンジナビア、南中央アメリカおよびカリビアン、米国、アラビア語圏、アジア太平洋、ドイツ語圏と拡大している。CAIPEのホームページ※15)には、CAIPEの歴史やIPE・IPWのガイドライン「Interprofessional Education Guidelines」（2017）やハンドブック「Interprofessional Education

---

※14）1つの部門や立場にとらわれ、排他的になる傾向。
※15）https://www.caipe.org/

Handbook」（2021）が掲載されている。

② WHO による IPW と IPE の推進

WHO（世界保健機関）は、1978 年に IPE をプライマリ・ヘルスケア（Primary Health Care：PHC）[※16] の重要な構成要素と特定し、「2006 年世界保健報告書：健康への取り組みのための協力（World Health Report 2006：Working Together for Health)」によって、世界各国のヘルスケア分野の人材育成が緊急の課題であることを明らかにした。WHO は、世界的な医療人材不足の課題に対処するための革新的戦略の 1 つとして、専門職連携教育・連携医療研究班を結成し、IPW と IPE を推進するためのグローバル戦略の一環として、促進要因、誘因、行動に関するエビデンスを特定、評価、統合し、IPW と IPE が最善のエビデンスに確実にもとづくことをめざした。

4）英国のレスター大学における IPE の例

英国のレスター大学（University of Leicester）では、IPE 用モジュール[※17]（実際の事例、模擬事例、仮想事例などの演習用教材）のうち、実際の事例を用いている[6]。具体的には、近隣の複数大学で多職種学生チームをつくり、患者宅の訪問、開業医の訪問などで調査し、学習効果をポスターにまとめ、プレゼンテーションを行っている。これは、CAIPE の支援を受けて行っているものである。

IPE の仕組みは、**図 2-6** のとおり 4 ステップであり、学修ポートフォリオ[※18] を使用して評価する。

※16）1978年、世界保健機関と国際連合児童基金による合同会議の「アルマ・アタ宣言」のなかで、PHCが定義された。「すべての人々に健康を」の理念のもとで、住民主体・住民参加、住民ニーズ志向、地域資源の活用・適正技術の使用、ほかのセクターとの協働を4大原則としている。
※17）基準となる単位。
※18）成績、試験の答案・レポート等、学生の学びの成果を蓄積したもの。学修をより計画的、能率的、効果的に進められることが期待できる。課外活動、インターンシップ等の記録を包括的に保管することで就職活動等に役立つ。

図2-6　レスター大学のIPEモデル

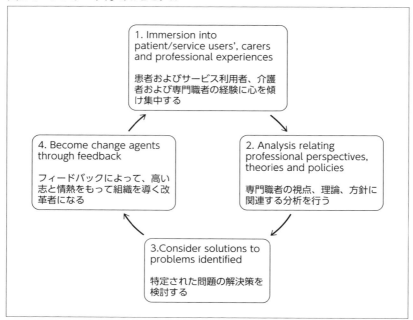

出典：Elizabeth S. Anderson, Angela Lennox, *The Leicester Model of Interprofessional Education:Developing, delivering and learning from student voices for 10 years*, Journal of Interprofessional Care, 23（6）, p.559, 2009. を一部改変

引用・参考文献

【第1節】
・諏訪さゆり・中村丁次編著『「食べる」ことを支えるケアとIPW──保健・医療・福祉におけるコミュ
　ニケーションと専門職連携』建帛社，2012.

【第2節】
1）ドナルド・A・ショーン，柳沢昌一・三輪建二監訳『省察的実践とは何か──プロフェッショナルの
　　行為と思考』鳳書房，2007.

【第3節】
1）広井良典『ケア学──越境するケアへ』医学書院，pp.34-54，2000.
2）本田省二・徳永誠・渡邊進ほか「脳卒中の病型ごとの急性期から回復期までの実態調査──熊本脳卒
　　中地域連携パスの9年間のデータを用いて」『脳卒中』第40巻第5号，pp.343-349，2018.
3）厚生労働省「医学教育モデル・コア・カリキュラム　平成28年度改訂版」 https://www.mext.go.jp/
　　component/b_menu/shingi/toushin/__icsFiles/afieldfile/2017/06/28/1383961_01.pdf
4）厚生労働省「医師臨床研修指導ガイドライン―2020年度版―」 https://www.mhlw.go.jp/
　　content/10800000/ishirinsyokensyu_guideline_2020.pdf

【第4節】
1）白瀬由美香「イギリスにおける「普遍的な個別ケア」構想──2019年NHS長期計画にもとづく新た
　　なサービスモデルの検討」『同志社政策科学研究』第21巻第2号，pp.101-112，2020.
2）新井利民「英国における専門職連携教育の展開」『社会福祉学』第48巻第1号，pp.142-152，
　　2007.
3）浦島充佳「病院改革　患者さんの期待を超越せよ！⑤Accountability（情報開示）──ブリストル王
　　立小児病院の事例から学ぶ」『病院』第64巻第8号，pp.666-670，2005.
4）櫻谷眞理子「イギリスの児童保護の現状と課題──ビクトリア・クリンビエ，ベービー P事件を基に」
　　『立命館産業社会論集』第45巻第1号，pp.35-51，2009.
5）三重大学「専門職連携教育および連携医療のための行動の枠組み」2014. https://apps.who.int/iris/
　　bitstream/handle/10665/70185/WHO_HRH_HPN_10.3_jpn.pdf
6）Elizabeth S. Anderson, Angela Lennox, *The Leicester Model of Interprofessional Education:
　　Developing, delivering and learning from student voices for 10 year*s, Journal of
　　Interprofessional Care, 23 (6), pp.557-573, 2009.

第3章

IPWの構成要素

1 IPW における専門職・専門性

1）専門職・専門性とは

　専門職とは、その分野の系統的な教育を受けてその分野の知識・技術・態度を身につけ、国家試験などの資格試験を受けて合格し、その分野の機関から認定された人をいうことが多い。また、資格に限らず、各分野において高度なレベルを要する仕事も専門職と呼ばれることが多い。

　元来、professor の語源は「神の神託（profess）を受けたもの」に由来した。最初に professor と呼ばれたのは「牧師」、次に「大学教授」、次に「医師」「弁護士」等であった。いずれも神の意志を遂行することを使命とした。近代では、神の宣託による呪術を「科学と技術」に置き換えて「近代の専門職」が登場した。教師、建築家、都市計画者、経営コンサルタント、カウンセラー、福祉士などに拡大するが、いずれも公共的使命と社会的責任において定義される[1]。専門職にかかわる能力の考え方では、①専門的な知識、②それを実現する専門的な技術、③それらを活用する価値や態度によって各専門職の能力が構成され、専門職の人材育成のためのコア・コンピテンシーと呼ばれる能力リストの追求とともに、構造化された教育が行われはじめている。

　保健医療福祉の専門家は、医師、看護師、保健師、助産師、理学療法士、作業療法士、社会福祉士など、細分化した多様な専門職である。各職種は歴史的経緯があって誕生し、法的・制度的な裏づけをもって社会から認知されている。

　保健医療福祉に携わる職種の多くは資格取得を求め、認定されることで免許が得られるが、免許を得ただけでは専門職とはいえない。保健医療福祉の専門家は、専門分化した自分の職種の領域を超えた問題をかかえる利用者を支援している。そのため、保健医療福祉の専門家（professional）の意味には連携・協働の活動の意味が包含されており、知識や技術の専門分化による専門家（specialist）とは区別されるものである。professional である専門家は、専門性が高まるにつれ、自分で概念的な定義を加えながら自分の仕事や役割に広がりや深みをつくりだして成長し[2]、実践を通じて学び続けることが求められる。例えば、看護職の倫理綱領では、「看護職は、常に、個人の責任として継続学習による能力の開発・維持・向上に努める」とされ、科学や医療の進歩ならびに社会的価値の変化に伴い多様化する人々の健康上のニーズに対応するための、高い教養と高度な専門的能力を開発・維持・向上することを、責任および責務と位置づけている[3]。

2）IPW の視点から専門職・専門性を考える

　IPW は、複数領域の専門職がそれぞれの知識と技術を提供し合い、ともに学び合いながら、共通の目標の達成をめざしてともに行う援助活動である。実践の場の専門家は、連携・協働した活動を特別に意識することなく自然に行う。利用者の目標に対してどのように活動するのがよいかと考えると、多職種で協働せざるを得ないからである。例えば、転倒して骨折するリスクのある高齢者への援助では、看護師は高齢者の日常生活の様子を観察して転びにくい環境を整え、介護福祉士は高齢者の活動性が増すよう生活を活性化し、理学療法士は機能訓練を調整して筋力と可動性の向上に努め、栄養士は栄養状態と食事内容を見直し、医師と薬剤師は睡眠剤などの活動に影響する薬剤を調整するなど、日常的に多職種と協働した実践がある。利用者の目標に対して、自分の職種として何ができるのかを明確にし、他職種のことを理解していないと協働した実践はできない。

　そのためには、IPW のパートナーとして一緒に活動するメンバーとなる人々を理解することが必要である。メンバーに過度に期待したり、逆に自分でかかえ込みすぎたりすることは、いずれも利用者にとって不利益になり得る。専門職に求められるのは、多くのことに独力で対処するということよりもむしろ、自分の役割やほかのメンバーの役割を理解してともに働くことである。多職種者が互いに理解し合い、力を引き出し合い、活用し合うことで、利用者のための実践活動になるのである。

3）IPW を担えることが専門職である

　現代の保健医療福祉にかかわる課題は複雑化している。単一の職種だけで対応できるものではない。それぞれの職種の視点から利用者がもつ課題を支援することにとどまらず、いかに連携して支援するかということを含めて実践できることが専門職の役割であり、IPW を担えることが専門職として必要不可欠である。これこそが「専門職であることは IPW ができることを意味する」といわれる所以である。

　専門職は、単一の職種でできることには限界があることを知り、IPW によってチームの実践を高める。その実践において、IPW の課題が複雑になればなるほど、個人の能力が問われることになる。他者に依存するため、あるいは、自分の仕事をうまく運ぶためにチーム活動を求める者は専門職とはいえない。結果的に自分の仕事がうまく運ぶことにつながるが、そのこと自体を目的にしてはならない。

　IPW の担い手は、資格のある専門職に限らない。人は支え合って生きており、

保健医療福祉の支援が必要な人の周りには、専門職だけでなく家族や友人・知人、近隣の人々など多くの人がいる。専門職といわれる職種はもちろん、免許や資格がない人々もIPWの担い手になり得る。むしろ、ボランティアや利用者をよく知る人、家族をメンバーに加えないと支援が成り立たないこともある。地域では民生委員や自治会の役員、NPO法人やボランティアなどの支援チームが組織され、多様な活動をしている。これらの人々は、免許や資格をもっていなくても支援者としての能力やそれぞれの特徴的な支援の方法をもっており、利用者の目標に応じてIPWのメンバーになる。例えば、高齢者の送迎を行うNPO法人やボランティア、子どもの居場所づくり活動や子ども食堂の運営者など、多様な人材が存在する。また、病院や施設の事務職も、保健医療福祉の機関で働く職員として援助活動に参加することがある。

　IPWは専門職のみで営まれるものではなく、利用者のニーズに応えるために必要な人材がメンバーとなって実践されるものである。専門職には、広い視野をもって利用者の生活をとらえ、利用者の援助活動に必要な人がチームで活動できるようにチームを形成することが求められる。

2 IPWのモデル

　IPWは、連携、協働、協力、チーム活動、連携実践、協働実践など、さまざまな言葉で表現されている。連携とは連絡をとること、つながることであるから、情報伝達や電話、カンファレンスは連携のきっかけになり得るが、連携そのものを意味するわけではない。協働とは他者と協力して働くことであるが、協力は募金やゴミの分別のように、協力する人が目標の設定に関与していない場合もあるため、協働と同義ではない。また、"チーム"には同じ目標に向かって協力するという意味が含まれるため、連携や協働をチームまたはチーム活動と表現している場合もあるが、チームをつくれば連携、協働できるわけではない。IPWにおける連携、協働、チームは、相互作用や共通の目標の達成をめざした行動という意味で用いられており、変化を伴うものとしてとらえている。

　図3-1は、連携・協働により統合されたケアが提供され、利用者のよりよい変化や発展的な創出を生み出すプロセスを示している。IPWのプロセスは、その要素である"チーム形成""多領域の相互理解""チームで取り組む目標とその内容"の相互の影響を受けて発展する。現場では、この連携から統合までのプロセスをご

図3-1　連携・協働・統合の発展プロセス

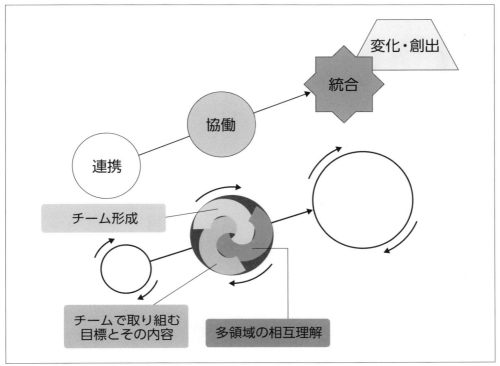

出典：埼玉県立大学「平成21年度インタープロフェッショナル演習履修の手引き」を一部改変

く短時間でたどらなければならないこともある。

　図 3-2 は、連携・協働・統合の断面を、カンファレンス、実践するケア、利用者にとってのケアで示している。従来のチームによるカンファレンスでは、情報交換は行われるが相互作用は起こりにくく、専門領域ごとにケアが実践されるため、利用者は別々のケアとして受けていた。しかし、IPW のチームでは、目標が共有され、互いの考えや価値観のやりとりの影響を受けてケアを実践するため、利用者は統合されたケアとして受け取ることができる。

　なお、埼玉県立大学では、統合に至るまでの過程を連携・協働あるいは連携協働と表現することが多いが、協働を含めて連携あるいは連携実践と表現したり、連携を含めて協働あるいは協働実践と表現したりする場合もあり、厳密な区別はされていない。

　連携・協働の形態は、職種の数、職種同士のつながり方、活動のあり方によって分類されることが多い。単一の職種によるものは uniprofessional、複数の職種によるものは multiprofessional、多職種による連携・協働は interprofessional、専門領域を超えた連携・協働は tranceprofessional といわれており、IPW を必

図3-2 連携・協働・統合のプロセスの断面図

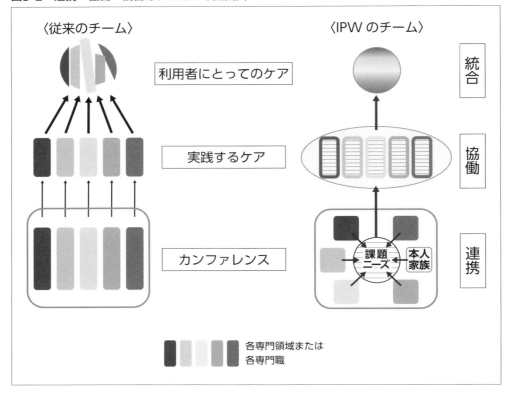

要とする状況や人材によって、形態やリーダーシップを発揮する人は変化する。連携・協働のメンバーには、保健医療福祉の専門職だけではなく、建築、警察、行政、法律、心理などの多様な領域のほか、利用者本人・家族も含まれる。

3 チーム形成のプロセス

1）チームについての基本的な考え方

① グループからチームへ

「三本の矢の教え」や「三人寄れば文殊の知恵」などのように、複数の人が集まって協力して大きな物事を成し遂げることや、集まることで新たな力が発揮できることを、私たちは感覚的に理解している。グループには単なる人の集まりを超えた特性があり、「１＋１」が「２」より大きくなるような創造的な業績を残したり、自分では分からない内面を他人の行動により気づかされるようなことが起こる。好む

表3-1　チーム形成のプロセス（タックマンモデル）

形成期（forming）	メンバーが決定し、チームの目標や課題を共有する時期 互いのことをよく知らない状態
混乱期（storming）	チームの課題を解決するアプローチを模索する時期 メンバー間で考えや価値観がぶつかり合う嵐の状態
統一期（norming）	チームとしての行動規範や役割分担が形成される時期 メンバーが互いの考えを受容し、関係性が安定する状態
機能期（performing）	チームとして機能し、成果を創出する時期 チームに一体感が生まれ、チームの力が目標達成に向かう状態

出典：Tuckman, B. W. *Developmental sequence in small groups*, Psychological Bulletin, 63(6), pp.348-399, 1965. より作成

か好まざるかにかかわらず、人は周囲の人間関係から影響を受け、影響を与え、他者との交流を通して成長する。

　しかし、単に「人」を集めただけではチームにはならない。成果をあげるチームになるためには、メンバー同士が前向きな協力関係を築きながら、相乗効果を生むチーム形成が必要である。グループが何らかの目的のもとに集められ、協働で活動しようとするときにグループがチームになる。

② チーム理論

　チーム形成の有名な理論として、心理学者のタックマン（Tuckman, B.W.）が提唱した「タックマンモデル」[1)]がある。タックマンモデルは、チーム形成時から成果をあげられる状態になるまでを4段階に分け、各段階をクリアしていくことで、チームが機能し、最高のパフォーマンスが発揮できるようになるというモデルである（表3-1）。最初から最高のパフォーマンスが発揮されるものではなく、チーム形成の段階を経ていることを理解し、チーム活動を円滑に進めるために自分のチームがどの状態にあるのかを意識して、意図的に次の段階へとチーム形成を進めることが必要である。

2）チーム活動の方法

① チーム形成の方法

　チーム活動を開始するときにはチームメンバーが集まり、チーム形成が始まる。知らない者同士が初めて対面する場合もあれば、気心が知れた者が集まることもある。チームとして目的をもった活動をするためには、互いを知り合う機会をつくり、

信頼関係を構築することが必要であり、チーム活動の最初には自己紹介やアイスブレイクを取り入れることが有効である。

「アイスブレイク」とは、氷のように冷たくかたい雰囲気を壊すという意味であり、人と人のわだかまりを解き、話し合うきっかけをつくるために行う。チーム活動の早期に雰囲気づくりができるとディスカッションしやすくなる。

「目的」とはチームがめざす方向性であり、これを共有しなければIPWのチームとして機能しない。チームが何のために活動しようとしているのか、活動の意義は何かということを共有することによって、メンバーが同じ方向に向かって活動することができる。

② ディスカッションによる合意形成、コンフリクト（葛藤）と解決

多職種チームでディスカッションするなかで、互いの考えや価値観の相違に気づき、ほかの専門領域への理解が深まる。そして、ほかの専門領域に対比させながら自分の専門領域の役割が明確になる。また、チームのなかでの自分やメンバーの役割にも気づいていく。ディスカッションは、発散と収束を繰り返し、メンバー全員で納得できるまで話し合い、合意形成に至ることが必要である。

「発散」とは、思考するテーマに対して要素や選択肢を思いつくだけ出力していく思考法である。「収束」とは、発散とは逆に複数の情報から1つの結論を見出していく思考法である。すなわち、発散と収束を繰り返すことによって、発散によって広げた情報のなかから共通点を見出し、要点を抽出し、目的に合う結論をしぼっていくことが可能になる。簡単に妥協し、合意することを目的にしてはならない。互いの意見や主張を正しく理解せず、自分勝手な解釈のもとに相手を理解したつもりでディスカッションを進めたり、十分な発散をしないままに相手を論破して自分の意見を通すことに傾いていると、意見がかみ合わず、チームメンバーが納得する結論を導くことができない。論理的な話には、話の前提となる知識、話の根拠、主張したい結論が欠かせないものであり、常に論理的に話をするように心がける必要がある。このような話し方は、意図的に実践して繰り返すことで上達するものである。

ディスカッションは、コンフリクトが生じやすい場面である。コンフリクトとは、対立、葛藤、衝突などを指す。IPWのチームは多職種で集まるため、各専門領域の価値観がコンフリクトの原因となりやすい。コンフリクトを解消しないまま話し合いを進めると、納得した結論を導くことが困難になり、チームが分裂する危険がある。

コンフリクトは、互いの違いを理解し合わなければ解消することは難しい。そのためには、コミュニケーション技法の基礎的要素である共感的理解が必要となる。共感的理解ができれば、内容や価値観を変えるのではなく、受け入れればよいことが分かるようになる。コンフリクトはあってはならないものではなく、むしろコンフリクトを解消しようと協力する過程があることにより、互いの専門性を理解し、創造的な発想が生まれるのである。最も好ましくないのは、コンフリクトから目を背けて問題が潜在化してしまうことである。

3）チームメンバーの役割と機能

① リーダーシップとメンバーシップ

チーム活動を円滑に進めるためには、それぞれのチームメンバーが自分のもつ力を発揮して、リーダーシップ、メンバーシップを発揮する必要がある。リーダーは決定権をもつ人ではない。リーダーシップを発揮するとは、その行動によって周りによい影響を与え、メンバーのもっている能力を最大限に発揮できるようにすることでチームを活性化し、チームの目標と使命を達成することである。また、メンバーには、自身の役割を果たし、組織やチーム全体に貢献すること、すなわち、自分の仕事を主体的に確実に遂行する、ほかのメンバーに自発的に協力する、チーム全体のことを考えて行動することが求められる。

② チームメンバーの広がり

学生の学習のためのチームは一定期間同じメンバーで活動し解散するが、実践の場のチームは常に固定したメンバーで活動するわけではない。また、利用者がかかえる課題によってチームメンバーとする職種も変更になる。例えば、入院した患者を支援するチームの場合、疾患の治療に必要なチームとして、入院当初は医師や看護師を中心としたチーム活動になるが、退院に向けて機能回復をめざし、自宅での継続した療養生活環境を整える状況では、機能回復に向けた訓練を担う理学療法士や作業療法士を中心としたチーム活動になり、療養先との調整に課題がある状況では、退院支援を専門に行う部門の看護師やケアマネジャーを中心としたチーム活動になる。栄養状態に課題がある場合には栄養士がメンバーとして加わったり、薬剤に関する課題が生じた場合には薬剤師がメンバーに加わったりすることもある。課題の種類や目標の変更によって、チーム活動の中心になる職種とメンバーが変わっていく。

地域での生活を支援するなかでは、資格をもつ専門職だけでなく、利用者の生活を支援するすべての人がIPWのチームメンバーになり得る。例えば、家族や親族、隣人や地域の民生委員、ボランティアなどが生活を支援するIPWのメンバーとして活動する。目的の達成に向けて、必要な人材・支援を調整することが求められる。利用者の援助活動に必要な人がチームメンバーとして活動できるように、チームを形成すること、必要な人を加えることが重要である。

③ 責任の分担（分散）

複数のメンバーが働くチームでは、1人ひとりにかかる仕事量を分散できる利点がある。しかし、責任の分担が明確に行われないことは、1人に負荷が偏る危険性や、曖昧な役割分担によって誰かがやるだろうと皆が考えたために結果的に誰もやらないといったことが生じる可能性がある。「1＋1」が「2」にならない場合である。例えば、学生の学習チームで課題に取り組む場合に、誰かがやってくれるだろう、皆取り組んでくるだろうから自分はここまででよいだろうといった手抜きが生じることがある。実践の場でも同様のことは生じる。このような状況を避けるために、チームの活動を俯瞰的に見ることや、利用者の支援の状況や課題の到達度合いだけでなく、チームの状態を常に意識してすべてのメンバーが適切に活動しているかを見ていくこと、1人ひとりのチームメンバーが課題に向けて真摯に向き合うことが重要である。そうすることで適切に責任が分散され、よりよい実践につながる。

4）カンファレンス、ケースカンファレンス

カンファレンスとは会議、協議会などの意味をもつ言葉であるが、保健医療福祉の関連でカンファレンスという場合には、少人数での会議を指し、利用者について検討する会議をケースカンファレンスという。

カンファレンスでは、支援内容を点検し課題を見出したり、すでに明らかになっている課題についての支援を調整したりする。限られた時間で各人がもつ課題に関する情報を共有し、議論することが必要であり、円滑に進めるためには、チーム形成のプロセスを意識した進行が必要である。

まず、出会ったメンバーが話しやすい雰囲気になるように自己紹介、アイスブレイクを行う。テーマ（カンファレンスの目的）を明確にし、意見交換ではメンバー1人ひとりがテーマに沿った発言をする。意見交換の進行においては、発散と収束を意図して、広く意見を出し合い、そのうえで合意形成に向けてメンバーが納得で

きる意見を整理する。この際、メンバー全員が互いの意見を聞く姿勢をもち、発言された意見を否定しないこと、メンバー全員が発言し、参加することが必須である。このような姿勢をすべての参加者がもつことを前提として確認したい。カンファレンスは限られた時間での開催となるため、司会、書記といった進行を担う役割を明確にし、時間管理をしたうえで進行することが、円滑な進行に向けて重要である。一方で、合意形成に向けて時間を意識するあまりに、司会の一存で導くことや、安易に多数決で決めること、発言力の大きいメンバーの意向に沿うように決定することは、メンバー全員で納得した合意形成、ひいては利用者にとって最適な支援に至らない可能性があるので、注意が必要である。

4 コミュニケーション

1）コミュニケーションの意義

コミュニケーションという言葉は、「共有する、分かち合う」を意味するラテン語（communicare）を語源とする。コミュニケーションは、単に相手に情報を伝えることだけではなく、相互のやりとりを通して相手と共有することである。

いうまでもなく、IPW の要となるのは対人関係であり、その関係性はコミュニケーションをもとに培われていく。専門職にとって、利用者とのコミュニケーションは欠かせないものであり、IPW・IPE では、自分と異なる専門分野の専門職とのコミュニケーションが加わる。多職種間で利用者の情報を共有し、ディスカッションを行い、目標に向けた合意形成を行うこと、多職種間で相互理解・相互支援を行うことは、コミュニケーションの積み重ねによって達成されていく。

コミュニケーションは、互いがもっている情報・知識・意思・価値観・感情などを分かち合うことであり、専門職にはコミュニケーションの基盤となる聴く力、伝える力、互いを理解し、つながる力が求められるのである。

本節では、利用者と専門職、チームで協働する専門職間で、相互理解・相互支援を行っていくための基盤となる、自己理解、他者理解、基本的なコミュニケーションスキルについて説明していく。

2）他者理解の前提となる自己理解

人にはそれぞれ独自の生い立ちがあり、生まれ育った地域の文化・風習・人間関係などが異なることから、価値観や判断基準がそれぞれ違って当然である。「他者

と自己は違う」ことは人間の特性によるものであり、「十人十色」「千差万別」「ダイバーシティ」などの言葉に慣れ親しんでいるようでも、どこかで「他者と自己は同じ」と思い込んでいるところがある。

　例えば、ある人が援助職を志す契機について「自分や家族が病気で苦労したので、病をもつ人の気持ちを理解できる」と語るとき、「理解できる自分でありたい」という気持ちは尊重したいが、同じような病気を体験したとしても、状況や反応は同じとは限らないため、「理解できる」は単なる思い込みに過ぎない公算が大きい。ある人にとって当然と思えることが、別の人にとっては不自然に感じるということは、まったくめずらしいことではないのである。

　私たちは他者の生活や人生、その人の希望を想像するとき、基本的に自己の体験や関心にもとづいて想像し、解釈を行う。このときの想像の仕方には「その人らしさ」や「ものの見方の傾向」が影響し、場合によっては一面的で独りよがりな解釈に陥ることも起こり得る。かけている眼鏡の色や度数を知らないままに、対象を正確にとらえることができないように、自己の価値観や判断基準を承知しておかなければ、他者を正確に理解することはできない。自己を知ることで他者を知る、つまり他者理解および相互理解は自己理解を前提とするのである。

3）IPW で求められる自己理解

　保健医療福祉の分野では、専門領域の異なる職種と現場をともにする機会が一般的になっている。同じ利用者にかかわっていても、職種が異なればアプローチの方法は異なる。専門職を志す学生同士であっても、同じ発想であろうといった思い込みがないか注意しなければならない。

　コミュニケーションは、伝え手と受け手が共通の情報をもつことで成立する。しかし、双方が自らの価値観や判断基準にとらわれていれば、伝え方、受け止め方、情報の解釈、理解もまちまちで、共有作業は困難となる。共有するためには、「他者と自己は異なる」ことを前提に、正確に表現し、分からないことは確認・質問し合うようにして、一方通行にならない心がけが求められる。「他人の立場に立って考える」ことは、口にするほど簡単なことではなく、他者の言動が自己の日常的な感覚と異なる場合には、抵抗を感じるものである。

　このような事態は、保健医療福祉の現場で連携の対象となる人々との間にも起こり得る。例えば、病気や障害などの理由で生活上の困窮状態に陥っている利用者は、他者からの援助を求めるという苦痛と、どのような援助を受けられるのかという不安のなかにいる。この思いを受け止めること自体、容易なことではないが、利用者

がここに至るまで特有の人生を歩んできた個性的な存在であること、そもそも援助者とは異なる価値観や判断基準をもつことを前提として援助を検討する必要がある。その困窮状態が利用者の生活態度に起因する場合、自律的な人生を信条とする援助者であれば、許せないという思いが生じるかもしれない。また、身の回りのことがおおむね自立しているにもかかわらず、家事援助を求める利用者に対して、訴えるほど深刻ではないと感じるかもしれない。利用者の個別の状況を推し測ることなく、一方的に援助者側の思いや判断を伝えることで、必要な援助が届かず、関係が途絶えてしまうおそれがある。

　利用者と専門職、チームで協働する専門職間で一時的な違和感や温度差が生じることはやむを得ない。しかし、IPW が利用者を中心に、利用者のためにある限り、自己の内面に生じる個人的な思いや専門職としての決めつけには自戒的であらねばならない。自己が他者に与える影響力の程度を自覚できなくては、他者との適度な距離感を維持することも、専門職としての役割を果たすこともできないからである。IPW・IPE では、ある状況に参加しながらも、参加している自己を俯瞰する能力が求められ、この能力の開発・養成には修練が求められるのである。

　続いて、自己と他者の認識のずれを確認しながら、情報を共有していくための基本的なコミュニケーションスキルについて説明していく。

4）コミュニケーションの方法

　コミュニケーションには、会話や記述など言語を介する言語的コミュニケーション（verbal communication）と表情や身ぶりなど言語を介さない非言語的コミュニケーション（non-verbal communication）の 2 つの種類がある。特に、非言語的コミュニケーションは、パラランゲージ（口調、声の大きさ、速度、抑揚、テンポ、言葉づかい）、視線（高さや目の動き）、顔の表情や頸部の動き（うなずきの程度など）、上半身の動き（手、腕、ジェスチャー、姿勢）、下半身の動き（体位、位置関係、脚の動き）、パーソナル・スペース（距離のとり方）、タッチング、沈黙など多様な方法がある。

　人類学者のレイ・バードウィステル（Ray L. Birdwhistell）の研究において、「二者間の対話では、言葉によって伝えられるメッセージは全体の 35％に過ぎず、残りの 65％は、話しぶり、動作、ジェスチャー、相手との間のとり方など、言葉以外の手段によって伝えられる」[1]ことが示されているように、非言語的コミュニケーションの及ぼす影響は大きい。非言語的コミュニケーションの方法を意識することで、相互理解につながる効果的なコミュニケーションを行うことができる。

また、コミュニケーションをとるときには、互いにとって話しやすい場所、時間帯、時間の長さ、位置関係などの環境設定も重要である。

5）聴く力

話や音楽などを「きく」ことを表記する場合、「聞く」と「聴く」の2つの「きく」がある。「聞く」は自然の音を耳に感じて聞くことで、聞く側が主体となる。「聴く」は相手の言いたいことを注意深く受け止め、内容だけでなく、相手の気持ちや感情も聴くことで、互いに主体となる。

保健医療福祉の現場では、利用者の話を援助者が「傾聴」する機会があり、学生のころから「傾聴」の大切さを幾度となく学ぶ。真の傾聴は、相手の話に積極的に関心を寄せ続けて心の底から聴くことであり、相手のなかに「自分は受け入れられている・尊重されていると実感することができる」「自分の存在を肯定することができる」「ありのままの自分と向き合い、自分のことを正しく理解できる」という変化が生じる。傾聴の過程で、互いの間に共感が生まれ、信頼関係が構築され、親しい感情が通い合う状態になる。傾聴を通して、利用者と専門職、専門職間でラポール（親密な信頼関係）が形成されることで、コミュニケーションの質が向上していくのである。

また、傾聴の際に、相手の話す速度や調子に合わせるペーシング、相手の表情や動きに対して鏡のように合わせるミラーリング、沈黙の活用、相手を理解し、状況を整理するための質問（「開放型質問（open-ended question）」と「閉鎖型質問（closed question）」、過去質問と未来質問、否定質問と肯定質問）など、意識的に方法を工夫すると効果的である。

傾聴は専門職が身につけるべき重要な技術であり、それなりの訓練が求められる。カール・ロジャーズ（Carl R.Rogers）の「治療的人格変化の必要にして十分な条件」（聴く側の3条件）[2]が参考になる。

6）伝える力

「伝える」ことは、単に情報を発信することではなく、人から人へ大切な事物を伝える・授ける・受け継いでもらうことであり、伝える側と伝えられる側の相互行為である。伝える側の一方的な都合で「言った」としても、実際には「伝わっていなかった」ことは往々にして起こり得ることである。そのため、伝えるときには伝えたい相手が受け止められる状況にあるのかを確認し、相手の反応や理解の程度に応じて、適切な内容を、適切なタイミングで伝える必要がある。

また、対人関係のなかで、相手を肯定的に受け止め、それを相手に伝えることを「承認」という。承認は相手の社会的基盤を構築する大切な過程であり、考え方・行動・能力・成長・存在などを他者から承認されることで、生きていくエネルギーが湧き、足場を強固に組み立てていくことができる。逆に、承認が得られないと、自分の存在があやふやになり、生きる自信さえも失ってしまう。承認は「よいことを伝える」「気持ちを伝える」「存在に気づいていることを伝える」だけでなく、「まかせる」「しかる」ことも含まれる。なお、他者を承認するためには、他者理解と、その前提となる自己理解が必要となる。

なお、承認の伝え方には「You（あなた）メッセージ」「I（私）メッセージ」「We（私たち）メッセージ」の3種類がある。You、I、Weの順にメッセージの範囲が広くなる。Iメッセージは「私」が主体となり、事実とともに自分の思いも伝わることから、相手が受け取りやすい効果的な伝え方である。Weメッセージは「私たち」が主体となり、事実とともにその人が所属する集団を含むことから、一体感を生み出す伝え方である。

7）アサーティブなコミュニケーション

コミュニケーションにおいて相手と自分の意見が異なるときに、相手の意見を優先し、自分は後回しにする「非主張的な自己表現」や、自分の意見を優先し、ときには相手をふみにじることもある「攻撃的な自己表現」がある。どちらのコミュニケーションも表現に非対称性が生じ、対人関係上の問題をかかえやすい。利用者と専門職、専門職間においては、「自分も相手も大切にする自己表現」[3]であるアサーション（assertion）にもとづく、アサーティブ（assertive）なコミュニケーションが求められる。それは互いに対等な立場で誠実に向き合い、相手の意見を尊重しながら、自分の意見や気持ちを率直に、正直に伝えることで成立する。なお、相手に伝える際には、前述した「Iメッセージ」を使うと素直に自分の気持ちを伝えることができ、効果的である。

5　ファシリテーション

1）IPWにおけるファシリテーションの意義

IPEとIPWは常に相互作用を経て発展しているが、効果的かつ継続的検討のためには、さまざまなミクロ・メゾ・マクロレベル要因の相互作用と影響（図3-3）

図3-3　IPEとIPWに影響を与える要因

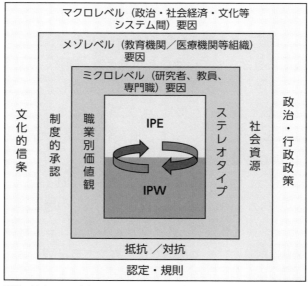

出典：Mohammad Azzam, Anton Puvirajah, Marie-Andrée Girard and Ruby E. Grymonpre, *Interprofessional education-relevant accreditation standards in Canada: a comparative document analysis,* Human Resources for Health, 19(66), 2021. をもとに作成

を考慮する必要がある[1]。

　例えばIPEにおいて、学生は正式なトレーニングを受ける前から、自分が学ぼうとする専門職に関する文化的な信念、態度、価値観をもって教育プログラムに参加しており、また、各専門職は、自身がほかの専門職に対する固定観念や誤解をもっていることを認識していないことが多く、それが教育や連携実践の機会に悪影響を与えている[2]。そして、忘れてはならないのは、このようなミクロレベルにおけるステレオタイプ的理解や各専門職における価値観は、学生や専門職にとどまらず、メディアを通じて培われた内容、また、歴史的に受け継がれてきた理解をふまえ、利用者や一般の人々にも波及しているという事実であり、メゾ・マクロレベルにおいてネガティブな影響に注意しなければならない。

　このように、ミクロ・メゾ・マクロレベルにおける影響要因をふまえつつ、各専門職の知識、コミュニケーションスキル、協働的な態度などの相互作用を促進するためにも、IPWにおけるファシリテーションは重要である。

　また、日常的に行われる退院前カンファレンス、術前術後カンファレンス、サービス担当者会議などの各種カンファレンスにおけるファシリテーションの重要性はいうまでもない。加えて、2014（平成26）年6月に成立した改正介護保険法にお

図3-4　優れたファシリテーションの3つの側面

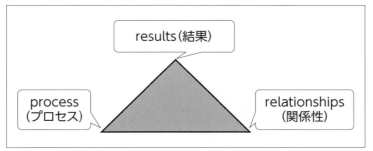

出典：Daniel Christian Wahl, *The need for facilitation*, Age of Awareness, 2017. を一部改変

いて法制化された地域ケア会議では、地域包括支援センターまたは市町村が開催主体となり、地域包括ケアシステムの実現のための有効なツールとして、個別事例の検討をもとに、IPWによるケアマネジメント支援、地域のネットワーク構築が行われている。地域ケア会議の「個別課題解決機能」「地域包括支援ネットワーク構築機能」「地域課題発見機能」「地域づくり・資源開発機能」「政策形成機能」の5つの機能[3]を十分活性化させるためにも、ファシリテーションはなくてはならないスキルといえよう。

　ファシリテーションとは、グループメンバー全員が参加し、知恵を出し合う会議等を運営するために、共通のビジョンを定義し、意思決定を行い、目標を達成するためのツール、テクニック、スキルのシステムである。メンバー間に信頼関係が構築されるよう支援すること、コミュニケーションが共感と誠実な関係性のもと流動的に展開できる環境をつくりだすこと、また、コンフリクトが発生した場合には、対立解消の支援も必要となる。ファシリテーションでは、目標を達成することにエネルギーを集中しすぎてしまい、その水面下で何が起こっているのかということに十分な注意を向けないまま進行することにより、長期的には期待する効果を得られない結果となる場合も多い。IPWにおける望ましい実践とは、結果が得られるということだけでなく、そのプロセスや関係性の質の向上にも及ぶ多次元的な視点に立てば、優れたファシリテーションは「results（結果）」「process（プロセス）」「relationships（関係性）」（R-P-Rトライアングル）（**図3-4**）の3つの側面にバランスよく焦点をあてることも重要である[4]。

2）ファシリテーションの役割

　ロジャー・シュワルツ（Roger Schwarz）は、ファシリテータの主な役割について、「グループのプロセスと構造を改善することで、グループの有効性を高める

こと」⁵⁾と明言している。グループやチームが最も効果的かつ建設的な手法を用いて目標等を達成するために、ファシリテーションは重要なマネジメントスキルとなる。一方、グロービス（GLOBIS）は、「ファシリテーションは単なる会議進行の技法ではなく、リーダーの必須スキル」であり、「高度な思考力、理解力、表現力を必要とするコミュニケーションに関するすべての要素を統合した、最高難度のスキル」⁶⁾であると指摘している。時間内に終えることができる、あるいは参加者の多くが発言できる会議やグループワークだからといって、十分なファシリテーションができているとは限らない。

IAF（国際ファシリテーション協会）は、さまざまな環境でファシリテーションを成功させるために、ファシリテータがもつべき基本的なスキル、知識、行動を「A. 創造的で協働的なクライエントとの関係性を創る」「B. 適切なグループプロセスの計画を立てる」「C. 参加しやすい環境をつくり、維持する」「D. グループを適切かつ有益な結果に導く」「E. 専門知識を身につけ、維持する」「F. プロフェッショ

表3-2　ファシリテーションの重要な役割

A. 創造的で協働的なクライエントとの関係性を創る	クライエントとのパートナーシップを築く
	クライエントのニーズに合わせてプロセスをデザインする
	複数のセッションのイベントを効率的に運営する
B. 適切なグループプロセスの計画を立てる	明確な方法とプロセスを選択する
	グループプロセスをサポートする時間とスペースを準備する
C. 参加しやすい環境をつくり、維持する	参加をうながし人に働きかける効果的なコミュニケーションスキルを発揮する
	多様性を認め尊重し、包括性を確保する
	グループ内のコンフリクトマネジメントを行う
	グループの創造性を呼び覚ます
D. グループを適切かつ有益な結果に導く	明確な手法とプロセスでグループを導く
	グループのタスクに関する自覚をファシリテートする
	グループが合意形成と望ましい成果に到達できるようガイドする
E. 専門知識を身につけ、維持する	知識の基盤を維持する
	広範囲にわたるファシリテーションの手法を知っている
	専門家としての立場を維持する
F. プロフェッショナルとしての積極的な姿勢をモデルとして示す	自己評価と自己認識を実践する
	誠実に行動する
	グループの可能性を信じ、中立的立場をとる

出典：IAF, *IAF Core Competencies,* 2021. より作成

ナルとしての積極的な姿勢をモデルとして示す」の6項目に分け、**表3-2**のように示している[7]。これらが、ファシリテーションの重要な役割であるといえる。

3）ファシリテーションの方法

ファシリテーションをするにあたり、「ファシリテーターはコンテンツ（話される内容）には入り込まず、プロセスにフォーカスする」[8]といわれている。実際の議論の場では、出発点と到達点を押さえたうえで、「なぜ、このことについてここで話すのか」という場の目的の共有・合意、「なぜ、そうする必要があるのか」というアクションの理由の共有・合意、そのうえで「どうするのか」というアクションの選択・合意を明確にしたうえで、「どのように行うのか」という実行プラン、コミットの確認・共有をしながら到達点をめざす（**図3-5**）[9]。

なお、その際には、参加者の状況や認識レベル、それぞれの思考や行動の特性を把握することが非常に重要となる。ダナ・ブラウンリー（Dana Brownlee）は、議論の発展をさまたげる参加者として、5つのタイプを示している（**表3-3**）[10]。

「場を支配しようとする人」は、威圧的な態度をとることが多く、それがチームの士気を低下させることにつながる。このような状況をファシリテーションする方法として、ほかのメンバーが発言しやすくなるように、「2人組あるいは3人組の小グループで話し合いをしてから全体の議論に移行する」「各自で問題点やアイデアを付箋等に書き出してから議論する」等がある。「発言しない人」は、議論に集中していないことが多い。そのため、議論に集中してもらえるように、「会議時間をできるだけ短くする」「議論の間はスマートフォンを使用しない等のルールをつ

図3-5　ファシリテーションによる合意形成のステップ

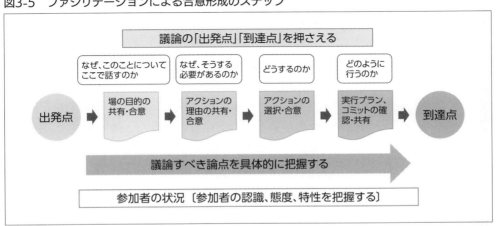

出典：グロービス『ファシリテーションの教科書──組織を活性化させるコミュニケーションとリーダーシップ』東洋経済新報社, pp.22-26, 2014. より作成

表3-3　議論の発展をさまたげる参加者

the dominator	場を支配しようとする人
the mute	発言しない人
the rambler	とりとめなくしゃべる人
the complainer	不平不満を言う人
the slacker	いいかげんな人

出典：Dana Brownlee, *Facilitation Skills Training: Managing Difficult Meeting Personalities,* YouTube, 2017. より作成

くる」等の方法が有用である。「とりとめなくしゃべる人」は、議論を脱線させてしまうことがあるため、「議題をホワイトボードに書き、話が脱線したら議論を中断して、議題をチームメンバー全員で確認する」等のファシリテーションが効果的である。また、「不平不満を言う人」に対しては、「議論に対する要望を事前に聞いておく」「不平不満を解消するための方法を自分自身で導き出してもらえるような質問を投げかける」等が効果的であり、「いいかげんな人」に対しては、「役割分担を明確にする」「最後に次回までの課題をチームで確認する」等が有効である。

　このほか、参加している人の相互の関係性や、議論の目的や趣旨をよく理解し貢献してくれる参加者をとらえてから議論を展開することは、ファシリテーションにおいて有益である。

6　コーディネーション

1）コーディネーションの意義と定義

① 包括的支援やサービスの統合に求められるコーディネーション

　多様で複雑な医療や福祉ニーズに対する包括的支援やサービスの統合には、さまざまなコーディネーション機能の担い手が政策化されてきた。最近では、災害医療コーディネーターや、地域共生社会の実現に向けた重層的支援体制整備事業において、地域包括ケアシステム構築に向けて設けられた生活支援コーディネーターの発展的な活用がある。これらのことは、コーディネーションが重視されていることを示している。

　しかしながら、IPWにおけるコーディネーションについては体系的な知見が十

分に共有されていないため、多領域の文献より意味が近い用語を援用して説明する。

② IPW におけるコーディネーションの位置づけと定義

Leutz によれば、ケアサービスの統合化の程度について、linkage（連結）、coordination（調整）、full integration（完全統合）の３段階があるとされる[1]。このうち、coordination（調整）とは、既存の組織をそのままに、ケアサービスのあり方を調整することを意味し、ケアの統合化の観点からコーディネーションをケアサービスの調整の段階として位置づけている。

また、野中は構成員相互の関係性の密度という観点から、linkage（連結）、coordination（調整）、cooperation（連携）、collaboration（協働）の４段階を提案している[2]。ここでいう構成員とは、チームワークやネットワークにおけるメンバー（個人、組織を含む）を意味しており、Leutz の見解や IPW の定義等をふまえれば、これら構成員の関係性は、次のような５つの段階として整理できる。

> 連絡　→　調整　⇒　連携　⇒　協働　⇒　統合

なお、日本では長らく連絡・調整として一体的に用いられてきたことから、linkage の語に対して「連結」ではなく、「調整」の前段階としての「連絡」との訳をあてている。

以上より、IPW におけるコーディネーションとは、連絡を取り合うことを出発点として、統合をめざす連携や協働を支えるための調整であると定義する（図3-6）。

図3-6　IPWにおけるコーディネーションの位置づけ

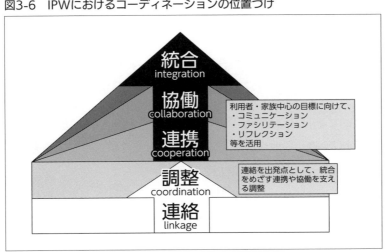

2）コーディネーターの役割と機能

コーディネーターの役割は、コーディネーション機能の遂行により果たされるため、コーディネーションの内容をコーディネーターの機能としてとらえて説明する。

國澤らは、保健医療福祉分野のIPWに必要な専門職の7つのコンピテンシーの1つとしてコーディネーションを位置づけ、多職種共通のコーディネーションの内容を以下の4つに整理している[3]。

❶ 複数のほかの専門職と利用者、家族によるケア会議の開催を必要に応じて提案する

❷ 多職種やスタッフの役割と能力を理解する

❸ 利用者が各専門職から必要なケアを受けられるように専門職間の調整をする

❹ 利用者が各専門職から必要なケアを受けられるように利用者と専門職種間の調整をする

保健医療福祉分野のIPWにおけるコーディネーションは、ミクロ（利用者・家族）・メゾ（サービス提供機関・法人等）・マクロ（地域・自治体等）レベルにおいて、それらの相互作用を活用しながら機能させていくことが重要である。

3）コーディネーションの方法

IPWにおけるコーディネーションの方法として、岡野らによる、保健師のコーディネーションの概念を整理した結果[4]のうち、「つなぐための調整を図る」「サービスやサポートにつなぐ」「関係者間で情報を共有し支援体制をつくる」という属性について、ミクロ・メゾレベルを中心に参考になるものを整理した（**表3-4**）。

4）カンファレンスにおけるコーディネーション
——ミクロ・メゾ・マクロレベルのIPWの効果的展開

IPWを効果的に展開するには、ミクロ（サービス担当者会議）・メゾ（法人内での困難事例検討）・マクロ（地域ケア会議）といった、各レベルで実施されるカンファレンスの成果を関連づけ、相互活用していくコーディネーションが求められる。また、各カンファレンスでは、ファシリテータを中心として、それぞれの参加者がコミュニケーションやリフレクション等を行うことが重要である。

また、カンファレンスにおけるコーディネーションを行ううえで必要なスキルに

表3-4　コーディネーションの方法（保健師のコーディネーション概念を参考にして）

概念の分類	コーディネーションの内容・方法
つなぐための調整を図る	・ニーズに沿って必要な機関への連絡調整を図る ・ニーズを正確に把握し、仲介者・代弁者となりサービス提供者との調整を図る ・行政内外を含む保健・医療・福祉の調整を図る ・上司などの関係者に対して調整を図る ・必要なタイミングで適切な関係機関・関係者と利用者・家族とをつなげる
サービスやサポートにつなぐ	・調整的役割として保健福祉制度やその他のサービス情報を提供する ・個々の住民に最適なサービスの種類・程度を判断し、さまざまな提供主体によるサービスを調整し、適切な時期に総合的に提供されるようにする ・地域にある社会資源を有機的に結びつけ、有効活用するための調整・連携・統合活動を行う ・必要な資源を用いて課題解決や改善を図るまとめ役を担う ・フォーマル・インフォーマルにかかわらず、多種多様な社会資源を有機的に結び合わせる
関係者間で情報を共有し支援体制をつくる	・関係者間の意見のすり合わせ、会議の設定、関係者が疾病を理解して支援に参加できるようにする ・それぞれの意思疎通や情報共有を促進する ・ケースにかかわるさまざまな人から情報を収集し、必要な情報は逆にかかわる人に提供して活動にいかせるよう配慮している ・どのような資源（人、物、金、制度など）が活用できるかをケースカンファレンスやサービス調整チームで組織的に検討する ・個々のケースに共通する課題を地域の関係者が共通して認識し、解決策を検討する ・把握した地域の現状から在宅医療推進のために会議で達成するべき目標を設定する

出典：岡野明美・上野昌江・大川聡子「保健師のコーディネーションの概念分析」『大阪府立大学看護学雑誌』第24巻第1号，pp.24-26，2018．を一部改変

ついて、一般社団法人日本病院会が示しているチェックリスト等では、コーディネーションとファシリテーションが混合されていることもある。それはIPWが連続したものであるため、各々の役割にはグレーゾーンが生じることや、コーディネーションしたカンファレンスにおいて、ファシリテータとしての役割も担うこと等が原因として考えられる。そのような場合には、状況に応じてファシリテーションでの学びを活用することが望まれる。

7　リフレクション

　体験や実践経験から学ぶための学習ツールとして、リフレクションが多くの国で注目され、普通教育、基礎看護教育、継続教育等で活用されている。本節では、最初にIPWにおけるリフレクションの役割、意義について説明し、次にリフレクショ

ンの基盤となる理論、関連するスキルの概要を述べる。最後に、個人とチームでの
リフレクションの具体的な方法、留意点を説明し、IPWへの活用を促進すること
をめざす。

1）IPWにおけるリフレクションの役割と意味

reflection（リフレクション）は、英和中辞典によれば、反射、反映、よく考え
ること、熟慮とあり、その事実が鏡のように反映する、湖に月が映ることを示し、
転じて、その意味を熟慮することである[1]。当初、日本語では、反省、振り返り、
内省、省察と翻訳され、リフレクティブな実践が反省的実践となり、ややネガティ
ブな印象があった。現在は、日本語の反省とのニュアンスの違いを意識し、翻訳で
はリフレクションとそのまま用いられている。

ショーン（Donald A.Schön）は、教師や看護師のような複雑で不確定な状況
のなかで実践を展開する専門家を「省察的実践家（reflective practitioner）」と
呼び、専門職教育は、専門的な知識、技術の習得だけでなく、専門職として多様で
複雑な変化の著しい状況を現場で経験し実践するなかで、あるいは実践の後で、そ
の経験を振り返って考え、その課題を解決していくことであると提言した[2]。その
背景には、1980年以降の科学技術の飛躍的な進歩により、社会全体が複雑性、不
確実性を増し、不安感、独自性、価値観の衝突などの現象が起こり、これまでのよ
うに自分たちの規範に従って、科学と技術で道具的に問題を解決しようとする、旧
来の専門職の「技術的合理性」のモデルでは対応できなくなったことがある。さら
に2019年以降の新型コロナウイルス感染症（COVID-19）によるパンデミック
の発生により、医療福祉の状況は混迷し、先の不透明感、不確実性が高まっている。

また、ショーン（Donald A. Schön）は、「実践者は、不確かで、独自の状況に
置かれ、その中で驚きや困惑、混乱を経験し、彼らは目の前の現象を省察し、さら
に、現象をとらえる際の理解について、つまり自分の行動の中に暗黙のままになっ
ている理解についても省察を重ねる。これによって、現象についての新しい理解お
よび状況の変化の2つを生み出そうとする。さらに、マイナーな専門的職業の実践
者は『ぬかるんだ低地』を選択することが多く、乱雑ではあるがきわめて重要な問
題に意識的にかかわり、探索方法として彼らは経験や試行錯誤について、直観や混
乱について語る」と述べている[3]。一見すると実践者を批判的に見ているようであ
るが、これこそが医療福祉の実践の場にいる専門職の姿であり、行為のなかの省察、
行為の後の省察によって実践の認識論を発展させ、問題解決は省察的な探求という
より広い文脈のなかで行われるようになる。つまり、何を解くか、何を行うかは、

誰かが教えてくれるものではなく、変化の激しい時代の動きを読み取り、自分で決めなければならないものになってくる。その結果、実践とリフレクションの往還により専門職は成長する。IPW についても同様に、実践の後で、専門職自身の言動、感情、さらに対象者の反応、行動、感情も含めた実践の経験を丁寧に振り返り、考えることで、その意味づけを行うことができ、そのチームの成長につながる。

2）リフレクションの基盤となる理論・スキルの概要

① 経験学習モデル

　経験とリフレクションの関係について、デューイ（John Dewey）は「学習は経験から生じるので、学習プロセスの中心となるのは、人々が問題を意識したり、解決したりする方法になる」と述べている[4]。また、ビジネスの場でも経験は重視され、リーダーシップの能力開発に関する調査研究で、成人が役に立ったことは、①仕事の経験 70％、②上司や顧客からの関係を通じた薫陶 20％、③研修やセミナー 10％という報告がある[5]。つまり、成人が成長する際は、経験が大きな役割を占め、経験から学習することが多い。

　コルブ（David A.Kolb）は、デューイの経験と学習に対する考え方をさらに発展させ、経験学習を、「学習は経験を変換することで知識をつくりだすプロセス」と定義し、表 3-5 のような循環する 4 つのステップからなる経験学習モデルを提示している[6]。

　この経験学習モデルをさらに発展させたモデルとして、ギブズ（Gibbs）のリフレクティブサイクル、コルトハーヘン（Fred A.J.Korthagen）の ALACT モデルがある。リフレクティブサイクルは、看護教育で多く活用されているため資料[※1]を参照されたい。ALACT モデルについては、次項の「リフレクションの具体的な方法」で説明する。次に、両者の基盤である氷山モデルについて述べる。

表3-5　コルブの経験学習モデル

ステップ1	具体的な経験をする
ステップ2	その経験を振り返り内省して観察する
ステップ3	抽象的な概念、教訓を得る
ステップ4	次の経験でそれを活用する

出典：Kolb, David. A. *Experiential Learning: Experience as the Source of Learning and Development,* Pearson Education, 1984. より作成

② 氷山モデルと経験の再構成

　氷山モデルでは、人々の表面上に見える行動は氷山の一角であり、その下の見えない部分に、その人の考えや感情、さらにそのもとになる価値観があるとされ、深くかかわらないとその部分は分からないとされている[7]。リフレクションは、対話や質問をすることによって、氷山の下にあるその考えや感情、さらにその人の価値観を理解しようと試みる作業であり、その体験、行動の意味づけ、つまり、経験の再構成となり、経験を学習に変える。

③ 経験の言語化を促進するコーチングスキル

　リフレクションは、印象に残ったり、考えさせられた出来事などの経験を、頭のなか、心のなかから取り出して、言語化することから始まる。言語化には、経験を自分自身から離して、何があったのか、対象者の発言、行動、気持ち、変化、自分自身の発言、行動、気持ち、変化等を改めて見つめ、俯瞰できるという働きがある。リフレクションは1人でもできるが、仲間やリフレクションの支援者と一緒に実施することで、さらに視野を広げることができる。支援者からの質問によってその経験を思い出し、自分自身のなかで考え、答えるなかで、新たな気づきが生まれる。そのため、リフレクションによる学びは、支援者のスキルによって左右されやすい。

　そこで、氷山の下にある考え、感情、価値観を見出すために、支援者が言語化を促進する方法として、コーチングスキルの活用が有効である。特に①受容、②共感、③誠実さ、④強みや長所の活用、⑤フィードバック等を、コルトハーヘン（Fred A. J. Korthagen）は重視している[8]。①受容、②共感は、リフレクションをする人の実践について、その話を受け入れ傾聴し、よいこと、失敗したことも含め、安心して話せる場をつくることである。つまり、その場の心理的安全性をつくるうえでの土台となるものである。リフレクションをする人が落ち着いて話ができる、話を聞いてもらえると感じると、それまで気づいていなかった自身の考え、感情、対象者の言動、感情について、よいこと、うまくいかなかったことを話し、考えることができる。これが支援者だけでなく、リフレクションをする人にとっても重要な③誠実さである。さらに、支援者がリフレクションをする人の④強みや長所を活用して、⑤フィードバックをすることで、専門職としての自信へとつながる。その結果、実

※1）田村由美・津田紀子「リフレクションとは何か──その基本的概念と看護・看護研究における意義」『看護研究』第41巻第3号, pp.171-181, 2008.

践の経験を安心して語れる仲間と語れる場をつくることは、深い学びにつながり、互いの成長の支援になる。

④ リフレクションと感情

IPW のリフレクションでは、多様で複雑な対象者に関する事例が想定され、特に生死に関すること、意思決定等もあり、参加者に精神的な負担を伴うことが予想される。そこで、リフレクションでは、対象者の個人情報の保護とともに、参加者への精神的苦痛にならないような配慮が必要である。

コーチングの背景となる理論の1つであるポジティブ心理学を提唱したセリグマン（Martin E.P.Seligman）は、「人間が最大限に機能するための科学的研究であり、個人や共同体を繁栄させる要因の発見と促進を目指す学問」であり、「容赦のない批判によって、多くは防御するために自分の考えに固執するようになるか、さらにひどい場合には自分が無気力になることもある。要するに批判によってでは私たちは変わらない。けれども、自分自身について何が最高なのかを発見するとき、そして自分の強みをもっと活用する具体的な方法を理解するとき、私たちは変わる」と述べている[9]。ポジティブ心理学を支えるポジティブ感情には、幸せ、喜び、満足、笑い、愛などがある。フレドリクソン（Barbara Fredrickson）は、「ポジティブ感情を経験することで、私たちは創造性が高まり、他者との関係にオープンになり、柔軟性が増して、寛容になる。さらに、ネガティブ感情が長引くのを防ぎ、回復力を高め、問題に焦点をあて、解決を促進する等の効果がある」と述べ[10]、リフレクションでも、支援者がポジティブフィードバックをすることで、同様の効果を得た報告がある[11]。

3）リフレクションの具体的な方法

最後に、IPW でリフレクションをする方法として、ALACT モデルについて説明する。ALACT モデルは**図3-7**のように5つの局面から成り立ち、循環している[12]。

第1局面「行為」は、実践の経験の段階である。第2局面「行為の振り返り」は、その行為について、どのような感情や考えをもったのか、文脈に沿って具体的に話す段階である。ここでは、**表3-6**にあげた自分と相手についての8つの質問をもとに進めると、振り返りの深化に有効である。さらに、第3局面「本質的な諸相への気づき」は、その感情や考えがなぜ出てきたのか、さらに考えることで、自分自身、相手についても新たな気づきが生まれる。具体的には、第2局面の内容を整理

図3-7　ALACTモデル

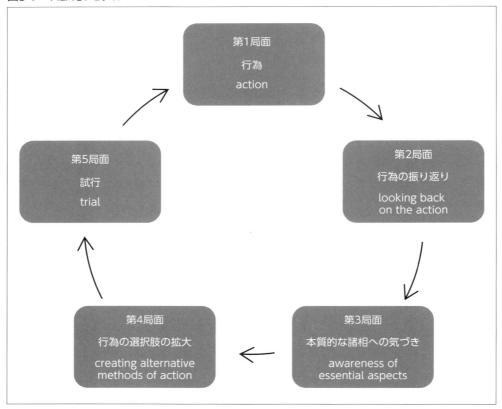

出典：F．コルトハーヘン編著，武田信子監訳，今泉友里・鈴木悠太・山辺恵理子訳『教師教育学——理論と実践をつなぐリアリスティック・アプローチ』学文社，p.54，2010．より作成

表3-6　ALACTモデルの第2局面で有効な具体化のための質問の例

1．あなたは何をしたかったのですか？	5．相手は何をしたかったのですか？
2．あなたは何をしたのですか？	6．相手は何をしたのですか？
3．あなたは、何を考えていたのですか？	7．相手は、何を考えていたのですか？
4．あなたは、どう感じたのですか？	8．相手は、どう感じたのですか？

出典：F．コルトハーヘン編著，武田信子監訳，今泉友里・鈴木悠太・山辺恵理子訳『教師教育学——理論と実践をつなぐリアリスティック・アプローチ』学文社，p.136，2010．を一部改変

したり、支援者や仲間と全体を俯瞰したりすることで、本質に気づくことがある。例えば、対象者の訴えやトラブル等から、患者・利用者の権利に気づいたり、意思決定支援とは何かを考える場になる。その結果、第4局面「行為の選択肢の拡大」では、第1局面から第3局面を通してもう一度考えたとき、気づきから新たな行為の選択を考える。そして、その学びを第5局面「試行」として、新たな選択肢を実際の臨床場面で使ってみる。

今後の課題としては、①リフレクションの時間と場の確保、②リフレクションの支援者の育成がある。IPWで複雑な事例の退院支援等を経験した後にリフレクションを行うことで、例えばIPWにおける介入の効果を検討したり、対象者・家族の意思決定支援についてのターニングポイント等を明確にできると考えられる。そのためには、リフレクションを実施する時間として、少なくとも20〜45分程度確保することと、効果的に進めるために、コーチングスキルを活用できるリフレクションの支援者の育成が必要となる。

IPW の記録——F-SOAIP を例に

1 IPW を促進する経過記録

IPW では、主にアセスメントや個別計画、評価等に着目してきた。近年は、ICT 化による AI（人工知能）や DX（デジタルトランスフォーメーション）の潮流により、利用者や国民に広く利活用できるようデータ化できる経過記録が求められている。

経過記録の重要性は、①個別計画の PDCA サイクル促進にとって実施段階の経過記録が IPW に影響をもたらすこと、② LIFE（科学的介護情報システム）で収集される ADL（Activities of Daily Living：日常生活動作）等の静態的データと連動し、動態的データである経過記録の分析により多職種の介入の質等を把握できること[1]、③ミクロレベルでの実践をメゾ・マクロレベルに展開でき（個別課題から地域課題へ）、IPW の理念やリフレクション等と関連づけられることにある。

医療ではこの半世紀もの間、電子カルテには、SOAP（問題志向型記録法）や F-DAR（フォーカスチャーティング）が二者択一的に搭載されてきたが、データ利活用には経過記録のイノベーションが不可欠である。日本看護協会でも、「看護記録は他職種と情報共有する際の重要なツールの一つ」とされている[2]。なお、介護記録に関しては、保健医療福祉分野では先行してその標準化が政策化されている[3]。

2 IPW に求められる F-SOAIP
——多領域多職種の実践過程を可視化して PDCA サイクルを促進する

⑴ F-SOAIP の概要と例示

ここで紹介するのは、F-SOAIP（エフソ・アイピー）という多職種の実践過程を可視化できる 6 項目を用いた経過記録法である。その定義と項目の意味、また、個別計画の PDCA サイクル促進につながる概要（図 3-8）と F-SOAIP の記入例を示す（表 3-7）。

⑵普及により確認された F-SOAIP の特徴

開発者[4]や F-SOAIP 研修講師（講座修了者）による受講者数は、

図3-8　F-SOAIPの概要（定義とPDCAサイクルに沿った6項目）

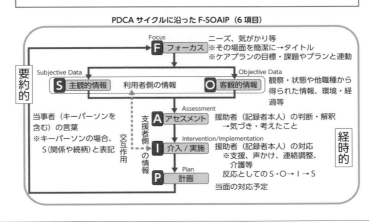

【定義】F-SOAIP とは、多職種協働によるミクロ・メゾ・マクロレベルの実践過程において、生活モデルの観点から、当事者ニーズや観察、支援の根拠、働きかけと当事者の反応等を、F-SOAIP の項目で可視化し、PDCA サイクルに多面的効果を生むリフレクティブな経過記録の方法である。（Ver.4、2019 年 11 月）

表3-7　成年後見を担当する社会福祉士のF-SOAIP（退院に向けた意思決定支援）

F：Bさんの意思決定支援（特別養護老人ホームへの入所）
O（主治医）：認知症が進行し、警察による保護が増えているため、
　　　　　　独居の在宅生活は難しいのではないか。
O（ケアマネジャー）：定期的にショートステイ利用して施設にも慣
　　　　　　　　　　れ、Bさんも施設入所をしたいと言っていた。
S：「自宅での生活に不安があるので、施設で安心して生活したい」
A：主治医やケアマネジャーの意見とBさんの意思は一致している。
I：ショートステイを利用している特養の入所申込みを提案した。
O：安心した様子でBさんの表情が和らぐ。
P：成年後見人の代理権により入所申込みを行う。

出典：幡野敏彦「記録革命が未来を拓く 第6回」『月刊ケアマネジメント』第32巻第11号，p.43，2021．を一部改変

2022 年 3 月末現在、延べ 1 万名が見込まれる。さらに、実践報告者数も延べ 50 名を数える。開発者の大学院でも経過記録法および質的研究法の 1 つとして教授[1] するようになり、厚生労働科学研究費、博士論文や修士論文、学術誌や学会のセミナー等でも取り扱

※1）F-SOAIPの講師育成（8コマ）、質的研究法（4コマ）、多職種連携に関する科目（1コマ）。

図3-9　リフレクティブなF-SOAIPによるミクロ・メゾ・マクロレベルの好循環（書く・読む・実践のPDCAサイクル促進）

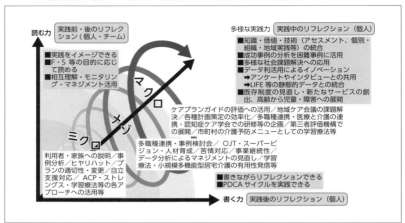

われるようになった。F-SOAIPは現在、行政福祉相談、地域包括ケア、認知症ケアといった３つの記録システムに搭載されているのみであるが、すでに公表しているように[2]、ある自治体では高齢者領域のみならず、児童・障害者領域での標準的な経過記録法として導入が展望されている。

　普及に伴い確認されたF-SOAIPの特徴は、６項目に沿って、実践前・中・後にリフレクションでき、書く力・読む力・実践力を相互に向上できることが、ミクロ・メゾ・マクロへの展開につながることである（図3-9）。なお、図3-9には、多領域にてすでに把握されてきたF-SOAIPの効果や取り組みの一部を付記している。

3 ｜ F-SOAIP の多面的効果
──IPW を必要とする研修受講者や導入者の声

　ある居宅のケアマネジャーは、従来、ケアプラン変更等を叙述形式によりFAXで主治医に伝達した後、電話で説明に30分時間を要しても伝わらず葛藤をかかえていた。F-SOAIPにより伝達するようになると、医師はすぐに、「Pの１つ目についてだが……」と

※2）『月刊ケアマネジメント』『認知症ケア』『看護管理』『訪問リハビリテーション』『最新医療経営PHASE3』『住民行政の窓』『おはよう21』『介護人財』『地域ケアリング』等の専門雑誌。

の見解を電話でケアマネジャーと共有し、計画を中心に検討できた。これは、職種間の相互理解・相互評価が高まり、葛藤も軽減し、電話ミーティングの時間が9割も削減された例である。

その他、F-SOAIPの効用について、多機関・多職種で確認された一部を紹介する。

●行政職員：生活保護や重層的支援体制整備事業の担当者
・F-SOAIPで悩んでいた相談記録の光が見えた。行政記録の効率化により働き方改革にもつながる。
●医師：地域包括ケアなど多彩なテーマで発信
・生活モデル的なケアを実現する多職種対話のプラットフォーム構築やACPに有用。
●看護師：F-SOAIPを知った医療機関に従事
・SOAPでは、看護計画にない事項を記載しにくい。看護の雑誌掲載を見て、導入することにした。
・F-SOAIPは、訪問看護、精神看護、認知症ケア、緩和ケアや訪問看護、多職種連携に役立ちそう。
●作業療法士：SOAPからF-SOAIPに変更、A県の職能団体で理事（研修担当）
・さまざまな標準規格に対し経過記録にはない。F-SOAIPの標準化が進むよう、コラボ研修等を実施した。
●介護職：多様な領域でリーダーシップを発揮
・医師はF-SOAIPで書いた介護記録を見るだけで、利用者の変化を理解できるようになった。
●医療ソーシャルワーカー、社会福祉士（管理者）、主任介護支援専門員
・病院機能評価で、F-SOAIPで記載していた経過記録を見て分かりやすいと評価された。
・ケアプランガイドラインの評価として用いた。認知症ケア人材育成研修で活用した。
・コロナが落ち着いた間に導入して数か月で研究発表した。まとめた職員は、その効果に感動していた。

IPW とコミュニケーション（信頼関係形成のツール）

1 | 「チーム Team」から「チーミング Teaming」へ

　リーダーシップと組織学習を専門とするハーバード・ビジネス・スクールの教授、エイミー・C・エドモンドソン（Edmondson, A.C.）は、学習するための組織づくりに必要なのは、誤った認知バイアスを断ち切るリーダーシップだとして、「チーミング Teaming」の必要性を強調している。根拠となったのは、低侵襲心臓手術（MICS）という新技術を採用しようとしていた 16 病院の心臓外科部門を対象に行った調査で、新技術採用プロジェクトを成功に導いたのは、大学病院、コミュニティ病院ともに外科医が自分の役割を「命令を出す人」から「チームメンバー」へ変更したリーダーシップであった。彼らはほかのメンバーに権限を与えてやる気をうながし、変化に必要な努力をしてもらいたいと伝え、「チーム Team」を「チーミング Teaming」に変化させていた。鍵は、チーム内の「心理的安全性」であった。

2 | 安全な対話の条件──「聴く」と「話す」を分ける

　昨今、「対話」がキーワードとしてよく登場するようになった。対話の重要性は古今東西、誰しもが認識しているところだが、その対話がストレスになるという声も多い。そこで登場する疑問が、「対話の方法が分からないのではないか？」「対話とディスカッションを間違えているのではないか？」「では、対話の方法とは何か？」「そもそも対話とは何か？」「対話と会話は違うのか？」など、正解の見えない疑問の世界に突入することになる。

　そこで連携と統合としては、対話に関する正解は横において、エイミー・C・エドモンドソン（Edmondson, A.C.）のいう「心理的安全性」が得られる対話の条件を考えてみよう。例えば、安全を感じられる療法として、ポージェス（Stephen W.Porges）によるポリヴェーガル・アプローチがある。これは、子どもをあやすような人の安全な声を聴くと生理学的に神経への危険信号が解除されて、安全を感じることができるという仮説にもとづく。よく似たア

プローチとして、「ヒアリングVoice」というアプローチも登場した。いずれも「聴く」ことが鍵となり、安全を感じられる、または不安が低下するというものである。そのような心理的安全性を堅持できる対話構造をもっているのが、修復的対話トーキングサークルであり、その特徴は「聴く」と「話す」を分けている点にある。

3 | トーキングピースを用いる修復的対話トーキングサークル

修復的対話は、平和構築と紛争変容学において取り上げられる対話で、国連による『修復的正義ハンドブック　第2版』（2020年）では、修復的対話を、(a) victim-offender mediation、(b) restorative conference (family group conference, community conference)、(c) circles に分類している。(c) circles では、トーキングピース（以下、ピース）という話し手を示す物をツールとして使い、ピースを順に回すことで参加者に等しく発言の機会を与える。ピースを手にした参加者は、そのときに発言するか否かを自分で決める。話す順番があらかじめ決まっており、話し手が話し終わるまでほかの参加者は口をはさむことができない。この仕組みが構造化されルール化されているので、「聴く」と「話す」が分けられ、心理的な安全性が高く堅持される。(a) victim-offender mediation、(b) restorative conference も同様に構造化されている。

4 | 構造化された対話——AD ／ OD

修復的対話のように構造化された対話はほかにもある。人間関係の悪化を未然に防止しようとするアンティシペーションダイアローグ（AD）と、薬を使わない精神科治療として注目されているオープンダイアローグ(OD)である。ピースは用いないが、ファシリテータ は (a) victim-offender mediation、(b) restorative conference と同様、構造化された原則に則り、対話をうながす。特に AD は修復的対話の姉妹対話なので、構造化のあり方も非常に似通っている。複雑な人間関係を未来に向けてよい方向に変容させたいので、過去ではなく未来に向かう質問をする。課題解決ではなく解決志向である。

5 | パワー分析・ヒエラルキー分析による話す順番のアセスメント

　人間関係は、パワー（権力）やヒエラルキー（階層）と密接に結びついている。「互いを大切に、平等に対話しましょう」といっても、発言者には必ずパワー（権力）とヒエラルキー（階層）の影響が及ぶ。特に、職場や学校、地域などでは、人間関係が日常生活においても継続して影響を及ぼすので、その場限りの対話はあり得ない。そこでパワー上位の参加者に対して、パワー下位のメンバーが安全に、有益な役割を担えるように話す順番をアセスメントする。

　当然、組織内のヒエラルキーを考慮するが、話し合うことの目的によりパワー上位者は異なる。ヒエラルキー以外の理由によるパワーの違いも人間関係にはあるので、それも忘れずにアセスメントする。パワー上位者の前か後、いずれが安全か。チーム全員が安心して話せる場と対話のルールを設定することで、心理的に安全な「チーミング Teaming」ができる。

　エイミー・C・エドモンドソン（Edmondson, A.C.）は『恐れのない組織』のなかで、心理的安全性が学習・イノベーション・成長をもたらすことを強調し、心理的安全性が感じられる土台をつくることがリーダーの重要な責任だと述べた。その土台をつくる要素は、傾聴、感謝、謙虚さ、そして、率直な発言をうながす質問と未来に目を向けさせることである。

引用・参考文献

【第1節】

1）ドナルド・ショーン，佐藤学・秋田喜代美訳『専門家の知恵——反省的実践家は行為しながら考える』ゆみる出版，pp.1-11，2001.

2）大久保幸夫『キャリアデザイン入門2（専門力編）』日本経済新聞出版社，pp.13-57，2006.

3）日本看護協会「看護職の倫理綱領」2021.　https://www.nurse.or.jp/home/publication/pdf/rinri/code_of_ethics.pdf

【第3節】

1）Tuckman, B. W. *Developmental sequence in small groups,* Psychological Bulletin, 63（6），pp.348-399, 1965.

【第4節】

1）Birdwhistell, Ray. L. *Kinesics and context: Essays on Body Motion Communication*, University of Pennsylvania Press, pp.157-158, 1970.

2）Rogers, C.R. *The necessary and sufficient conditions of therapeutic personality change,* Journal of Consulting Psychology, 21(2), pp.95–103, 1957.

3）平木典子『アサーション入門——自分も相手も大切にする自己表現法』講談社，pp.16-17，2012.

【第5節】

1）Mohammad Azzam, Anton Puvirajah, Marie-Andrée Girard and Ruby E. Grymonpre, *Interprofessional education-relevant accreditation standards in Canada: a comparative document analysis,* Human Resources for Health, 19(66), 2021.

2）D'Amour D. Oandasan I. *Interprofessionality as the field of interprofessional practice and interprofessional education: an emerging concept,* Journal of Interprofessional, 19, pp.8-20, 2005.

3）厚生労働省「地域包括ケアシステムにおける地域ケア会議の役割について」2016.　https://www.mhlw.go.jp/file/06-Seisakujouhou-12600000-Seisakutoukatsukan/0000114063_4.pdf

4）Daniel Christian Wahl, *The need for facilitation,* Age of Awareness, 2017.　https://medium.com/age-of-awareness/the-need-for-facilitation-b0c776922bc1

5）Roger Schwarz, *The Skilled Facilitator: A Comprehensive Resource for Consultants, Facilitators, Coaches, and Trainers Third Edition,* John Wiley & Sons, 2016.

6）グロービス『ファシリテーションの教科書——組織を活性化させるコミュニケーションとリーダーシップ』東洋経済新報社，2014.

7）The International Association of Facilitators, *IAF Core Competencies,* 2021.　https://www.iaf-world.org/site/sites/default/files/Revised%20IAF%20Core%20%20Competencies%20-%20December%206%202021.pdf

8）前掲書6）

9）前掲書6）

10）Dana Brownlee, *Facilitation Skills Training: Managing Difficult Meeting Personalities,* YouTube, 2017.　https://www.youtube.com/watch?v=CbKB-yzDSOA&t=38s

【第6節】

1）Leutz, W. N. *Five laws for integrating medical and social services: lessons from the United States and the United Kingdom,* Milbank Quarterly, 77(1), pp.77-110, 1999.

2）野中猛『図説ケアチーム』中央法規出版，pp.14-15，2007.

3）國澤尚子・大塚眞理子・丸山優ほか「IPWコンピテンシー自己評価尺度の開発（第1報）——病院に勤務する中堅の専門職種の調査から」『保健医療福祉連携』第9巻第2号，2018.

4）岡野明美・上野昌江・大川聡子「保健師のコーディネーションの概念分析」『大阪府立大学看護学雑誌』第24巻第1号，pp.21-30，2018.

【第7節】

1）小西友七・安井稔・国広哲弥編『小学館プログレッシブ英和中辞典　第2版』小学館，p.1482，1987．

2）Schön, Donald, A. *The Reflective Practitioner: How Professionals Think in Action*, Basic Books,1983．（ドナルド・A・ショーン著，柳沢昌一・三輪建二監訳『省察的実践とは何か──プロフェッショナルの行為と思考』鳳書房，pp.21-38，2007．）

3）前掲書2）pp.70-71．

4）Dewey, J. *Experience and Education*, The Macmillan Company, 1938．（ジョン・デューイ，市村尚久訳『経験と教育』講談社，pp.27-76，p.143，2004．）

5）シンシア・D・マッコーレイ，D・スコット・デリュ，ポール・R・ヨスト，シルベスター・テイラー，漆嶋稔訳『経験学習によるリーダーシップ開発──米国CCLによる次世代リーダー育成のための実践事例』日本能率協会マネジメントセンター，p.495，2016．

6）Kolb, David. A. *Experiential Learning: Experience as the Source of Learning and Development*, Pearson Education, 1984．（デイヴィッド・コルブ，ケイ・ピーターソン著，中野眞由美訳『最強の経験学習──ハーバード大卒の教授が教える、コルブ式学びのプロセス』辰巳出版，pp.33-38，2018．）

7）Korthagen, Fred. A. J, eds, Bob Koster, Bram Lagerwerf and Theo Wubbels, *Linking Practice and Theory: The Pedagogy of Realistic Teacher Education*, Lawrene Erbaum Associates, 2001．（F・コルトハーヘン編著，武田信子監訳，今泉友里・鈴木悠太・山辺恵理子訳『教師教育学──理論と実践をつなぐリアリスティック・アプローチ』学文社，pp.128-134，2010．）

8）前掲書7）

9）Seligman, M. E. P.「21世紀の心理学の2つの課題」1998．（島井哲志編『ポジティブ心理学──21世紀の心理学の可能性』ナカニシヤ出版，pp.22-29，2006．）

10）前掲書9）pp.87-92．

11）鈴木康美「看護実践のリフレクションを深める支援に関する研究──Sengeの学習する組織の観点から」『教師学研究』第23巻第2号，pp.43-53，2020．

12）前掲書7）

【TOPICS①】

1）蔦末憲子（企画・監修），小川克巳ほか「生活支援記録法F-SOAIPオンライン座談会 LIFE科学的介護の取り入れ方について今後の見通しを語る」『訪問リハビリテーション』第11巻第5号，pp.378-384，2021．

2）日本看護協会「看護記録に関する指針」2018．

3）日本能率協会「介護記録法の標準化調査研究事業報告書（令和2年度老人保健事業推進費補助金等老人保健健康増進等事業）」2021．

4）蔦末憲子・小嶋章吾『医療・福祉の質が高まる生活支援記録法［F-SOAIP］──多職種の実践を可視化する新しい経過記録』中央法規出版，2020．　F-SOAIP HP　http://seikatsu.care/

【TOPICS②】

・エイミー・C・エドモンドソン，野津智子訳『チームが機能するとはどういうことか──「学習力」と「実行力」を高める実践アプローチ』英治出版，2014．

・Stephen W. Porges, *Emotion: An Evolutionary By-Product of the Neural Regulation of the Autonomic Nervous System*, Carol Sue Carter et al (eds), *The integrative neurobiology of affiliation*, Mass. MIT Press, 1999.

・Joachim Schnackenberg, Mark Hopfenbeck, and Isla Parker, *The Practical Handbook of Hearing Voices: Therapeutic and creative approaches*, PCCS Books, 2021.

・梅崎薫「日本版修復的対話トーキングサークルと雑談会における参加者の不安低下に関する比較研究」『保健医療福祉科学』第10巻，pp.16-25，2020．

・梅崎薫『修復的対話トーキングサークル実施マニュアル』はる書房，2019．

・トム・エーリク・アーンキル，エサ・エーリクソン，髙橋睦子訳『あなたの心配ごとを話しましょう
　──響きあう対話の世界へ』日本評論社，2018.
・ヤーコ・セイックラ，トム・エーリク・アーンキル，高木俊介・岡田愛訳『オープンダイアローグ』日
　本評論社，2016.
・エイミー・C・エドモンドソン，野津智子訳，村瀬俊朗解説『恐れのない組織──「心理的安全性」が
　学習・イノベーション・成長をもたらす』英治出版，2021.

第4章

IPWを実践できる
人材を育てる
―― IPE とその展開

　本節では、利用者中心の支援活動をチームで行う IPW の基本的な考え方とスキルについて述べる。他職種の考え方を尊重しつつ議論できるようになるためには、自分がめざす職種およびその他の関係職種を理解し、チーム活動の基本的なスキルを獲得する必要がある。そこで、IPW 初学者の目標として、①利用者を中心とした IPW の意義と方法の理解、②チーム形成の理論と方法の理解、③チームメンバー個々人やその専門分野の特徴と多様性の相互理解について述べる。

1）利用者を中心とした IPW の意義と方法の理解

　保健医療福祉の現場ではさまざまな職種の人々がかかわり合いながら働いている。その職種は医師・看護師・社会福祉士といった医療職・福祉職にとどまらず、幼稚園や小中高等学校の教諭や民生委員など、多方面に及ぶ。疾病をかかえた患者や障害者の複雑かつ多様な課題とニーズを解決し、利用者が本来求める有効な結果を生み出すためには、これらのさまざまに異なる立場の人々と連携し協働することが求められている。この実践には、自己の職種の理解だけでなく、他職種の理解、自己の理解、話し合いの技法の理解、そして技術の習得が必要である。

2）チーム形成の理論と方法の理解

　多職種による支援活動は、複数のメンバーによるチーム活動として行われる。このチームの形成はどのような過程・段階を経て成長するのだろうか。タックマン（Tuckman,B.W.）は、チームには形成期、混乱期、統一期、機能期の４つの段階があると提唱した（第３章第３節参照）。チームワークとは、チームで課題の解決をめざすとともに、チームの各段階の状況に応じてメンバー間の相互作用を促進させ、機能するチームをめざす活動である。

　チーム形成の重要な基礎の１つは、「信頼する人」と「信頼される人」によって成り立つ信頼関係である。信頼関係とはどのような関係なのだろうか。どの専門職であっても、すべてを完璧にこなすことは無理といってよいであろう。分からないことは「分からない」し、できないことは「できない」。自分は分からない・できないという「不確実な状況」を伝えられる相手とは、自分が信頼する相手と考えられる。なぜなら、「不確実な状況」を伝えられた相手が、伝えられた状況を弱点として攻撃することがないと期待し、期待に応えてくれるという信念がある、すなわ

ち信頼をしているからである[1]。では、信頼される人とはどのような人だろうか。それには、言行一致、配慮、平等、自己開示、一体化などが必要と思われる[2]。メンバーがこれらを身につけ実践し、互いに信頼される人になることで互いに信頼ができ、よりよいチームが形成され発展をするだろう。

これらの信頼される人となる行動のなかで、初学者がチームワークのなかで最初に実践でき、体験し、そして学ぶべきは自己開示、すなわち「自己紹介」であろう。つまり、メンバー同士で相互に理解し合えるように、ほかのメンバーに対して「自分を開く」ことである。そしてメンバーの自己紹介を聞き、知る努力、すなわち「傾聴する」ことが関係性、すなわちつながりを生み、互いをよく知らない形成期から次の段階への発展に有用であると期待される。

3）チームメンバー個々人やその専門分野の特徴と多様性の相互理解

チームの形成期からの発展に、自己紹介と傾聴が有用であると期待されることは前述のとおりである。初学者向けのIPEにおけるこの実践例として、異なる学科専攻に属する学生によるチームを形成し、メンバー個々人の自己紹介の後、それぞれが属する学科専攻の特徴を紹介するとよいと思われる。さらには、異なる学科専攻の学生が将来就きたい職業や仕事を紹介し、情報交換をすることで、自分の専門以外の専門職を知ることができ、さまざまな専門分野の特徴と多様性の相互理解を深めることが期待される。

保健医療福祉の現場でかかわり合う職種は多方面にわたるが、1大学内の異なる学科専攻に属する学生間の情報交換では、それら多数の職種の一部しか知ることができない。学生が所属する大学にはないほかの専門職についての理解を深めるために、それらの専門職（埼玉県立大学であれば、医師や薬剤師、管理栄養士等）による講演を聴講する機会を設けることも有効だと思われる。

2　初学者のためのIPWの基本②

現実の対象者（利用者）のIPWを実践するためには、ディスカッションのための方法論を使用して、関係する専門職が「目的（目標）の共有化」および「アセスメント」をすることが必要である。初学者においてもそれは同様である。この点は、前節で述べた初学者の目標の②チーム形成の理論と方法の理解、③チームメンバー

個々人やその専門分野の特徴と多様性の相互理解に該当し、ここでは体系的な学習の実際を述べる。

1）初学者のためのディスカッション

初学者としてまずは、実際にグループディスカッションを行い、ディスカッションのための方法論を習得する（図4-1）。その際に話し合うテーマは、全員が共通

図4-1　初学者のためのディスカッション

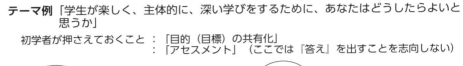

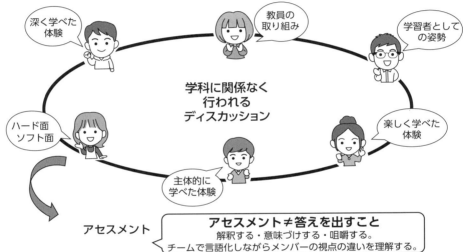

テーマ例「学生が楽しく、主体的に、深い学びをするために、あなたはどうしたらよいと思うか」
　　初学者が押さえておくこと　：「目的（目標）の共有化」
　　　　　　　　　　　　　　　：「アセスメント」（ここでは『答え』を出すことを志向しない）

深く学べた体験　　　教員の取り組み　　　学習者としての姿勢

学科に関係なく
行われる
ディスカッション

ハード面ソフト面　　　楽しく学べた体験

主体的に学べた体験

アセスメント

アセスメント≠答えを出すこと
解釈する・意味づけする・咀嚼する。
チームで言語化しながらメンバーの視点の違いを理解する。

―ディスカッションのための方法論―

1. **ディスカッションの環境に留意する。**
   実施場所・部屋・机・いす・所属意識を高める道具（湯茶など）。
2. **「対話」と「議論」を使い分ける。**
   適切なモードは対話。共有可能な緩やかなテーマのもとで聞き手と話し手によって担われる、創造的コミュニケーション。
3. **発言の技術に留意する。**
   ①結論から述べる。②整理して発言する。③時間を守る。
4. **グループの「規範」（ルール）に配慮する。**
   意図せざる「規範」：暗黙に決められた合意事項を改廃する。
   意図的につくるルール：グループの目的達成のために一定の行動や価値観を決める。
5. **チームワークの構成要素を意識する。**
   「目標の共有」「情報の共有」「相互理解」「相互支援」「意思決定」「役割分担」。
6. **話し合いの「型」を意識して話し合う。**
   発散収束型の話し合いを繰り返す。
7. **ツールを活用する。**
   付箋などを使用して視覚化する。
8. **時間を管理する。**

して多角的に話し合えるもの、参加者それぞれが自分だったらどうするか主体的に考えられるものを選択するとよい。例えば、学生のグループであれば、「学生が楽しく、主体的に、深い学びをするために、あなたはどうしたらよいと思うか」をディスカッションテーマとし、ディスカッションのための方法論を用いるなかで学科に関係なく話してもらう。

このディスカッションにおける「目的（目標）の共有化」は、ディスカッションで何を話し合うかメンバーが共通認識をもつことを示す。また、この段階での「アセスメント」とは、何らかの解決策や方向性を査定することを指すものではなく、メンバーそれぞれの視点から語られた具体的体験や情報について、メンバー全員がよく語り、言語化しながらそれぞれの視点の違いを理解することにより、「解釈する」「意味づけする」「咀嚼する」ことを志向することである。

2）1）の構造を模擬 IPW に適用したディスカッション

次の段階として、1）のディスカッションを通して経験した「目的（目標）の共有化」と「アセスメント」を模擬 IPW に適用し、紙面事例を用いて、支援の方向性についてのディスカッションを行う。ここで強調される点は、①1）で行ったディスカッションの構造はそのまま維持され、模擬 IPW 事例に対して各メンバーから表出されるそれぞれの専門分野からの知見が共有されること、さらに、表出された知見について十分な吟味を行うために解釈し、意味づけし、咀嚼することで、②目標設定や援助計画を策定するためのチームとしてのアセスメントにつなげることである。模擬 IPW では、図 4-2 に示したような思考のプロセスにおいて、③図

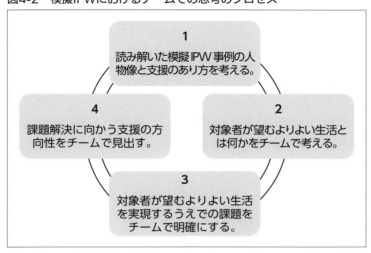

図4-2　模擬IPWにおけるチームでの思考のプロセス

1
読み解いた模擬IPW事例の人物像と支援のあり方を考える。

2
対象者が望むよりよい生活とは何かをチームで考える。

3
対象者が望むよりよい生活を実現するうえでの課題をチームで明確にする。

4
課題解決に向かう支援の方向性をチームで見出す。

4-2 の 1 ～ 3 が十分に検討されることで、利用者中心の姿勢をもちながら、専門職の視点を統合したチームとしてのアセスメントを行うことが可能となる。

3 学士教育における IPE

1）IPE の広まり

　日本の学士教育における IPE が開始されたのは、2005（平成 17）年に埼玉県立大学で開催された IPE ワークショップが皮切りであった。同大学では、2006（平成 18）年度入学生の教育課程から正規科目として IPE 関連の講義、演習、臨地での実習を実施している。以降、主に保健医療福祉関係の専門職を養成する大学を中心に IPE は広がりを見せている。2010（平成 22）年度の調査では、医学部の約半数程度の大学が IPE を実施していることが報告されており[1]、現在ではさらに多くの大学において IPE が展開されている。

　医歯薬学教育では、学生が卒業時までに修得すべき実践的能力を明確にしたモデル・コア・カリキュラム[2] [-4]にもとづき、教育課程を編成している。医学教育においては、モデル・コア・カリキュラムのなかに、患者中心のチーム医療の実践や、地域包括ケアシステムの理念にもとづく、地域における保健・医療・福祉・介護の分野間および多職種間の連携の必要性などが、学修すべき項目としてあげられている。歯学教育や薬学教育においても、チーム医療や IPW の観点から、多職種との協働を重視し、卒後だけでなく卒前からの教育の必要性を強調している。看護学教育でも、モデル・コア・カリキュラムにおいて、多様なニーズに応えるべく、学生が卒業時までに身につけておくべき必須の看護実践能力について、その修得のための具体的な学修目標を提示している[5]。このなかでは、利用者ニーズを充足する観点から、チームアプローチの重要性が明確に位置づけられている。

2）学士課程で展開されるさまざまな IPE

　現在、学士課程で展開されている IPE は、2 職種以上の分野の学生によって共有される学びの場という定義[6]を超え、実施校の特色や理念、地域特性をふまえたさまざまな IPE が実施されている[7]。

　北海道の札幌医科大学では、地域に密着した IPE を展開している。北海道は広大な土地に対して、保健・医療・福祉に関する専門職人材は都市部に集中しており、都市部以外では限られた資源のなかで多職種が協働することが必要である。同大学

では、北海道の地域医療に貢献できる医療人の育成をめざして、医学部と保健医療学部の教育課程で、「地域滞在型実習」を含めた4学科合同のIPE科目を展開している。新潟医療福祉大学では、13の全学科の学生が混成で全教員の研究室に分かれて行う「連携総合ゼミ」を展開している。ゼミでは事例の検討や目標設定、計画立案を行っている。多くの学生が共有する機会を捻出するため、SNSを活用するなどの工夫が行われている。埼玉県立大学では、5学科すべての必修科目として、講義、演習、臨地実習を含んだ段階的なIPE科目が配置されている。北里大学では、15職種の医療専門職を養成しており、複数の病院施設を活用して、全学的なチーム医療教育プログラムを展開している。さらに海外の7大学から学生が参加する「国際チーム医療演習」を開始している。昭和大学では、「学部連携PBLチュートリアル」や、混成チームで実施する「学部連携病棟実習」などを実施している。群馬大学医学部保健学科は、専門分野の閉鎖性の障害を避けるために、全人的医療とチーム医療に貢献できる人材の育成をめざし、IPEを教育の中心に据えてカリキュラムを構築している。千葉大学の医学部、看護学部、薬学部では、キャンパスの位置する地名に由来した、全学部必修のIPEプログラム「亥鼻IPE」を展開している。亥鼻IPEでは、学部混成の小グループでの演習・実習、討論、リフレクションなどで構成されるアクティブラーニングを主体としている。近年は、地域医療を見据えたIPEの観点から、実際の患者を対象にした臨床・臨地実習の実施を試みている。

　このようにIPEはさまざまな工夫がなされているが、学部や学科等単独で教育課程を展開しているだけでなく、他大学と連携しながら展開している大学もある。先述した埼玉県立大学では県内4大学連携のもとIPEを展開し、相互に科目履修が可能な体制を構築している。神戸学院大学は、同地域にキャンパスをもつ神戸市看護大学と教育連携協定を結び、IPEを共同開催している[8]。筑波大学では、茨城県立医療大学や東京理科大学薬学部と連携してアクティブラーニングや実践演習を実施している[9]。また、IPWに関する研究・研修を担う専門機関と連携したIPEもいくつか展開されている。群馬大学の多職種連携教育研究研修センター、千葉大学大学院看護学研究院附属専門職連携教育研究センター、岐阜大学医学教育開発研究センターなどでは、学士課程の教育支援のほか、関係する教員のFD（ファカルティ・ディベロップメント）や卒後の研修プログラムなど、連続性のあるプログラムを組んでいるところもある。

3）学士教育における IPE の意義と課題

　近年の IPE は、従前のチーム医療という範疇には収まらず、地域で暮らす人々の健康や暮らしを守るためのものへと軸足が変化してきている。現代医療の進歩と複雑性により、医療の世界ではこれまで以上にさまざまな視点からのアプローチが必要となってきている。また、人生 100 年時代における地域包括ケアシステムの構築と、それにかかわる保健医療福祉職に対する期待が高まっていることも背景にある。

　IPE の実施方法を概観すると、入学から卒業年次まで、段階的かつ連続性のある教育プログラムを展開している大学が多い。特に、入学して比較的早期に講義や演習、実習を通して、それぞれの専門職の理解や、IPW を必要とする場の理解をうながす授業が行われている。学習方法としては、小グループ学習が主体となり、PBL（課題解決型学習）やシミュレーションといったアクティブラーニングが多く活用されている。これらの学習方法は、学生の主体的参加をうながし、問題意識の明確化とほかの学生と協働する能力の育成に効果的だと考えられている。また、地域で暮らす人々の課題解決をテーマとした場合、保健医療福祉系の専門職だけでなく、その他の学部や学科の学生との新たな教育連携も行われてきている。これまではなじみのなかった保健医療福祉系以外の工学や建築学系などの学生との協働を通して、より広い視点からのアプローチや新たなアイデアの創出も期待されている。日本保健医療福祉連携教育学会では、保健医療福祉職における専門職連携コンピテンスを「患者・利用者に関わる（全ての）専門職の役割を理解し、認め合い、尊重し、相互作用が起きるような雰囲気を作り出し、時に固定観念の変容あるいは異なる観念を形成し、患者・利用者のためのサービスを協働して提供する能力」と定義づけている [10]。特に地域においては、資格の有無にかかわらず、関係する職種がそれぞれこのような能力を有していることが重要になるだろう。

　学士課程における IPE の課題としては、卒前 IPE の長期的効果についての検証が少ないことがあげられる。学士課程において IPE を体験した多くの専門職が、その後の社会でどのように活躍しているのか、そのフィードバックを得ることが IPE の教育プログラムの発展につながると考えられる。また、これからの社会は、多様で複雑なグローバルあるいはグローカルな課題解決を求められるようになると想定される。さまざまな状況下にある人々に対応できる人材の育成をめざした教育プログラムの構築が一層求められるであろう。

4　大学院教育における IPE

1）大学院教育における IPE の意義

　埼玉県立大学大学院保健医療福祉学研究科博士前期課程では、3つの専修（看護学・リハビリテーション学・健康福祉科学）の共通必修科目として「IPW論（専門職連携実践論）」を、博士後期課程においては同様に「IPWシステム開発論」をそれぞれ開講している。前者の目的はIPW発展の歴史、理論と実践の方法、そのための教育であるIPEについて学習することである。換言すれば、専修を超えてIPWおよびIPEの理解を深め、IPWおよびIPEを促進する力を養うことであり、後者はIPWやIPEの意義と実践方法をふまえたうえで、両者のシステム的展開のための創造的な理解と展望について学習する。いずれも、保健医療福祉学研究科のコーススタディのコアに位置づけている。

> シラバスにおける教育目標
>
> ● **IPW 論（専門職連携実践論）：博士前期課程**
>
> 　本科目では、Interprofessional Work（IPW：専門職連携実践）について、基盤となる考え方や理論、これまでの発展の歴史、教育の方法、さまざまな分野における実際について学習する。自らの業務や社会的課題をIPWの視点で分析し、その問題点を明らかにし、また課題解決のためにはどのような実践を行えばよいのかについて、検討する力を養う。
>
> ● **IPW システム開発論：博士後期課程**
>
> 　本科目は地域住民の健康や生活を支援するために、保健医療福祉領域の専門職者が医療サービス・福祉サービスにおいて連携・協働する、Interprofessional Work（IPW：専門職連携実践）の研究、教育、実践のシステム開発について学ぶ。講義では、本学が取り組むInterprofessional Education（IPE: 専門職連携教育）における専門分野間IPE、大学間IPE、異分野連携、さらに本学が支援する地域専門職連携推進会議が取り組むIPW活動等を題材に、その実践のシステムから運用方法を教授する。

　大学院教育におけるIPEについては、一定の階層性を帯びているといえる。IPWを階層的にattitude（態度）、practice（実践）、system（システム）の3つの階層でとらえ、学士教育から大学院教育におけるIPEをそこになぞらえてみる。
　attitude（態度）は、IPWに向けた態度の醸成のレベルであり、学部における

IPE の教育目標にもつながる。practice（実践）は、大学院博士前期課程のレベル
で、ファシリテータを担うことに代表される実践でのレベルを意味する。最後の
system（システム）は、教育、実践、政策等の分野において IPW をシステム的
に展開することを意識できることを求めるものである。

　博士前期課程ではリカレント教育に軸足を置いている。よって、大学院生も（学
部から直接大学院に進学した院生も含めて）、それぞれの実践現場に所属している。
現場で IPW に取り組んでいる、あるいは IPW の必要性を実感している院生も少
なくない。学部における学習や実習とは異なり、ファシリテーションの機能の獲得
が実践味を帯びてくる。

　博士後期課程になると、高等教育機関の教員である院生も存在する。研究者、教
育者、高度職業人としての IPW に対するマネジメントを意識し、システム開発の
志向が求められる。

　大学院の課程では、院生それぞれのテーマにもとづく研究活動が中心になるが、
学士教育との連動、実践経験を背景とした問題意識のさらなる深耕が特色であり、
学部・大学院を一貫した IPE の意義がさらに増していく。

2）埼玉県立大学大学院における取り組みから

　埼玉県立大学大学院保健医療福祉学研究科を例に実際の取り組みを見てみよう。
同大学院は博士前期課程（開設時には修士課程）が 2009（平成 21）年に、博士
後期課程が 2015（平成 27）年にそれぞれ設置された。前述のとおり、学士教育
における IPE を大学院においても展開していくことが保健医療福祉学研究科とし
ての性格を特色づけている。

　埼玉県立大学大学院の大きな特色でもある IPW システム開発論は、博士前期課
程の必修科目「IPW 論（専門職連携実践論）」において教授した、IPW・IPE の
歴史、理論、実践の手法を理解していることを前提に講義を行う。IPW 論（専門
職連携実践論）を履修した者の行動目標は、学部学生の IPE および現場の IPW の
ファシリテータとして活動できる水準である。

　本科目は、保健医療福祉の連携・協働の教育、研究、実践の仕組みを理解し、運
用して発展させる能力を養う目的をもっている。そのため、院生が各領域の特異的
な研究領域を極めながら、その先端領域の知識や技術を多職種と共有し、単独の専
門領域では解決が困難な地域住民の健康課題に対して解決策を講じることを前提と
している。すなわち専門科目、演習科目、博士論文特別研究の基盤となる科目であ
る。

博士の学位を取得した後には、教育者、研究者、実践者（高度職業人）のいずれのキャリアにおいても、IPWシステムの開発の視点は極めて重要になる。そのため、履修者自身の分野・活動にひきつけてシステム開発を試みることを求めている。

具体的には、IPWの現場における取り組み等について調査・分析を行い、各機関や施設でのIPWのあり方について議論する。例えば、実際に展開しているIPWやIPEの場への参加を行い、IPWに関する課題や効果についてシステム開発的な観点から抽出・議論する。そのうえで、履修者ごとにシステム開発の観点からテーマを定め、IPW・IPE、研究、実践の現状を記述するとともに、そのシステム的展開について計画立案する。

学生による調査・分析の結果発表では、IPWの重要性を再認識しながら、保健医療福祉の援助活動についてIPWの視点から改めてとらえ直す機会となったこと、IPWを進めていくうえでIPEの指導技法等に対するニーズが高いこと等が表出された。こうした問題提起をふまえたうえでの院生同士の議論は、IPWおよびIPEのシステム的理解と展開方法の探究につながっている。

3）大学院における IPE の発展と課題

埼玉県立大学大学院は、リカレント教育に軸足を置いた教育展開をその特長にしている。博士課程におけるIPEにおいても、その学びをどのように学生それぞれの職場での実践へとフィードバックしていくのかが課題といえる。それは同時に、実践現場におけるIPWの発展と充実への期待につながってくる。学部の卒業生については、卒業後の実践におけるIPWの深化が求められ、場合によっては大学院の博士前期・後期課程における階層的なIPEの機会を通じてさらなる発展へとつながっていくことも少なくない。学士教育、大学院教育の経過を経なくても、専門職連携講座などの公開講座の機会を通じて、生涯教育としてのIPEの展開も重要となる。

IPEをめぐる大学教育と生涯教育は車の両輪関係にあり、ときに重なり合い、ときに補完し合いながら、保健医療福祉分野におけるIPW実践力とシステム的展開を含むトータルなIPEの探究に連なっていく。特に、大学における教育の効果と実践現場における効果を連動させる視点からの実証が求められているといえる。

5 埼玉県立大学における IPE の展開

1）IPE プログラム構築とカリキュラムへの導入の展開

　埼玉県立大学では 1999（平成 11）年の開学当初より、保健医療福祉の連携および統合化されたケア提供に必要な各専門職に共通する姿勢・態度や知識と技術の修得をめざし、教養科目群・専門科目群のほかに全学必修の「連携と統合科目群」として「ヒューマンケア論」「フィールド体験学習（現ヒューマンケア体験実習）」をカリキュラムに配置していた。現在の"地域包括ケアシステム"を見据えた、先見の明をもった専門職育成をめざした考え方であったことがうかがえる。

　開学 2 年目以降、英国専門職連携教育推進センター（Centre for the Advancement of Interprofessional Education：CAIPE）や英国サウサンプトン大学への視察、対人援助ワークショップ[1] への見学・参加、学部学生のトライアル参加による IPE 研究[2] などを通して、具体的な IPE プログラムを検討した。

　その結果、第 1 次カリキュラム改訂（2006（平成 18）年）において、4 年次に学科混合グループで実践現場において実習・演習を行う「IP 演習（現 IPW 実習）」が、「連携と統合科目群」に新設の全学必修科目として位置づけられた。この科目を運営するにあたって、埼玉県および自治体の協力も得ながら、県内約 90 か所の実習協力施設を確保した。この当時、IPE に特化した臨床実習を行っている大学はほかになかった。また、各専門職間で連携するにあたって、各専門職を理解する必要があることから、各学科の概論的科目を共通履修できる履修制度を取り入れた（連携の窓科目）。

　また、第 1 次カリキュラム改訂においては、これまでの「ヒューマンケア論」「フィールド体験学習」を連携の基盤として、「IP 演習（現 IPW 実習）」を本学における IPE プログラムの最終形態として位置づけていた。しかし、実践現場での IP 演習を実施するにおいて、チーム形成、グループワーク、マネジメントの基本や方法論に関する教育が不足していることが明らかとなったため、第 2 次カリキュラム改訂（2012（平成 24）年）において、これらを学ぶための「IPW 論」（2 年次）と「IPW 演習」（3 年次）を全学必修科目として新設配置した。また、「フィールド体験学習」は「ヒューマンケア体験実習」、「IP 演習」は「IPW 実習」というように、より科目内容を表現する名称に変更した。これによって、埼玉県立大学における年次進行に合わせた段階的 IPE プログラムが確立した（図 4-3）。ここまでに 10 年を要した。

図4-3　埼玉県立大学におけるIPEプログラムとカリキュラムの変遷

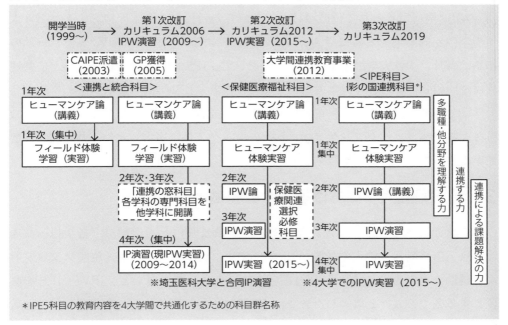

2）大学間連携による IPE の展開

　埼玉県立大学の IPE には早くから埼玉医科大学（医学部）が賛同し、IP 演習において合同演習が実現していた。近年、地域包括ケアシステムの構築・充実がめざされるようになり、多くの専門職教育における連携教育に焦点があてられはじめた。また、文部科学省より大学間で連携した教育システム（大学間連携教育）の構築も推奨されていた。そこで、埼玉県立大学では IPE のさらなる充実と拡大をめざし、2012（平成 24）年度より文部科学省の大学間連携教育事業補助金も得て、県内の城西大学（薬学部：薬学科、薬科学科、医療栄養学科）、および日本工業大学（建築学部：生活環境デザイン学科（現生活環境デザインコース））も加えた連携力育成教育プログラムの構築に着手した。これによって、2015（平成 27）年度より埼玉県立大学で育成する保健医療福祉関連専門職に医師、薬剤師、管理栄養士、建築士をめざす学生を加えた 4 大学合同の「IPW 実習」が実現した。また、埼玉県立大学以外の 3 大学においては埼玉県立大学の「ヒューマンケア論」「ヒューマンケア体験実習」「IPW 論」「IPW 演習」に相当する教育内容を既存科目に位置づけた教育が開始された。

　ここで埼玉県立大学では、2019（令和元）年の第 3 次カリキュラム改訂において、IPE 科目として 5 科目にしぼるスリム化を行った。また、埼玉県立大学以外の 3 大

学では科目名称としては存在しないが、この5科目の教育内容を共通化するために「彩の国連携科目」として位置づけた。これらの科目は4大学間において、①4大学の学生が同じ場でともに学ぶ、4大学教員による共同授業（IPW実習、一部のIPW演習）、②各大学の学生が各大学において、IPEの共通教育目標のもとで共通教材を使用して学ぶ、4大学教員による共同授業（IPW論）、③各大学の学生が各大学において、IPEの共通教育目標のもとで共通教材を使用して学ぶ、各大学の教員による授業（ヒューマンケア論、ヒューマンケア体験実習）という共同開講形態で実施することで、協定を締結している。

3）埼玉県立大学におけるIPEの特徴と意義

　ここまで述べてきたように、埼玉県立大学のIPEは、大学教員（各学科・共通教育科・事務職員・他大学教職員）、学部学生、大学院生、病院・施設スタッフおよび援助を必要とする人々、県内各自治体、そして埼玉県など、IPW・IPEを必要とする多くの人々と協働したまさにIPWによって形づくられ、展開してきた教育プログラムである。

　連携にはいろいろな場面や状況が想定され、連携のレベルにも「連絡」「調整」「統合」のレベルが存在するとされる。埼玉県立大学で実施しているIPW実習は、基本的に「地域に暮らす人々のよりよい暮らし（生活）に向けた多職種による統合的なケア（支援）」をめざしていることから「地域に密着した地域基盤型（地域密着型）IPE」と位置づけている。その根底には「ヒューマンケア・マインド」が存在する。また、IPW実習では、優れた支援計画作成が目的ではなく、リフレクションによる学習（経験学習）を重要視している。つまり、チームメンバーや課題はいつも同じではないため、「どんなチームメンバーでも、どんな課題でも、チーム内での自分の役割を見つけ出し、他者の役割をうながし、サービスの質を落とさないチーム活動が行える人材育成」をめざしているのである。これは地域包括ケアシステムにおいて、住民のよりよい暮らし（生活）をめざすチームにかかわるうえで、各専門職に共通して求められる"連携力"であると考えている。

6　諸分野における教育課程とIPE

　専門職であることはそもそもIPWができることを意味する、あるいは今日的にはIPWの実践がそれぞれの専門分野にも包含されていると考えると、保健医療福

祉における専門職には、各分野独自の知識・技術・態度に加え、他分野と連携・協働するための知識・技術・態度が求められる。

　そこで本節では、埼玉県立大学保健医療福祉学部の5つの学科・専攻（全8分野）を例に、諸分野の教育課程とそこでのIPEの位置づけなどを概観したい。その際にはそれぞれの分野における教育課程を理解する前提として、専門職の役割や職能団体の倫理綱領などの紹介を含んでいる場合もあることを了解願いたい。

　埼玉県立大学の各分野における教育課程をIPEの観点から示したのが図4-4である。教育課程全体においてはIPE科目（カリキュラム2019）として位置づけられているが、専門分野の教育課程から見たIPE科目をあらわしている。すなわち、各専門分野の独自の教育とIPEは「縦と横」の関係で連動し、双方の教育に相乗効果をもたらすことになる。

　さらに継続性に着目をすると、学士教育では1年次から4年次まで一貫してIPE科目を履修することは、それぞれの専門性の伸張についても確認することになる。加えてそれぞれの専門分野独自の教育がそうであるように、IPEについても大学院教育や現任教育との継続性の確保が求められることはいうまでもない。

　こうした例示をふまえ、「縦と横」の連動をよりよく理解するために、①それぞれの分野におけるIPW（専門職の特徴や職能団体の倫理綱領等の位置づけを含む）、②それぞれの分野におけるIPEの位置づけ（生涯教育、継続教育などのあり方、埼玉県立大学における特徴を含む）から、各分野の特徴を示していきたい。

図4-4　分野横断的、継続的に展開するIPE（例示）

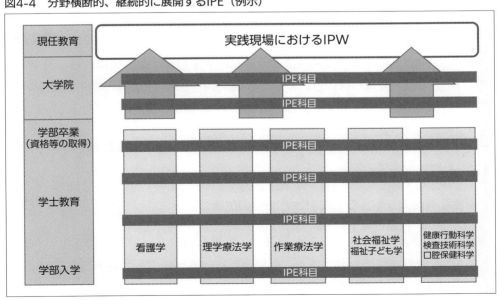

1) 看護学分野

① 看護職の役割・機能と IPW

　看護職の役割・機能については、看護職の倫理綱領に以下のように記述されている[1]。

　　人々は、人間としての尊厳を保持し、健康で幸福であることを願っている。看護は、このような人間の普遍的なニーズに応え、人々の生涯にわたり健康な生活の実現に貢献することを使命としている。看護は、あらゆる年代の個人、家族、集団、地域社会を対象としている。さらに、健康の保持増進、疾病の予防、健康の回復、苦痛の緩和を行い、生涯を通して最期まで、その人らしく人生を全うできるようその人のもつ力に働きかけながら支援することを目的としている。

　　看護職は、免許によって看護を実践する権限を与えられた者である。看護の実践にあたっては、人々の生きる権利、尊厳を保持される権利、敬意のこもった看護を受ける権利、平等な看護を受ける権利などの人権を尊重することが求められる。

　IPW については、看護職の倫理綱領の行動指針 9 に以下のように記述されている[2]。

　　看護職は多職種で協働し、看護及び医療の受け手である人々に対して最善を尽くすことを共通の価値として行動する。多職種での協働においては、看護職同士や保健・医療・福祉の関係者が相互理解を深めることを基盤とし、各々が能力を最大限に発揮しながら、より質の高い保健・医療・福祉の提供を目指す。

　さらに、対象となる人々とパートナーシップを結ぶことが述べられている。

　子どもを対象とする IPW では、保健・医療・福祉に加え、幼稚園や学校など、教育との連携が重要となる。

② 看護職養成カリキュラムにおける IPE の位置づけ

　日本では近年、地域包括ケアが浸透し、看護教育において地域包括ケアや IPE をふまえた教育が求められてきた。保健師助産師看護師学校養成所指定規則では、2008（平成 20）年の改正から看護師教育課程に「看護の統合と実践」分野が設け

られ、「保健・医療・福祉システムにおける自らの役割及び他職種の役割を理解し、多職種と連携・協働しながら多様な場で生活する人々へ看護を提供する基礎的能力を養う」[3] ことが明記された。

　大学における看護系人材養成の在り方に関する検討会（文部科学省が設置）が2017（平成29）年に策定した「看護学教育モデル・コア・カリキュラム――「学士課程においてコアとなる看護実践能力」の修得を目指した学修目標」では、看護職として求められる基本的な資質・能力として9項目をあげている。看護職として求められる基本的な資質・能力9項目とは、「1プロフェッショナリズム、2看護学の知識と看護実践、3根拠に基づいた課題対応能力、4コミュニケーション能力、5保健・医療・福祉における協働、6ケアの質と安全の管理、7社会から求められる看護の役割の拡大、8科学的探究、9生涯にわたって研鑽し続ける姿勢」[4] である。基本的な資質・能力の5番目に、保健・医療・福祉における協働が位置づけられている。

　保健・医療・福祉における協働する能力を獲得する基盤となる教育課程として、モデル・コア・カリキュラムでは以下のねらい、目標があげられている[5]。

A-5-1）保健・医療・福祉における協働

ねらい：

様々な人々と協働し、チームの一員として看護職に求められる役割を果たすための基盤を学ぶ。

学修目標：

① 保健・医療・福祉における協働の目的と意義、看護職に求められる役割を説明できる。

② 保健・医療・福祉における協働の実際を具体的に説明できる。

③ 様々な人々との協働を通して、健康上の諸課題への対応に参画できる。

---

③ 看護学分野の教育課程における IPE

　埼玉県立大学では、開学以来 IPE を重要な教育の柱として位置づけてきた。埼玉県立大学の IPE の柱建は、②に記した指定規則の改正やモデル・コア・カリキュラムが策定される以前のことであり、埼玉県立大学の IPE は全国の看護教育の先進的なモデルとなった。また、医療・看護系の大学では、病院内のチーム医療の連携・協働を重視して教育している大学も多い。埼玉県立大学は、地域包括ケアの概念が一般的になる前に、開学当初から病院・施設・在宅・地域のあらゆる場所での

IPWを想定し、利用者を中心として、多職種が利用者の最善をめざして支援を統合的に提供するための教育を推進してきたことに、先進的な特徴があるといえる。

現在、埼玉県立大学看護学科では、5つの卒業認定・学位授与の方針（ディプロマ・ポリシー）をかかげており、4番目に「看護の専門性を活かし、関連する人々と協働することができる」を位置づけている。

カリキュラムポリシーとしては、IPEについて、学部として共通に学ぶことと、それぞれの専門分野で学ぶことを有機的に結びつけたカリキュラムとすることとしている。IPE科目は各年次に配置し、連続性と階層性を明示することとしている。

4年次に配置された「IPW実習」は、看護学の総合実習が終了した後に履修し、卒業研究と並んで、すべての学びを統合する科目として位置づけられている。IPW実習のなかで、学生は、自分が学び身につけてきた看護の専門的な知識や思考方法を他職種の学生たちに説明し、看護職の立場で利用者のもつ課題・課題解決をどう考え支援するかを提示することとなる。学生は、自身が実際に専門性を発揮することができ、多職種での協働が可能になることを経験として学ぶ。そこから新たに、看護職としての専門性や専門的な知識の重要さを確信し、卒業以降の次のステップに向けた自己課題を確認することができる。

2）理学療法学分野

① 理学療法士養成の教育課程

日本においては「理学療法士及び作業療法士法」が1965（昭和40）年に制定され、これにもとづき理学療法士養成教育が実施されてきた。養成校は4年制大学、3年制短期大学、3年制または4年制専門学校、特別支援学校（視覚障害者対象）を含む279校（2021（令和3）年時点）からなり[6]、理学療法士国家試験を受験し資格を取得するための知識・技術を学ぶ。養成校での教育課程は、理学療法士作業療法士学校養成施設指定規則によって定められたカリキュラム（**表4-1**）で構成される。この指定規則は、高齢化の進展に伴う医療需要の増大や、地域包括ケアシステムの構築などにより、理学療法士に求められる役割や知識等が変化していることを受け、2019（令和元）年に一部が改正された。このことからも、理学療法士養成教育において、IPWの理解と、取り巻く環境の変化に即した対応と質の向上が求められていることがうかがえる。医療の現場のみならず、地域での疾病や障害の予防、介護予防の取り組みにおけるIPW、さらには医療と介護の相互の領域間においても、多職種での情報の共有や連携によってチームアプローチの実践が望

表4-1　理学療法士作業療法士学校養成施設指定規則*に定める教育の内容

	教育内容	単位数	備考
基礎分野	科学的思考の基盤	14	
	人間と生活		
	社会の理解		
専門基礎分野	人体の構造と機能及び心身の発達	12	
	疾病と障害の成り立ち及び回復過程の促進	14	栄養、薬理、医用画像、救急救命及び予防の基礎を含む。
	保健医療福祉とリハビリテーションの理念	4	自立支援、就労支援、地域包括ケアシステム及び多職種連携の理解を含む。
専門分野	基礎理学療法学	6	
	理学療法管理学	2	職場管理、理学療法教育及び職業倫理を含む。
	理学療法評価学	6	医用画像の評価を含む。
	理学療法治療学	20	喀痰等の吸引を含む。
	地域理学療法学	3	
	臨床実習	20	臨床実習前の評価及び臨床実習後の評価を含む。実習時間の3分の2以上は医療提供施設（医療法（昭和23年法律第205号）第1条の2第2項に規定する医療提供施設（薬局及び助産所を除く。）をいう。）において行うこと。医療提供施設において行う実習時間のうち2分の1以上は病院又は診療所において行うこと。通所リハビリテーション又は訪問リハビリテーションに関する実習を1単位以上行うこと。

*令和4年3月31日現在（下線は平成30年10月5日文部科学省／厚生労働省令第4号による変更点）

まれる。

② 理学療法学分野における IPE

　前述のように、近年、理学療法実践の場は多岐にわたり、分野に応じてさまざまな異なる職種との連携が必要となる。医療の現場では現在、診療報酬の面から疾患別リハビリテーションが実施されていることをふまえ、脳血管疾患、運動器疾患、心血管疾患、呼吸器疾患というように、各専門職が疾患別に医療チームを構成していることが多い。カンファレンスやカルテなどを通して多職種で情報を共有することで、チームとしての目標や役割分担の明確化につながる。理学療法士が行う検査や問診などの理学療法評価のみでは得られない、対象者に関する多職種からの情報を収集することは必要不可欠であるが、理学療法の専門的視点から、対象者の身体機能や動作能力などについて、多職種へ情報提供を行う必要がある。

地域における現場では、在宅医療・介護の連携、障害予防・介護予防のための活動の必要性が高まっている。在宅ケアとして理学療法士がかかわるものの1つに、訪問リハビリテーションがある。訪問リハビリテーションの機能として、宮田は、「生活場面における心身・生活機能の向上・維持（therapy）、生活環境と心身機能との関係調整（coordination）、生活活動の活性化と社会参加の促進（guidance）、本人・家族や多職種への評価・助言、協働によるリハビリテーションの促進（management）」の4つをあげている[7)-8)]。これらは訪問リハビリテーションに限らず、行政や地域住民を取り込んだ連携が必要となる健康増進や、障害・介護予防のさまざまな事業展開においても重要な事項であるといえる。

IPWには、対象者の共通理解と協働に加えて、理学療法の必要性や役割を理解してもらうために、専門職としてのアイデンティティの確立が求められる。卒前教育では、IPE科目での他学科・他専攻との学外実習における多職種で構成されるチームでの活動や、理学療法専門基礎科目を通して連携と協働について学ぶ。加えて、理学療法専門科目を通して、専門的な知識や技術の習得だけでなく、自身の専門領域における専門性や役割を理解することが1つの重要な課題である。

3）作業療法学分野

① 法律における業務内容と活動領域

1965（昭和40）年に施行された「理学療法士及び作業療法士法」（法律第137号）第2条第2項において、「「作業療法」とは、身体又は精神に障害のある者に対し、主としてその応用的動作能力又は社会的適応能力の回復を図るため、手芸、工作その他の作業を行なわせることをいう」と定められた。2000（平成12）年の介護保険法の施行も相まって、医療のみならず、福祉・介護・保健・教育、さらには労働や司法領域で活動する作業療法士も増加傾向にある。

このような状況を鑑みて、日本作業療法士協会では作業療法について、「作業療法は、人々の健康と幸福を促進するために、医療、保健、福祉、教育、職業などの領域で行われる、作業に焦点を当てた治療、指導、援助である。作業とは、対象となる人々にとって目的や価値を持つ生活行為を指す」と定義している（2018年5月26日　定時社員総会にて改定）。

② 作業療法士の養成教育および生涯教育の特徴

作業療法士の養成教育内容は、基礎分野（人体の構造と機能および心身の発達、

疾病・障害とリハビリテーションなど）、専門基礎分野（臨床医学など）、専門分野（作業療法の評価・治療・支援など）の3分野から構成されている。実際の臨床現場で臨地実習指導者のもとに、クライエントや利用者を担当し、評価・治療・指導・支援などの実施と記録・報告を体験することが特徴である。

日本作業療法士協会における「生涯教育制度2020」では、作業療法士は常に最高水準の知識と技術・技能を保つことが社会的に求められているとしている。生涯教育制度の概要は、作業療法士の継続的な自己研鑽を支援するための「生涯教育基礎研修制度」と、作業療法の臨床実践、教育、研究および管理運営に関する一定の能力を習得するための「認定作業療法士取得研修」および高度かつ専門的な作業療法実践能力を修得するための「専門作業療法士取得研修」からなる。また、作業療法士にとって必要不可欠な研修会として、「生活行為向上マネジメント研修」などが制度内に盛り込まれている。

③ 作業療法学分野における IPW

「作業療法士の職業倫理指針」の「第10項　職能間の協調」において、IPW に関連する事項が以下のように明記されている。

1．他職種への尊敬・協力

作業療法士の職域は拡大しており、保健・医療・福祉および教育の分野にまで広がっている。対象者のニーズも多様化しており、このニーズに応えるためにも、多職種が参加するリハビリテーションサービスでは、職能間の情報の共有を基にしたチームの協力が重要である。

作業療法士は、他の専門職が担っている役割の重要性を認識し、他職種を尊敬し、協力する姿勢をもたなければならない。

2．他専門職の権利・技術の尊重と連携

それぞれの専門職には、付与された権利・権限があり、また、その職種にしかできない技術を有している。作業療法士は治療・援助・支援の過程における独善的な判断・行動を戒め、適切な委託・協力を他職種に求めるべきである。他職種の権利・権限、技術を尊重し、連携することが重要な職業規範である。

3．関連職との綿密な連携

作業療法士は医学的な側面のみでなく、対象者を取り巻く環境やその中で暮らしている人の生活を支援する職種である。そのため、関連する職種・関

係者との幅広い連携が欠かせない。医師、歯科医師、看護師、保健師、理学療法士、言語聴覚士、義肢装具士、介護福祉士、社会福祉士、ホームヘルパー等々のほか、行政職との連携も重要である。これらの人々と広範なネットワークを築くことで、リハビリテーションサービスをより実効性のあるものにすることができる。また、職能間の交流を通して相互に信頼関係を築くことが重要である。

　さらに「第2項　業務上の最善努力義務（基本姿勢）」においては、「対象者の利益のために最善の努力を払う」こと、「対象者との相互的な信頼に基づき実施される協同作業であることを自覚」することが明記されており、利用者とともに連携することが示されている。

4）社会福祉学分野

① 社会福祉学分野における社会福祉士とその活動

　社会福祉学分野は社会構造や個人の課題に対し、社会制度の構築や運用を通じて改善のためのアプローチを行う。この分野にはいくつかの国家資格が設置されているが、ソーシャルワークという視点から最も網羅的な資格となっているのは、専門的知識および技術をもって社会福祉に関する相談援助を行うことを業とする社会福祉士である。1988（昭和63）年の資格制度の施行以降、2021（令和3）年9月時点でおよそ26万人がこの資格を取得し、高齢者、障害児・者、子ども・子育て、生活困窮者、学校・教育、司法、地域づくりといったさまざまな分野において活動している。相談援助を中心とした実践に取り組み、利用者のニーズや置かれている環境を考慮・分析し、ソーシャルワークの知識・技術、社会保障制度および各種制度におけるサービスの知識等を活用して、QOL（Quality of Life：生活の質）や身体的・精神的・社会的に良好な状態である well-being の向上をめざす。

　世界的な規模での国際化、人々の意識変革や生活様式の変化が進むなかで、人々の生活や価値観は多様化し、人が生きていくうえでの困難さもまた多岐にわたるようになった。日本では、高齢化や人口減少の進行、核家族化、またプライバシーに対する考え方の変化等から、地域・家庭・職場といった人々の生活領域における支え合いの基盤であったつながりが弱まっている。また、生活困窮と障害、虐待といった複数の生活課題をかかえる家族や人など、利用者別・機能別に整備されてきた従来の公的支援制度では支援することの困難な事例も支援の対象として把握されるよ

うになり、その対応は急務である。

　このような状況を打開すべく、日本は現在、地域共生社会の実現をめざしている。厚生労働省によると地域共生社会は、「制度・分野ごとの『縦割り』や「支え手」「受け手」という関係を超えて、地域住民や地域の多様な主体が『我が事』として参画し、人と人、人と資源が世代や分野を超えて『丸ごと』つながることで、住民一人ひとりの暮らしと生きがい、地域をともに創っていく社会」と定義されている。地域共生社会の実現には、複合化・複雑化した課題を受け止める地方自治体や各種の福祉機関・相談機関において、多機関の協働による総合的な相談支援体制づくりや、住民に身近な圏域で、住民が主体的に地域課題を把握して解決を試みる体制・ネットワークづくりなどが必要とされている。そして、この体制構築を推進するにあたっては、社会福祉士がソーシャルワーク機能を発揮することが期待されている。

② 社会福祉士の活動に期待される IPW

　複合化・複雑化した課題を受け止めるための多機関の協働による総合的な相談支援体制の構築には、福祉のみならず、医療、保健、雇用・就労、住まい、司法、商業、工業、農林水産業、防犯・防災、環境、教育、まちおこし、多文化共生などの多様な分野の関係機関の連携が必要不可欠である。社会福祉士も IPW の一員として、協働の体制構築のための手法や、連携する際に求められる姿勢などを理解しておく必要がある。加えてソーシャルワーカーである社会福祉士は、支援を必要としている人々やこれらの専門性の異なる多分野の機関の間を調整し、支援をコーディネートしていく役割を担うことも多い。それゆえにファシリテータとして協働や連携によって適切に目的を達成できるよう、形成された支援チームの相互理解や合意形成を支援する力も求められる。

　さらに、地域共生社会の実現のためには、地域のかかえる課題を社会資源の創出などにより、地域住民自らが解決していけるように支援することが目標とされている。外国人住民の多いある地域では、先駆的な取り組みを行っている。そこでは、地域住民が外国人住民のバディ（相棒）となり、交流を通じて日本の生活やルール・文化を教え、一方で外国の文化も教わり相互理解を深めるシステムが住民主体で運営され、外国人住民の孤立を防止している。社会福祉士は、この例のように保健・医療・福祉をはじめとした専門機関にとどまらず、地域住民とも連携し、既存のサービスでは対応の難しい地域課題に取り組んでいかなければならない。そのためには、アウトリーチ等も活用しつつ、さまざまな立場の地域の人々と状況に応じて柔軟に連携・協働することが必要であろう。

5）福祉子ども学分野

　日本の幼稚園・保育所・幼保連携型認定こども園における保育の基準を示す「幼稚園教育要領」および「保育所保育指針」「幼保連携型認定こども園教育・保育要領」は、2017（平成29）年に改訂・改定され、共通して幼児教育を実践する施設として、学校教育の基礎を培う場としての役割が強調された。

　ここでは、幼稚園教育要領を通して、幼稚園における「連携・協働」について考えてみたい。

① 就学前教育の目標とされる「協働」・「協同性」

　2017（平成29）年新設の前文では、「一人一人の幼児が、将来、自分のよさや可能性を認識するとともに、あらゆる他者を価値ある存在として尊重し、多様な人々と協働しながら様々な社会的変化を乗り越え、ゆたかな人生を切り拓き、持続可能な社会の創り手となることができるようにするための基礎を培うことが求められる」と明記した。

　「協同性」は従来から重要としてきたが、総則で「幼児期の終わりまでに育ってほしい姿」を新設し、その1つを「協同性」として「友達と関わる中で、互いの思いや考えなどを共有し、共通の目的の実現に向けて、考えたり、工夫したり、協力したりし、充実感をもってやり遂げるようになる」（総則第2の3（3））と示した。

② 保育の営みは幼児との協働・園全体の協働

　総則の文言は、保育が幼児と保育者との協働の営みであることを記している。「教師は、幼児との信頼関係を十分に築き、＜中略＞幼児と共によりよい教育環境を創造するように努めるものとする」（総則第1）とし、「教師は、理解者、共同作業者など様々な役割を果たし」（総則第4の3（7））、「幼稚園全体の教師による協力体制を作りながら」（総則第4の3（8））、幼児の主体的な活動をうながし、また、多様に展開される活動を適切に援助することを求めている。

　2017（平成29）年には、「教師や他の幼児と共に遊びや生活の中で見通しをもったり、振り返ったりするよう工夫すること」（総則第4の3（4））という記述を加え、幼児同士・保育者と生活を重ねるなかで体験を意味づけ価値あるものとしていく重要性を述べている。

③ 「社会に開かれた教育課程の実現」のための家庭・社会との連携・協働

　従来、家庭との連携にあたっては、入園当初の緊密な連携の必要性（総則第3の4（2））に加え、保護者の幼児期の教育に関する理解が深まるような連携（総則第6の2）を求めてきた。また、幼児の生活が家庭を基盤として地域社会を通じて次第に広がりをもつという観点から、豊かな生活体験を得られるようにするために地域の資源の積極的活用を明記してきた。

　これは、2017（平成29）年の変更点で最も重要なことの1つと考えられるが、新設した前文では、「社会に開かれた教育課程の実現」を図ることを求め、幼稚園はもとより、幼児の教育は「全ての大人に期待される役割である」と言及し、家庭・社会との一層の連携・協働の必要性を訴えた。

④ 学校間の交流や障害のある幼児との活動をともにする機会

　従来、幼児の社会性や豊かな人間性を育むためとして、特別支援学校との連携のみ明記していたが、「幼稚園間に加え、保育所、幼保連携型認定こども園、小学校、中学校、高等学校及び特別支援学校などとの間の連携や交流を図るものとする」（総則第6の3）とし、特に、「小学校教育の円滑な接続のため、幼稚園の幼児と小学校の児童との交流の機会を積極的に設ける」こと、また、「障害のある幼児児童生徒との交流及び共同学習の機会を設け、共に尊重し合いながら協働して生活していく態度を育むよう努めるものとする」（総則第6の3）ことを示した。

⑤ 求められるIPW

　「小学校教育との接続に当たっての留意事項」（総則第3の5）として、「小学校の教師との意見交換や合同の研究の機会などを設け、「幼児期の終わりまでに育ってほしい姿」を共有するなど連携を図り、幼稚園教育と小学校教育との円滑な接続を図るよう努める」（総則第3の5（2））としている。

　「特別な配慮を必要とする幼児への指導」（総則第5）としては、特別支援学校などの助言・援助を活用しつつ、「家庭、地域及び医療や福祉、保健等の業務を行う関係機関との連携」を図り、「長期的な視野で幼児の教育的支援を行うための個別の教育支援計画と、個別の指導計画を作成し活用することに努める」ことを記した。

　また、子育ての支援として、幼稚園が地域における幼児期の教育のセンターとしての役割を果たす際に、「心理や保健の専門家、地域の子育て経験者等と連携・協働しながら取り組む」ことを新たに加えた。

6）健康行動科学分野

① 健康行動科学分野における IPW へのかかわり

　健康行動科学専攻では、目の前の利用者へのケアというより、住民・市民全体、いわば「みんなの健康（Public Health）」を実現するための学びが中心となる。一口に「みんなの健康」を実現するといっても、さまざまな社会環境・文化・価値観のなかで生きる人々が一様に「推奨される健康的な行動」をしてくれるとは限らず、多分野からのアプローチが重要となる。例えば、実態を正確に把握するための疫学・統計、身体面の健康を支える栄養や運動の知識、人の行動や価値観にかかわる人文諸科学の教養、効果的な情報発信と解釈など、さまざまな分野にまたがるアプローチを行っている。埼玉県立大学における代表的なプロジェクトとしては、埼玉県の武里団地で住民調査を実施し、学生自身が健康プログラムを企画・実施する実習など、幸せに暮らせるまちづくりについて実地で考え、学ぶことがあげられる。

　「健康」を幅広くとらえるという特徴から卒業生の進路も幅広く、養護教諭等のイメージしやすい職のほか、住民の快適な暮らしに資する公的機関の職員や、保健医療システムを支える病院総合職や健康保険組合、広い意味で「健康」にかかわる民間企業でも多くの卒業生が活躍している。

　IPW の意義は、利用者の充実した生活という共通の目的を実現するために、多職種が協力し合う点にある。医療福祉分野における多職種チームで注意すべき点として、「（国家資格等をめざすという意味での）専門職／非専門職」「知識をもつ者／もたざる者」という対立構図に陥る危険性や、肩書きによる力関係がチームの決断に影響し得ること等が指摘されている。これに関連して本専攻の学生は、「（専門知識をもたない）利用者の立場に近い者」としてチーム内に位置づけられがちだが、それは本質的な特徴とはいえない。たしかに利用者を生活者としてとらえるという教育を多めに受けている意味では正しいかもしれない。しかし、視野を広げれば、利用者は自分の人生の「専門家」であるだろうし、そもそも本専攻の学生は「みんなの健康」の「専門家」であると考えるならば、より積極的な視点で IPW・IPE における活躍をイメージできるだろう。

② 健康行動科学分野における IPE での学び

　具体的に本専攻の学生がユニークな視点でチームに貢献した事例をあげてみたい。その学生は 90 歳を超えた介護施設利用者と向き合うなかで、枕元の同窓会写

真から、利用者が現役のころ、有名な小学校の先生として慕われていたことに気がついた。そこで、「どんな方法で利用者に生きがいをもってもらうか」というチーム議論のなかで、その学生は「大ベテランの先生として、小学生と交流する」といったアイデアを出した。別の年には、100歳を超えた利用者の「食べて寝て、迷惑をかけてばかりいるばあさんなんてねぇ……」という発言を受けて議論が停滞するなか、「メンバー各人が自分が100歳ならどう思うか」から考え直そうと提案し、「100歳の生活の知恵を教える動画を発信する」という相当に型破りなアイデアを出した。当然、「現実を無視した無責任な提案ではないか」という対立が起きた。議論のなかで、発言の真意は「利用者の人生に敬意を払いつつも、"言葉にされない本当のニーズ"を想像し、できる限り可能性を探る」「先入観で決めつけず、本人の可能性を狭めない」ことだったとメンバー同士で理解し合い、そこから「ケアする者の自己満足ではない、真に本人のためのケアとは何か」についてのアイデアが活発に生まれはじめ、議論が発展していった。

　以上の事例から分かるように、本専攻の学生は、「ケアする側／される側」という二項対立にとらわれず、利用者の内的資源や社会での役割に着目する等、自由な視点を提供し得る点でチームに貢献できる。チームプレーの場では、各自の知識を最大限に盛り込んだプランを提案しがちだが、一歩引いて利用者の状況を考える視点に立てば、「何かをしない選択」もあり得る。まとめると、本専攻の学生は、支援の「縦割り」によって生じる弊害の解消や、近年重視される生物心理社会モデル、複雑化する利用者ニーズへの対応といった各ポイントで俯瞰的に課題を評価でき、アイデアを出しつつチーム全体を調整するといった役割を果たしやすいといえよう。

7）検査技術科学分野

① 臨床検査技師の役割・機能

　検査技術科学専攻は、臨床検査技師を養成するカリキュラムを有するコースである。臨床検査技師の業務は、検体採取、微生物検査、血液検査、病理検査、生理検査などがあげられる。臨床検査技師は、患者の訴える症状の原因を特定するために、検査結果の解釈などの側面から医師をサポートする役割が求められている。そのため、カリキュラムには、臨床検査の専門知識を学ぶ科目である微生物学、血液学、病理学、生理学に加え、内科学も含まれる。

　臨床検査技師の制度がつくられたのは戦後のことであり、それ以前は、検査は若

手の医師が担当する仕事だった。医師が患者の症状や様子を確認し、臨床検査技師によって行われる検査の結果により、病名の診断や病態の把握を行い治療が進められる。医師と臨床検査技師の連携は、臨床検査技師の制度がつくられた時代から強いものだった。しかし、1990年代には検査技師の人手不足が深刻化し、自動分析装置が開発され検査室への導入が進んでいった。これにより、医師と臨床検査技師の連携は弱まっていったと思われる。

　厚生労働省では2000年代から、臨床検査技師を含むコメディカルの活用を促進するために、チーム医療の推進についての検討を開始した。臨床検査技師の専門性をさらに広い分野で発揮するために実施可能な検査の追加を検討することが提言され、2015（平成27）年に採血以外の5種類の検体採取（鼻腔吸引液、口腔粘膜、皮膚病変部位など）、また、嗅覚検査・味覚検査が実施可能な検査として追加された。今後も実施可能な検査などが追加されることが予想され、これまで以上に臨床検査技師がチーム医療に対して自らの役割を理解することが重要となる。

② 検査技術科学分野における IPE

　厚生労働省が定めた臨床検査技師の養成校の教育カリキュラムの教育目標として、「適切な検査データを提供することにより医療チームの一員として臨床に対して支援する能力を養う」こと、「在宅医療、地域包括ケアシステムや多職種連携について学習し、疫学的分析法の理論と技術及び臨床検査との関連について理解するとともに、医療チームの一員としての自覚を養う」ことが示されている。教育カリキュラムの内容としては、「栄養サポートチーム」「多職種連携とチーム医療」を盛り込むこととしている。また、臨地実習の内容については、必ず見学させる行為としてチーム医療（栄養サポートチーム、感染制御チーム、糖尿病療養指導チーム）があげられている。

　埼玉県立大学では、全学必修の IPE 科目に加え、検査技術科学専攻では臨床栄養学（必須科目）のなかで「栄養サポートチーム」について学び、環境保健学（必須科目）のなかで「多職種連携とチーム医療」について学ぶこととしている。

③ 検査技術科学分野における IPW

　2001（平成13）年に糖尿病療養指導士の認定制度が開始された。糖尿病療養指導士は、糖尿病の自己管理や療養について患者に指導する専門の医療スタッフであり、一定の経験を有した看護師、管理栄養士、薬剤師、臨床検査技師、理学療法士が認定試験を受けることができる。また、2015（平成27）年には高血圧・循環器

病予防療養指導士の認定制度が開始された。高血圧・循環器病予防療養指導士は、循環器病の主たる原因となる高血圧や脂質異常症などの生活習慣病の改善・予防・その他の危険因子の管理に関する療養指導を行う。さまざまな場面で患者に適した助言・指導を行うことにより、国民の健康増進を行う。一定の経験を有した保健師、看護師、薬剤師、管理栄養士、臨床検査技師、理学療法士、作業療法士、公認心理士、臨床心理士、医療心理士、健康運動指導士が認定試験を受けることができる。糖尿病療養指導士、高血圧・循環器病予防療養指導士のどちらもチーム医療の推進が求められる時代のなかで制度が始まった。糖尿病療養指導士、高血圧・循環器病予防療養指導士のどちらも有資格者の約7％が臨床検査技師である。

　独居の高齢者が増加するなかで、介護・医療・予防・住まい・生活支援を一体的に提供できる地域包括ケアシステムの構築が進められている。在宅医療や訪問診療は医師と看護師が中心になり進められてきたが、現在は臨床検査技師のかかわりも増えてきた。検査技術の進歩により、感染症検査や心疾患マーカーなどの多くの血液検査・心電図・超音波検査が在宅医療や訪問診療で可能となっている。最新の心電図モニターでは、24時間ネットワークを通じて遠隔で患者の心電図を確認することが可能である。

　定期的に行われる訪問診療では、治療・看護だけでなく健康管理も行われる。高齢者にとって、疾病予防のための健康管理はとても重要である。定期的な訪問検査により、必要な検査を実施し、健康管理を行う。検査技術科学専攻では、健診検査（選択科目）のなかで健康診断に用いられる検査項目について学ぶことができる。

　医療施設だけでなく、地域包括ケアシステムのなかで進められている在宅医療・訪問診療において、臨床検査技師の活躍の場は増加している。臨床検査技師のIPEを進め、臨床現場でのIPWを強化することは、今後の医療において重要である。

8) 口腔保健科学分野

① 歯科衛生士の役割・機能とIPE

　歯科衛生士は、歯科疾患の予防および口腔衛生の向上を図ることを目的として、人々の歯・口腔の健康づくりをサポートする国家資格の専門職である。業務内容は、歯科予防処置、歯科診療の補助、歯科保健指導の3つが法律に定められており、それぞれに専門性の高い知識や技術を必要とする。近年は、さまざまな調査研究から歯・口腔の健康と全身の健康の関係性が明らかになっており、歯科衛生士の役割への関心が高まっている。

歯科衛生士の業務については「歯科衛生士法」第2条において、「歯科医師の指導の下に、歯牙及び口腔の疾患の予防処置」「歯科診療の補助（保健師助産師看護師法の除外規定）」「歯科衛生士の名称を用いて、歯科保健指導」をすると規定している。予防処置とは「歯牙露出面及び正常な歯茎の遊離縁下の付着物及び沈着物を機械的操作によって除去すること」「歯牙及び口腔に対して薬物を塗布すること」としている。

　厚生労働省の「平成30年衛生行政報告例（就業医療関係者）の概況」によると、歯科衛生士の就労場所は90%以上が歯科診療所であるが、病院や介護保険施設等への就業も年々増加しており、このような場でほかの専門職種と連携する機会も増えている。

　2021（令和3）年現在の指定養成機関は179校（大学12校、短期大学16校、専門学校151校）であり、3年制または4年制の教育が行われている。全国歯科衛生士教育協議会より発行された「歯科衛生学教育コア・カリキュラム―教育内容ガイドライン―2018年度改訂版」9)では、教育内容は基礎分野、専門基礎分野、専門分野、選択必修分野の4分野で、合計93単位が必要となる。専門分野54単位のうち20単位以上を臨地実習（臨床実習を含む）が占め、口腔保健における実践者としての教育を重視している。

② 歯科衛生士における IPW

　歯科衛生士の倫理綱領10)は2019（令和元）年に公益社団法人日本歯科衛生士会定時代議員会において採択され、歯科衛生業務の遂行に際し、「守るべき価値と義務」6つ、「求められる努力」6つ、「基礎となる心身の健康と道徳的意識および組織的取組み」4つの計16の条文で構成されている。条文9では「他の保健医療福祉関係者等と連携・協働し、適切な口腔健康管理の確保に努める」とあり、対象となる人々へ適切な口腔健康管理が提供できるよう最善を尽くすべきとされている。

　口腔ケアという言葉が多くの場面で使われているが、日本歯科医学会の「口腔ケア」に関する検討委員会では、口腔健康管理について、う蝕処置や抜歯等の歯科医師が行う歯科治療に該当する項目を「口腔機能管理」、歯科医師や歯科衛生士が行うバイオフィルム除去や口腔内の専門的清掃を「口腔衛生管理」、歯科医療従事者のみならずほかの専門職や一般の人々が行う口腔清拭や義歯清掃、唾液腺マッサージ等を「口腔ケア」と分類し、定義づけている。

　口腔内の多くの細菌の存在により免疫力が低下した周術期には、肺炎や感染など

の重篤な合併症につながる可能性がある。周術期口腔機能管理によって、口内炎や口腔内の傷の感染予防、口腔由来の重症感染症予防、術後の肺炎予防などを行うことで、合併症の予防や入院日数の短縮などの効果が期待されている。また、地域包括ケアシステムにおいても、医療と介護の両方を必要とする高齢者が住み慣れた地域で暮らし続けることができるようにする関係機関に歯科診療所が含まれており、歯科領域の果たす役割は大きいと考える。このようななか、歯科衛生士には専門性をいかした適切な口腔衛生管理が求められている。

③ 口腔保健科学分野における IPE

　近年、活躍の場や業務内容の広がりを見せる歯科衛生士は、在学中に IPE や IPW について理解を深め、卒後すぐに実践者として活躍することが期待されている。歯科医院へ就職した場合でも、歯科衛生士は訪問歯科診療に携わることや、通院している患者の状況変化に伴って関係機関と連携することなどから、IPE で身につけた知識や態度をいかす機会は多く、今後もますます増えるのではないかと考えられる。IPE での学びや気づきをいかし、広い視野をもちながら、専門性の高い業務を遂行していく歯科衛生士が増えることが望まれる。

7　生涯教育としてのIPE

1）地域の専門職向け講座等の取り組み・意義等

　埼玉県立大学では、これまでさまざまな専門職向けの講座等の取り組みをしてきた。ここでは、一部の専門職向けの講座について紹介する。

　2014（平成26）年度に開始した「専門職連携ベーシック講座」は、2017（平成29）年度まで実施した。これは、① IPW が求められる背景とチームワークの考え方、②チームワークを進化させるコミュニケーション技術、③リフレクションを通じて自己とチームワークを俯瞰する、の3テーマについて講義を展開し、グループワーク（❶知り合う・つながる、❷分かち合う・響き合う、❸チーム活動のリフレクションを通じて学び合う）を含め、およそ半日で修了する講座である。2018（平成30）年度からは、名称を「多職種連携基礎研修」に変更して開催している（プログラム内容の大きな変更はなし）。当研修では、地域における保健医療福祉のIPW に携わる実践者に対して、埼玉県立大学学士教育で行っている IPE の基礎的内容を還元している。

「多職種連携基礎研修」の受講者は、普段から職場でIPWを実践しているが、改めて他職種とさまざまなチームワークを行うことにより、①不足していたコミュニケーション技術が身につき、②IPWにおける課題が明確になることで、③自身の職場で具体的な改善方法を発見して実践することができるため、受講者の満足度は高いものとなっている。

　また、2017（平成29）年度からはIPE・IPWの基礎的内容を深めた「IPW総合課程」（全8回）を開始した。当課程では、①IPWに関する体系的な研修内容を通してIPWを推進するリーダーとなる実践家を育てること、②IPWに関する基本理論や最近の動向、施設や地域でのファシリテータとしての方法論や技術、各専門別あるいはさまざまな具体的な状況におけるIPWの実際を学び、ファシリテータとして各施設や地域の実情に合わせた具体的なIPW活動ができることを目標としている。内容については、IPWの基本的な内容の講座のほかに、現在の職場における課題の発見・解決策を討議する小グループでの演習や、施設の協力を得たIPW実習を実施している。2021（令和3）年度には文部科学省の履修証明制度に則ったプログラムとして展開しており、ケアマネジャーの指定外研修にも位置づけられている。

　当課程の受講者の職種は多岐にわたり、埼玉県立大学が養成する専門職のほかに、医師、薬剤師、事務職、施設長、防災士、建築士等も参加している。受講者からは、専門職が連携・協働することでよりよい結果につなげられることを改めて実感したなどの感想があり、当課程での学びを職場で実践することの意義を感じてもらえているようである。

2）生涯教育・新人教育

　生涯教育に関する書籍を調べてみると、「子どもや青年たちではなく、おとなもまた変わるものであり、変わりうるものであって、ここに生涯教育の可能性があることを認めようとする」と述べられており、「生涯教育は世の中がうごいていることを前提とした原理であるが、また同時に、世の中をもっとよくしようという原理でもある。よいほうへうごかそうという原理なのだ。現在をみるにせよ、未来をみるにせよ、動きに目をとめた原理である」と説明されている[1]。つまり、新人教育は生涯教育の範疇にあり、また、小学校の6年間と中学校の3年間の計9年間の義務教育も生涯教育の範疇となる。生涯教育は、人間が生まれたときから死ぬまでの教育としてとらえられる。

　私たちは義務教育を修了し、高等学校・専門学校・大学等の教育を経て社会人と

して働くことになり、その働く職場に応じた新人教育を受ける場合が大半である。IPE は医療従事者だけでなく、さまざまな専門職団体や職場内でもなされてきた。しかし、2000（平成 12）年ごろまでは、日本には具体的に体系化された IPE プログラムはなかった。そこで、埼玉県立大学では IPE 先進国であった英国から学び、本書の前身の『IPW を学ぶ——利用者中心の保健医療福祉連携』を制作した。

　人はそれぞれ、その生活環境により価値観や志向が異なっている。そのため、利用者中心に、そして利用者を含めた関係する専門職種が連携しなければ、実際の利用者の生活がよりよいものとはならずに、一個人および各専門職の価値観の押しつけとなってしまうおそれがある。このように利用者中心に、そして利用者とともに、各専門職が連携したよりよいサービス構築の方法論を学ぶことが IPE であり、各専門職における生涯教育の一環とする必要があるだろう。また、IPE を各施設等で新人教育として導入・実践できれば、対象となる人たちの QOL（Quality of Life）や QOD（Quality of Death）の向上につなげられると考える。

　生涯教育としての IPE は、大学で学ぶ学生も、社会で働く専門職も同様に、常にそのときの状況に応じて自ら学び続け、対象者の生活をよりよいものにしていくための大事な自己学習・自己研鑽のテーマである。

8　学生による IPE の自己評価

　本節では、埼玉県立大学の IPW 実習で使用している自己評価尺度（第 7 章第 7 節参照）とは別に、筆者が開発した IPE 自己評価尺度[1] を用いた調査結果から、IPE の教育効果と学生評価について述べる。調査対象は、各年次の教育課程に全学科共通の IPE を取り入れている埼玉県立大学の 1 年次生である。調査に用いた IPE 自己評価尺度は、「コミュニケーションスキル」「協働的能力」「リフレクション」「IPE・IPW の理解」「利用者中心」の 5 つの下位尺度と 24 の質問項目から構成されている。分析により、質問項目は 11 項目に整理された。

1）各下位尺度の意味

　調査票（表 4-2）の各下位尺度の概念定義は、以下のとおりである。

　「コミュニケーションスキル」は、IPE における対人関係の基本的な能力の 1 つである。IPE では各学生の価値観や専門性の違いから、考え方や視点も異なることがしばしばある。そのような状況においては、他者に自分の考えを分かりやすく効

表4-2　調査に用いたIPE自己評価尺度（24項目）

下位尺度		質問項目
スキルを問う項目	コミュニケーションスキル	他者の考えを引き出すかかわりができる
		他者の気持ちをくみ取ることができる
		自分の意見を述べることができる
		他者に興味・関心をもつことができる
		自分の考えを分かりやすく伝えることができる
	協働的能力	チームメンバーが集めた情報をメンバーと一緒に整理・分析することができる
		チーム活動が円滑に進むように調整することができる
		チーム活動に意欲的に参加することができる
		チームメンバーが集めた情報をメンバーと共有することができる
		課題解決に向けて、具体的な方法をチーム全体で検討することができる
		チームメンバーの知識・技術を活用することができる
	リフレクション	チームが形成されていくプロセスを自分で振り返ることができる
		チーム活動を通して、自分の長所・短所を理解することができる
		チーム活動を通して、自分と他者の価値観の違いに気づくことができる
		自分の体験、考えを振り返り、言語化できる
態度を問う項目	IPE・IPWの理解	IPWにおいては、自分の職業上の特徴や役割について理解することが必要である
		保健・医療・福祉はチーム活動によって成り立つ
		IPWにおいては、他職種の特徴や役割について理解することが必要である
		IPWに関する学習は、将来実践で働く際にも役立つ
		IPWは、利用者の課題について理解することを促進する
	利用者中心	IPWは、利用者と同様に家族のニーズについて考える必要がある
		IPWは、達成すべき目標を利用者、家族らと共有する必要がある
		課題解決のために、利用者の思いを尊重することが大切である
		課題解決のために、利用者を全人的にとらえる必要がある

果的に伝え、また相手がどのように考え、感じているのかをくみ取ることが求められる。そうしたやりとりを、受け身にならずに能動的に行っていくことで、チーム活動への参加の意思が明確となり、信頼関係の構築にもつながっていく。

　「協働的能力」は、各学生がチーム活動を意識しながら発揮していく能力であり、共通の目標に向かって課題に取り組む力である。IPEにおいて、チームの目的・目標の共有は重要であり、チームが進むべき道を見失わないようにするためのコンパスでもある。自分本位とならずに相互的にかかわることで、チームが融和し、多面的側面から課題解決に向けたアイデアが生まれてくる。コミュニケーションスキルが個の能力であるのに対し、協働的能力はコミュニケーションスキルから発展した応用的かつ、チームにおける相互的な能力である。

「リフレクション」は、IPE においては単なる振り返りとならないように、次にどうしていけばよいかという前向きな姿勢が重要となる。自身を客観視することにより、他者とのかかわり方やチーム形成のプロセスが浮かび上がり、行為（実践）の意味が明らかになり、自己と他者の相互理解が深まっていく。

「IPE・IPW の理解」は、IPE・IPW の有用性や必要性を理解することにより学習効果をもたらすことを意味する。IPE では自律的な学習姿勢が求められており、単に知識をつめ込むだけでなく、知識をいかに活用していくかといった実用性を加味しながら、肯定的にとらえていく態度が求められる。

「利用者中心」は、利用者・家族を尊重することの必要性を理解し、利用者・家族の思いに寄り添いながら課題解決に取り組むヒューマンケアのマインドであり、IPE の根幹をなす考え方である。

2）学生による IPE 自己評価

IPE を評価していくにあたっては、単独の構成要素という視点のみではなく、各構成要素がチーム形成や目標の達成にどのようにいかされたかという視点が重要である。調査によって得られた 11 の質問項目（**表 4-3**）で示された、チームや他者を意識しながら互いに協力し合って学習していく「協働的能力」、自分の考えや意見をチームに向けて発信する「提言力」、チーム形成のプロセスを理解し、チームをより活性化させていく働きかけをする「組織形成力」は、いずれも IPE の効果として期待されるさまざまな要素が内包された能力である。

学生は、24 項目すべてに肯定的に回答した。特に態度を問う項目である「IPE・IPW の理解」と「利用者中心」は、ほとんどが高得点域であった。これには、最初の IPE 科目である「ヒューマンケア論」（**第 5 章第 3 節**参照）が終了した直後に調査を実施したことが影響した可能性があるが、ヒューマンケア論によって IPE の基本的資質が教授された効果であるともいえる。

教育課程における IPE は、結果だけではなく、その過程や変化にも着目する必要がある。例えば、試行錯誤やコンフリクト（葛藤）によってチームが停滞することがある。しかし、困難な状況を回避するのではなく、チームで乗り越えることによって、相互理解が深まり、チーム形成が促進されるという経験は、より高い能力を身につけることにつながっていく。

また、表面的には良好なコミュニケーションであっても、他者との関係性を考えて相互に妥協点を探し合い、議論が深まらないことがある。他者が不快な思いをしないように適当な距離感をもつことができるという点ではコミュニケーション能力

表4-3　修正されたIPE自己評価尺度（11項目）

因子名	下位尺度	質問項目
協働的能力	コミュニケーションスキル	他者に興味・関心をもつことができる
	協働的能力	チーム活動に意欲的に参加することができる
	協働的能力	チームメンバーが集めた情報をメンバーと共有することができる
	リフレクション	チーム活動を通して、自分と他者の価値観の違いに気づくことができる
提言力	コミュニケーションスキル	自分の考えを分かりやすく伝えることができる
	コミュニケーションスキル	自分の意見を述べることができる
	協働的能力	課題解決に向けて、具体的な方法をチーム全体で検討することができる
	リフレクション	自分の経験、考えを振り返り、言語化できる
組織形成力	コミュニケーションスキル	他者の考えを引き出すかかわりができる
	コミュニケーションスキル	他者の気持ちをくみ取ることができる
	リフレクション	チームが形成されていくプロセスを自分で振り返ることができる

は高いかもしれないが、提言力やチームを推進する力が備わっているとはいえない。

　このように、IPE の効果として期待している内容と、学生の自己評価の認識にずれが生じる可能性もある。そのため、IPE を評価していくためには、教育者の視点だけではなく学生の視点についても考慮する必要がある。

　IPE の教育効果や実践の場での有用性は、検証を重ねている段階である。そのため、IPE の構成要素の影響を多角的な視点から検討することが必要である。

9　卒業生による IPE の評価

　埼玉県立大学では、1999（平成 11）年の開学当初より IPE について研究・検討を重ね、2006（平成 18）年の第 1 次カリキュラム改訂によって、「ヒューマンケア論」「フィールド体験学習（現ヒューマンケア体験実習）」に加えて、「IP 演習（現 IPW 実習）」を新設し、全学必修科目として IPE 科目に位置づけた（**第 4 章第 5 節**参照）。「IP 演習（現 IPW 実習）」は、県内約 90 か所の保健医療福祉関連施

設と実際の利用者（場合によっては地域課題）の協力も得て、5学科の4年次生混合チーム（一部、埼玉医科大学の医学生との混合チーム）で「よりよい暮らし（生活）に向けた支援計画」の作成をめざしたディスカッションおよびリフレクションを行う演習（実習）である。この当時は、現在の「IPW論」や「IPW演習」はカリキュラムに含まれてはいなかったが、このIP演習を実施した卒業生を対象として、卒後の職場においてIPEにより培われた能力がいかされているか否かに関する調査を行ったので、その結果について紹介する。

1）IP演習（現IPW実習）の有用性に関する調査結果

　2013（平成25）〜 2015（平成27）年度の卒業生約2,500名を対象として質問紙を発送し、回答が得られた540名（21.6%）を有効回答として集計した結果を**表4-4**、**表4-5**、**表4-6**に示した。

　介護・医療・予防・住まい・生活支援の一体的提供をめざした地域包括ケアシス

表4-4　IP演習（現IPW実習）の有用性（現在の職場での有用性）

Q：“IP演習”で経験したことは、現在の職場で働くにあたって役に立っていると思いますか。		
	回答者数（%）	
① 直接的にとても役に立っている	42名（7.8%）	肯定的回答計 402名（74.4%）
② 直接的に少しは役に立っている	160名（29.6%）	
③ 間接的に役に立っている	200名（37.0%）	
④ あまり役に立っていない	122名（22.6%）	否定的回答計 138名（25.6%）
⑤ まったく役に立っていない	16名（3.0%）	
計	540名	

表4-5　IP演習（現IPW実習）の有用性（将来的な有用性）

Q：“IP演習”で経験したことは、将来的に役に立つと思いますか。		
	回答者数（%）	
① 直接的にとても役に立つと思う	86名（15.9%）	肯定的回答計 486名（90.0%）
② 直接的に少しは役に立つと思う	214名（39.6%）	
③ 間接的に役に立つと思う	186名（34.4%）	
④ あまり役に立たないと思う	50名（9.3%）	否定的回答計 54名（10.0%）
⑤ まったく役に立たないと思う	4名（0.7%）	
計	540名	

表4-6　IP演習（現IPW実習）経験の有用性に関する調査結果（クロス集計表）

		IP 演習での経験は、将来的に役に立つ		
	回答	肯定的回答	否定的回答	合計
IP演習での経験は、現在の職場で役に立っている	肯定的回答	393 名	9 名	402 名 （74.4%）
	否定的回答	93 名	45 名	138 名 （25.6%）
	合計	486 名 （90.0%）	54 名 （10.0%）	540 名

テムでは、医療―看護、介護―リハビリテーション、保健―福祉における各分野の多職種による連携・協働が不可欠とされる（地域包括ケア研究会報告書、2016 年）。埼玉県立大学の卒業生の職場は、この地域包括ケアシステムに包含されるところ（病院・施設）が多く、そのなかで IPW の実践に取り組んでいることが推測できる。そのため、IP 演習による学科混合チームによる実践的な IPW 体験は、多くの卒業生（約 75%）において卒業後の職場で直接的または間接的にいかされていることが示された（表 4-4）と考えられる。また、将来的な有用性についての肯定的回答は 9 割を占めている（表 4-5）ことから、現状ではいかされているように感じていない者についても、この体験が今後の職場業務において重要になってくることを理解していると推測できる。また、表 4-6 のクロス集計表の結果からも、現状では否定的な 93 名も、将来的な有用性については肯定的であることが分かる（表 4-6 の破線部分）。

　また、この回答者はすべてが保健医療福祉関連の職場に所属している者ではなく、回答者の約 2 割は行政機関、一般企業、学校等に勤務する者である。このことから、今回の結果は、保健医療福祉の職場に限らず、これらの職場においても IPW が必要であることを示す結果であると思われる。

2）IP 演習（現 IPW 実習）がどのように役立っているのか

　次に、本卒業生調査における自由記載の結果から、IP 演習（現 IPW 実習）がどのように役立っているのかについて整理していく。

① 他職種の理解・尊重、多面的な利用者理解

　まずは、各自の職場において意図的に意識できている点として、「他職種の視点や立場の違い、役割の違いの理解」「多面的な利用者の理解」「自分の専門性の理解」

などが多くあげられていた。「他職種の視点」を意識して利用者を見ることで、「多面的・俯瞰的に利用者の生活やその課題をとらえる」ことができる。また、「他職種の立場や役割」を意識することによって、「自分の専門性や役割を他職種との比較から見出す」ことができる。このように関連づいたこれらの回答は、IPW で重要事項の1つとされる「他職種を理解・尊重しようと努める姿勢や態度」に位置づけることができる。このような規範的な姿勢や態度は、以前は自然に身につけるべき、身についているべき社会常識として認識されていたが、近年では教育が必要であることが分かってきている。したがって、IP 演習は、「他職種の理解・尊重」「多面的な利用者理解」の意識づけとなっていることがうかがえる。

●**関連する自由記載の回答（抜粋）**

- 相手に期待すること、こちらが期待されることを意識しながら話すことができている。
- IP 演習での他職種と協働する経験は、他職種理解にとても役立った。
- 自分の領域だけでは把握しきれない患者様の全体像を見ることができる。
- IP 演習では、他者に自分の専門を分かりやすく伝えることの練習になった。
- IP 演習で一緒に学んだ学生とときどき話をして、病院の情報交換をしている。

② 他専門職種との情報交換・情報共有、相談、関係構築の円滑さ

一般的によく耳にする話として、ほかの専門職を知らないがゆえに、他専門職種との間に"壁"を感じてしまうということがあげられる。しかし、卒業生の回答では、「他専門職種との情報交換・情報共有、相談、関係構築が円滑」であることがあげられていた。つまり、他専門職とのかかわりに抵抗感や"壁"の意識がなく、気軽に相談できる関係を構築することができているようである。これは、各専門を学んだ4年次の段階での IP 演習において、学科混合チーム（一部、埼玉医科大学の医学生との混合チーム）で各自の専門的知識をつぎ込んだディスカッションを4日間経験したからこそ、サークル活動での個人的な絆とは異なる学科の専門を超えた"各専門間の絆"が芽生えたことの成果であると、回答者は振り返っている。

●**関連する自由記載の回答（抜粋）**

- IP 演習の経験によって、他職種に話しかけやすい。
- 連携の必要性、ともに学ぶことを学べたため、他職種と話す機会を積極的

③ 他専門職種（機関）との連携・協力実践場面への円滑な適応

　先にも述べたように、卒業生の多くは、施設内の連携および地域包括ケアシステムにおける施設間（機関間）連携の実践現場に身を置くことになる。ここで、想像してみてほしい。もしも、各専門教育において、連携の必要性や目的などの概略や連携に臨む姿勢や態度についての座学講義しか受けずに卒業し、就職先の連携実践場面に出た状況を……。怖いと思わないだろうか。しかし、本調査の結果から、IP演習において、他職種のチームメンバーと専門的なディスカッションまで行えた経験は、連携実践場面への参加を円滑にすることに役立っていることがうかがえる。

●関連する自由記載の回答（抜粋）

- ・なぜ IPW が必要なのかということを理解したうえで現場の多職種会議に参加できた。
- ・職場はチームで動いているので、IP 演習の経験によって実践のチームに溶け込みやすい。
- ・ケース会議や地域ケア会議や保育所の巡回相談などでは PT、OT、ST、Dr、MSW などさまざまな職種が集まり、１つひとつの事例の支援の方向性の検討、情報交換などを行っている。
- ・支援を必要とする児童に対して支援組織（チーム）をつくり、管理職、教諭、養護教諭、カウンセラー、自治体福祉課が連携して支援方針や方法を考えるうえで役に立っている。
- ・保育園においては、障害児の療育の面で他職種との連携が欠かせず、障害児の担任でなくても話し合いの場面に参加することがある。

3）IP 演習（現 IPW 実習）が現在の職場で役立っていないのはなぜか

IP 演習（現 IPW 実習）については、前述の肯定的な意見がある一方で、否定的な意見の記載もあった。ここでは、否定的な意見が出された背景や、それに対する対応策について述べる。

① IP 演習で何を学んだのか分からない

本調査を行った卒業生が在籍していた当時のカリキュラムでは、1 年次の「ヒューマンケア論」「フィールド体験学習（現ヒューマンケア体験実習）」の後、4 年次の IP 演習という科目配置であった。そのため、IPW の必要性や方法論、重要視しているリフレクション等について十分に学ぶ時間（機会）が確保されていなかった背景が考えられる。このような意見は、本調査の回答者が在籍していた当時も聞かれたものである。そこで、2012（平成 24）年の第 2 次カリキュラム改訂において、IPW の基本や方法論を学ぶ「IPW 論」（2 年次 15 時間）と、IPW の模擬的体験（リフレクションを含む）を学ぶ「IPW 演習」（3 年次 15 時間）が導入された。これによって、学年進行に伴った段階的な IPE が構築されたと考えられる。

> ●関連する自由記載の回答（抜粋）
> ・IP 演習は期間が短く、テーマの割に内容が薄く、あまり印象に残らなかった。
> ・何となく覚えているが、具体的には忘れてしまっている。
> ・議論の場では事例の着眼点に多少の違いはあるが、専門性をいかした展開ができない。
> ・臨床で当然今までやっていたことだったので、特別なことではなかった。（編入生）

② IP 演習の実施方法と現場の連携方法が一致しない

IP 演習では、4 日間をかけてチーム討議を実施する。しかし、実践現場でこれほど時間を費やすことはできない。ただし、IP 演習では、連携方法のマニュアル的な学習をめざしているわけではない。連携の根底に存在する「ヒューマンケア・マインド」「連携における姿勢や態度（ともに学ぶ）」「他職種の理解と尊重」「リフレクション方法」などを実践体験プロセスのなかで学ぶことをめざした科目である。この点において、当時のカリキュラムにおける IPE 科目の設定や時間が不十分で

あったことがうかがえる。前述したように、現在は「IPW論」「IPW演習」が
IPE科目に加わったことで、埼玉県立大学のIPE科目群でめざす学習目標が明示
されている。

> **●関連する自由記載の回答（抜粋）**
> ・患者に直接会う時間が限られており、全体像を把握することが困難。実践
> 　的でない。
> ・実践現場では、IP演習のようにじっくり煮つめて1人の患者に対応できな
> 　い。
> ・私は地域包括支援センターでの実習だった。現在は急性期病棟に勤務して
> 　おり、他職種と共有できる時間も限られるので、IP演習の経験をいかしき
> 　れていないように感じる。
> ・演習先と職場の分野が異なり、関連職種も異なる。まったく環境が違う。

③ 連携環境や機会がない、または連携環境に不備がある

　連携環境の不備や、専門職の連携意識が低い実践現場もあることが示された。こ
の意見をもとに、埼玉県立大学は実践者向けのIPW研修会を企画・実施して、実
践現場の連携環境整備・連携意識の向上をめざした取り組みを行っている。一方で、
IPEの受講生が先駆者となり、施設内外専門職の連携意識の改革に努力する必要も
あると思われる。

> **●関連する自由記載の回答（抜粋）**
> ・警察、民生委員などと協働したり、同じ課内でも情報が共有されていなかっ
> 　たりと、IP演習の経験どおりのものはまったくない。
> ・IPWがテーマであったが、実際はうまくいかない場合が多い。
> ・看護師としては特殊な環境のため、チームとして成り立っていない。
> ・実際に他部署（他職種）とのかかわりがあまりない。

4）まとめ

　IP演習（現IPW実習）を実施した卒業生を対象とした調査の自由記載の結果を
まとめると、図4-5のとおりとなる。
　近年、保健医療福祉領域における利用者のかかえる課題やニーズの多様化、また、
一般企業を含むそれ以外の領域においてもクライエントのニーズが多様化してい

図4-5　卒業生調査における自由記載のまとめ

◆　肯定的回答の自由記述より

● 他専門職の理解（尊重）

● 多面的に患者を理解

● 他職種との情報交換・情報共有・関係構築・相談が
　円滑（他職種との壁の意識がない）

｝連携における
姿勢・態度

● 他専門職種（機関）との連携・協力実践場面への円
　滑な適応

｝連携行動

◆　否定的回答の自由記述より

✓　IP演習での学習効果なし　　　　　　➤　IPE科目の充実と学習時間の充実

✓　IP演習方法と現場の連携方法の不一致　➤　IPEでめざす学習目標の明示

✓　連携環境や機会がない、または不備　➤　実践現場の連携環境整備、連携
　　　　　　　　　　　　　　　　　　　　意識向上へのかかわり

る。これに対応するためには、どうしても他者（多職種）との連携が必要となる。前述したが、埼玉県立大学におけるIPEでは、「連携するマニュアルを教えてもらう」ではなく、「連携プロセスにおける自らの気づき」を「学び」に変える意識をもってもらいたい。

引用・参考文献

【第1節】
1）狩俣正雄『支援組織のマネジメント』税務経理協会，pp.49-50，2004.
2）前掲書1）

【第2節】
・黒木保博・横山穣・水野良也ほか『グループワークの専門技術──対人援助のための77の方法』中央法規出版，pp.66-68，151-161，2001.
・中原淳・長岡健『ダイアローグ──対話する組織』ダイヤモンド社，pp.97-104，2009.
・野中猛・高室成幸・上原久『ケア会議の技術』中央法規出版，pp.68-107，2007.
・大塚眞理子・平田美和・新井利民ほか「在宅要介護高齢者への援助活動におけるインタープロフェッショナルワークの構成要素」『埼玉県立大学紀要』第6巻，pp.9-18，2004.
・埼玉チームケアさぽ～と編『伸ばそうチームケア力──「WEBケアフォーラム」の試み』筒井書房，2008.
・堀公俊・加藤彰・加留部貴行『チーム・ビルディング──人と人を「つなぐ」技法』日本経済新聞出版社，p.34，2007.

【第3節】
1）高橋榮明「わが国の専門職間連携教育における日本保健医療福祉連携教育学会設立意義と今後の展望」『医学教育』第41巻別冊第31号，2010，寺﨑文生・赤澤千春監修，駒澤伸泰編著『実践多職種連携教育』中外医学社，2020.
2）文部科学省「医学教育モデル・コア・カリキュラム（平成28年度改訂版）」 https://www.mext.go.jp/component/b_menu/shingi/toushin/__icsFiles/afieldfile/2017/06/28/1383961_01.pdf
3）文部科学省「歯学教育モデル・コア・カリキュラム（平成28年度改訂版）」 https://www.mext.go.jp/component/b_menu/shingi/toushin/__icsFiles/afieldfile/2017/12/26/1383961_02_3.pdf
4）文部科学省「薬学教育モデル・コア・カリキュラム改訂の概要」 https://www.mext.go.jp/component/a_menu/education/detail/__icsFiles/afieldfile/2015/02/12/1355030_04.pdf
5）文部科学省「看護学教育モデル・コア・カリキュラム」 https://www.mext.go.jp/b_menu/shingi/chousa/koutou/078/gaiyou/__icsFiles/afieldfile/2017/10/31/1397885_1.pdf
6）Centre for the Advancement of Interprofessional Education（CAIPE）HP「What is CAIPE？」 https://www.caipe.org/about-us
7）牧野孝俊・渡邊秀臣編「進化するIPE──地域包括システムが求める多職種連携教育の今」『看護展望』第43巻第9号，pp.6-113，2018.
8）神戸学院大学HP「IPEカリキュラム」 https://www.kobegakuin.ac.jp/ipe/curriculum/
9）筑波大学医学群チーム医療実践力教育プログラムHP「プログラムの内容」 http://www.md.tsukuba.ac.jp/tokushokugp/contents/care-colloquium.html
10）下井俊典・大塚眞理子・春田淳志ほか「保健医療福祉職における専門職連携コンピテンス──日本保健医療福祉連携教育学会IPE推進委員会による」『保健医療福祉連携』第9巻第2号，pp.116-120，2016.

【第4節】
・朝日雅也・大塚眞理子・萱場一則ほか「修士課程におけるIPEの実践──「IPW論」履修における多職種連携理解の成果と課題」『日本保健医療福祉連携教育学会学術集会抄録集』2010.

【第5節】
1）高屋敷明由美，藤井博之，大嶋伸雄「地域における医療関係職種学生合同実習から参加者が得たものは？──卒前医学教育における職種間連携の教育の意義」『医学教育』第37巻第6号，pp.359-365，2006.
2）平田美和・大塚眞理子・大嶋伸雄ほか「ヘルスケアチームとしての連携・協働の実習教育の試み」『埼

玉県立大学紀要』第4巻，pp.145-150，2002.

【第6節】

1）日本看護協会「看護職の倫理綱領」2021. https://www.nurse.or.jp/home/publication/pdf/rinri/code_of_ethics.pdf

2）前掲書1）

3）厚生労働省医政局通知「看護師等養成所の運営に関する指導ガイドライン」の一部改正に係る新旧対照表看護師等養成所運営のガイドライン別表3（平成28年11月1日医政発1101第10号）　https://www.niph.go.jp/h-crisis/wp-content/uploads/2021/01/20210128104145_content_10800000_000729097.pdf

4）前掲書3）

5）文部科学省「看護学教育モデル・コア・カリキュラム──「学士課程においてコアとなる看護実践能力」の修得を目指した学修目標」2017.

6）日本理学療法士協会HP「理学療法士を知る」　https://www.japanpt.or.jp/about_pt/aim/training/

7）宮田昌司「多職種協働・地域連携　各職能団体の役割およびかかりつけ医との連携のあり方　ii）訪問リハビリテーション」　https://www.mhlw.go.jp/file/06-Seisakujouhou-10800000-Iseikyoku/0000114470.pdf

8）宮田昌司「求められる訪問リハビリテーション機能」『Monthly book medical rehabilitation』第188号，pp.19-26，2015.

9）一般社団法人全国歯科衛生士教育協議会「歯科衛生学教育コア・カリキュラム─教育内容ガイドライン─2018年度改訂版」2018. https://www.kokuhoken.or.jp/zen-eiky/publicity/file/core_curriculum_2018.pdf

10）公益社団法人日本歯科衛生士会「歯科衛生士の倫理綱領」https://www.jdha.or.jp/pdf/aboutdh/ethics_jp.pdf

・日本作業療法士協会学術部『作業療法マニュアル2 手元に置きたい関連法規』日本作業療法士協会，pp.12-13，1993.

・一般社団法人日本作業療法士協会「生涯教育制度2020 制度の概要と解説」

・日本作業療法士協会学術部「作業療法士の職業倫理指針」日本作業療法士協会，pp.3-35，2008.

・厚生労働省HP『『地域共生社会』の実現に向けて」　https://www.mhlw.go.jp/stf/seisakunitsuite/bunya/0000184346.html

・文部科学省「幼稚園教育要領」2017.

【第7節】

1）波多野完治「生涯教育とはどういう意味と価値をもつか──生涯教育の社会学」，小川利夫・寺崎昌男・平原春好編『社会・生涯教育文献集Ⅰ社会・生涯教育論の歴史・原論』日本図書センター，pp.119-175，1999.

【第8節】

1）吉村基宜・田口孝行・常盤文枝「保健医療福祉系大学における専門職連携教育（IPE）評価尺度の作成」『保健医療福祉科学』第8巻，pp.1-9，2019.

IPE 科目で身につけたいと思うこと

　私は 3 年間の IPE 科目のなかで「連携と統合」のキーワードのもと、その先の新たな価値を創造することを大切にして各プログラムに取り組んだ。そして新たな価値を創造することとは、インプットした知識を使いこなした状態にまでもってきて、真にアウトプットできる状態にすることだと考える。

　実際の演習を通して、看護の学生は利用者の心と身体、そしてかかわる家族について考察していた。社会福祉の学生は地域におけるケアを見ていた。そして、私はメンバーの意見から視野の広がりを感じた。私は健康行動科学専攻なので、専門的なサービスを提供する立場になく、知識も少ないため、ケアという視点で発言できることは少なかった。しかし話し合いのなかで、私たちは何かを意見するときに特定の視点に立って切り取ることが多いことに気づいた。そして、各自の視点にもとづく意見は共有する時点にとどまらず、共有した情報を新しい問題の種とするべきなのだと考えた。なぜなら、利用者本人はそのすべての因子と関連した存在であるからだ。だからこそ、私たちは各専門分野からの意見を包括して、各専門にまたがる問題が存在しないかということや、社会や環境の要因として昇華できるのではないかといった着眼点をもつ必要があるのだと感じた。そして、このフェーズに立つとき、私たちは専門職も非専門職も、加えて利用者も並列して互いに尊敬しながら連携できるのだと思った。

　以上の体験から、価値を創造していくことは利用者を中心に考えることであると感じている。利用者のなかに隠された見えない課題を見て、ニーズを探し出すことが新たな価値を創造していくことに欠かせないからだ。初めの手段である専門職としての知識の共有に加えて利用者を観察し、ときには似たような体験をし、質問するということを通して一体となっていくことが求められるだろう。そのなかで生じる疑問や葛藤があれば、解決を図っていくことで、目標である利用者の隠されたニーズを見つけ、新たな価値を創造するきっかけをつくることができるのではないだろうか。

　「利用者は何を求めているのか、そのために私たちが実現可能なことは何であるのか」。そして、利用者が求めているものは、利用者の訴えや基本的特性などの表面的な情報だけでは明らかにならないことがあるだろう。それは、利用者自身も気づいていない可能性がある。だからこそ私たちは連携して、見えない課題を見つけていくことが必要であるのだと思う。

　このレベルに到達することは容易ではないし、私自身も思い描くように結果を出せているわけではない。しかし、実際に高い目標をもって取り組んでみることをチームメンバーとともにがんばりたいと思う。

埼玉県立大学保健医療福祉学部
健康開発学科健康行動科学専攻 3 年
米澤春風

"患者中心の医療" を IPW の学びから考える

　私は精神科の急性期治療病棟で看護師として勤務するかたわら、大学院に通っています。大学院では、現場で働くさまざまな領域の専門職者と学びディスカッションをする機会がたくさんあります。特に 1 年次前期に受講した「IPW 論」の講義は必修の共通科目となっているため、あらゆる職種の視点から見た IPW を学ぶことができました。また、職種の違いのみでなく、病院や地域、看護学校など、働く場もそれぞれ違い、IPW の方法やチーム形成はさまざまであることが分かりました。

　私は看護師として、"患者を中心にとらえた支援" を大切にしています。しかし、IPW 論の講義を受け改めて自身の看護を振り返ると、臨床の場ではなかなかうまくいかない現状にも気づかされました。

　以前、未成年の患者が、両親の希望により急遽退院が決まり、当日まで退院を聞かされないという事例に遭遇したことがあります。この患者には家族との関係が悪く退院を拒否していた経過があり、退院の心構えができていないまま退院となってしまったのです。この倫理的事例は、患者中心でなく家族のみを中心にとらえた支援であり、IPW の基本である患者中心の医療チームが形成されていなかったことを思い起こさせました。この患者の退院後、看護師間でカンファレンスを実施しましたが、医師の参加はありませんでした。医療チームとしてそれぞれの専門職の役割や考えを共有するためにも、多職種をカンファレンスに巻き込むことが必要であると振り返りました。

　このように、臨床の場では家族に決定権がある場合が多いように感じます。医療保護入院で本人の同意なく入院することや、家族の受け入れ次第で退院の有無が決まることもあります。患者のみでなく家族への支援ももちろん重要ですが、患者にとっての最善は何かを考え、患者本人を中心にとらえたチーム形成や、多職種での話し合いが必要です。その話し合いの場をどう確保するかを検討し、リフレクションをする際に多職種を交え、同じ事例を繰り返さないようにすることが今後の課題であると感じました。また、困難な事例を検討する際は、職種により意見が異なることもあるので、互いの職種を理解し認めることで、よりよいチーム形成・患者への支援ができると考えます。

　IPW 論の講義では、「チームを動かす力」や「ファシリテーションスキル」「マネジメントスキル」など、さまざまなスキルを学ぶことができました。これらのスキルは入職してから研修や勉強会で取り上げられる機会は少なかったと感じますが、基礎を学び経験を積むことで確実に身につくスキルではないかと思います。そのため、私が大学院で IPW を学ぶ意義は、患者中心の医療に向け、学んだことをすぐに臨床で実践してみることにあります。

埼玉県立大学大学院保健医療福祉学研究科
博士前期課程看護学専修 1 年
小林亜耶

IPE・IPW は、社会福祉専門職としてのよりどころと臨床を支える支援基盤

　私は埼玉県立大学を卒業後、急性期病院で MSW（Medical Social Worker：医療ソーシャルワーカー）として働いている。MSW は、医療機関において社会福祉の立場から相談支援を行う社会福祉専門職である。支援対象は、家庭内暴力・虐待、自殺企図、経済困窮、退院後にも疾病管理を要する可能性の高い傷病の患者など多岐にわたり、保健医療福祉の連携は欠かせない。

　医療機関には、医療専門職を中心に多職種が配置されている。視点の異なる多職種がともに学び（IPE）、協働する（IPW）ことは多面的なアセスメントにつながり、多様なアプローチを可能とする。これこそが、医療機関に社会福祉専門職である MSW がチームの一員として参画する意義であろう。昨今は、患者の複雑化・複合化する生活課題の解決に向けて、司法や教育を含めた多職種・多機関との連携も必要とされ、さらなる IPE・IPW の推進が期待されている。

　そうはいっても、決してよいことばかりではないのが臨床である。多職種・多機関との連携では、支援課題が抜け落ちたり、視点の違いから戸惑いや衝突が生じることもある。特に、医師・看護師をはじめとした医療専門職と社会福祉専門職である MSW の職業上の価値観や倫理原則、それにもとづく行動の違いからジレンマが生じることは日常茶飯事であろう。視点の異なる専門職の連携は容易ではなく、MSW が他職種の専門性や役割を理解すること、他職種に MSW の専門性や役割を理解してもらうには長く険しい道のりがある。私は、幸いにも多くの他職種の勉強会等に参加し、ともに学ぶ機会を得た。この機会は、私に MSW としての限界を自覚させるとともに、他職種への理解や敬意、信頼感を高めてくれた。長く険しい道のりを「喜び」や「やりがい」に変えてくれたのだ。

　これまでの実践を振り返り、卒業して改めて気づいたことは数知れない。なかでも、多職種・多機関と連携することが目的になっていることが幾度もあったと振り返る。連携はあくまでも手段であり、決して目的ではない。IPE・IPW の学びは、「多職種・多機関で集まることで達成した気持ちになっていないか」「波風立てぬ集団がよりよいチームと思い込んでいないか」「顔だけが見える連携で満足していないか」などと自問自答させ、連携の先にある「実践における真の目的が何であるか」を再認識させてくれた。

　IPE・IPW は、私に多職種・多機関との連携で生じるジレンマと対峙する勇気や、MSW がチームの一員としてさまざまな生活課題の解決に向けて、多職種・多機関の仲間や患者・地域とともに取り組む可能性を与えてくれている。IPE・IPW は、私の社会福祉専門職としてのよりどころと臨床を支える支援基盤にほかならない。

埼玉県立大学 2003 年卒業、埼玉県立大学大学院 2018 年修了
国立病院機構高崎総合医療センター　ソーシャルワーク室長
篠原純史

IPW を実践することの難しさと重要性

　私が埼玉県立大学の学部生のとき、「IPW」という言葉は大学だけでなく、実習地やさまざまな場面で耳にしていた。そして学部生として IPW を学んだときは、チームとしての働きの重要性は分かっていたつもりであり、正直なところ専門職としての技量を上げることが最も重要だと考えていた。しかし現在、理学療法士として働いているが、それは決して正しい考えではないことに気がついた。1 人でできることの少なさ、限界を知ったからである。実際に臨床で働くようになって、チームとして働く本当の意味での重要性を知ることができた。

　IPW は「複数の領域の専門職者が、それぞれの知識と技術を提供し合い、相互に作用しつつ、共通の目標の達成を患者・利用者とともにめざす協働した活動」と定義されている。私は今まで、この共通の目標の達成ということをおざなりにしていたと思った。私は理学療法士として、外来や介護保険分野のリハビリを行うことがある。患者や対象者とは多く話をするが、その人にかかわるすべての専門職が集まり意見を交わす場は多くない。そのため、共通の目標の設定や共有が困難であったりする。しかし、思い返せば、学部生時代の「IPW 演習」では初めにケースに対してのゴールを設定し、それに対しての必要な支援を考えた。共通の目標があるからこそ、それぞれの専門性が発揮される。共通の目標もなく、ただそれぞれが思い思いに介入をしていては、チームとしての真価は発揮されず、それは IPW とはいえないのである。

　大学院生として「IPW 論」を学んだ際には、実際に何年も臨床で働いている人とのディスカッションを行った。そこでは多くのことを知り、学部生の学びだけでは臨床で IPW を実践することは困難であると感じた。そのように感じた理由の 1 つは、チーム形成が困難であるからである。IPW を学ぶ、実践するという認識のもとで行う講義や実習とは異なり、臨床ではより背景や知識、経験の異なる人たちとチームを形成する。そのなかには IPW を学んでいない人もいる。加えて講義や実習のように多く時間をとることができない。しかし、チームとして働く以上、そして上述のように共通の目標を設定するためにはチーム形成は最重要課題である。チーム形成は私が臨床で大切にしていることの 1 つであり、多く行うなかでよりよいチーム形成ができると考えている。

　IPW は学んで終わりではなく、実際に実践することが最重要であると感じた。IPW を学んだ皆さんが将来臨床に出た際、ぜひリーダーシップを発揮し、現場で率先して IPW を行うことができるよう、講義や実習に主体的に取り組んでほしい。

埼玉県立大学大学院保健医療福祉学研究科
博士前期課程リハビリテーション学専修 1 年
吉川和希

埼玉県立大学の IPW・IPE の実践から

　埼玉県立大学着任時に、さまざまな文書とともに配付された前書『IPW を学ぶ──利用者中心の保健医療福祉連携』の存在は、とても印象深い。着任後は IPW・IPE のカリキュラムのなかで、1 年目に「ヒューマンケア体験実習」、その後「IPW 論」、そして今年度は「IPW 実習」を担当し、私自身も IPW・IPE の系統立った学びを得ることができた。

　1 年次のヒューマンケア体験実習は、どの学科専攻の学生にとっても初めての実習である。「ヒューマンケア論」で学習し、ガイダンスも受けているが、実習初日の学生の皆さんの心配そうな面持ちから緊張感が伝わってくる。しかし、5 日間の実習最終日の落ち着いた姿や報告会での発言に大きな成果を期待できる IPW・IPE のスタートであることを確信できた。

　2 年次の IPW 論は、「チーム形成」の第一歩としての信頼関係の構築を体得でき、相互に自分を拓く・開くことが重要であることを学生とともに気づく機会となった。

　そして、総仕上げの IPW 実習では、参加している学生間の「チーム力」が強固なものとなり、「多職種、他領域の相互理解」が進むそのプロセスを目の前で見ることができた。

　この IPW・IPE は、今後はさらに地域へと広げることが求められるであろう。特に、幼稚園、小学校、中学校、高等学校等での活用が期待できる。子どもたちを取り巻く環境や、それぞれのさまざまな背景による対応事例、そのための教育活動にもいかすことができるのではないだろうか。

　また、私が埼玉県立大学でかかわっている教員養成においても重要な視点である。例えば、IPW 論で学ぶ「チーム形成」の第一歩としての信頼関係の構築は、学校現場の新年度に活用したい。学校も多職種、専門職の集まりである。

　特に、4 月 1 日からの新メンバーが加わる 1 週間から 1 か月後のゴールデンウィーク明けまでをどう乗り越えるかで、1 年間の学校生活の雰囲気（健康度）が決まるといっても過言ではない。まさに、学校組織も IPW 論で学ぶ「タックマンモデルの 4 つのプロセス」に合致する。互いのことをよく知らない「形成期」、そのなかでもアプローチ方法を模索する「混乱期」、チームとしての行動や役割分担が形成される「統一期」、そして、チームとして機能し、学校目標達成に向け教職員間に一体感が生まれる「機能期」である。

　なにより、チームのメンバーである教職員が学校目標に向かってリフレクションを重ねることにより、ここからスタートする新学期は、人間関係の質が上がり、よい雰囲気のサイクルにつながることであろう。今後も、学生とともに埼玉県立大学の IPW・IPE の実践を積み重ねていくことがとても楽しみである。

埼玉県立大学保健医療福祉学部共通教育科教授

上原美子

第5章

IPWの基盤となる人間性
──ヒューマンケアを手がかりに

1 ヒューマンケアとは

　本節では、保健医療福祉に関する多様な分野を超えて、疾病や生活上の困難などさまざまな課題をもつ人々への働きかけやかかわりを「ヒューマンケア」と呼び、保健医療福祉の分野におけるその意義について考えていく。

1）分野を横断し、ケアの受け手・提供者の関係性を超える概念

　保健医療福祉分野におけるさまざまな課題を解決するために多様な専門職が存在する。これらの専門領域や専門職種は、それぞれの必要性に応じて学問的あるいは実践的に発展してきたといえる。病にある人においてはそれを治療する、あるいは癒す働きかけが必要であったし、生活上の困難に遭遇する人においては、悩みに耳を傾け、解決に向けてアドバイスをしてくれる援助者を必要としてきた。

　また、それぞれの専門職においては、倫理綱領などが整備され、利用者の主体性を重んじる働きかけが強調されている。そのうえで、このような保健医療福祉の分野の専門領域や専門職に共通する理念は何であろうか。その問いかけが「ヒューマンケア」という概念の出発点であり、探求の目標でもある。

　共通する理念というと、具体的な知識や技術にかかわる内容を思い起こす人もいよう。専門職としての倫理観や、専門職である価値に重きを置く人もいるかもしれない。

　そこで、専門分野を横断し、また、ケアの受け手・提供者の関係性を超える概念が必要になってくる。特に、IPW を推進するためには、それぞれの専門性や倫理にもとづく働きかけに共通する理念の確認ないしは構築が求められる。

2）ヒューマンケアのとらえ方

　ヒューマンケアとは、「human」と「care」の造語である。まず、ヒューマン（human）という言葉は、辞書では「人間の、人間的な、人間味あふれる……」と訳される。次にケア（care）は心配、気がかり、気遣いという意味である。「Take care！」といえば、「気をつけてね」「お大事に」ということになる。本来、ケアは人間にのみ備わった広範な営みかもしれないので、「ヒューマン」を冠に置く必要はないという見方もあろう。

　しかしながら、あえて「ケア」に「ヒューマン」が意味する期待や願い、あるいは思いを込めなければならないほどに、現代社会は、特に保健医療福祉の分野では、

「人間的」な「ケア」が希求されているとも考えられる。すなわち、「人が人に対して人間らしい細やかな気遣いをすること」に集約されるのである。

類似の概念に「キュア」がある。治療する、矯正するという意味で、保健医療福祉の分野でも多用される。ケアについては前述のとおり、看護、介護、見守り、気遣い、さらには子どもの世話や教育など、専門・非専門を超えた多様な意味づけがなされてきたといえる。ヒューマンケアをキュア（cure）に対峙する概念として位置づけることもあろうし、キュアを含むより包括的な概念として見ることもできる。

ヒューマンケアに1つの操作的な概念を与えるならば、「疾病や障害、あるいは生活をしていくうえでのさまざまな課題に直面する人々が、その課題を主体的に解決し、よりよく生きるための保健医療福祉分野の共通基盤をなす概念であり、また、それらの働きかけに共通する知識・技術の実践体系」ということができる。

そのうえでヒューマンケアについて整理すると、「目的概念としてのヒューマンケア」と「実践概念としてのヒューマンケア」という2つの側面からとらえることができる。

> **●目的概念としてのヒューマンケア**
>
> 　ヒューマンケアを、目的概念としてとらえる視点であり、ケアもキュアもその他関連するサービスのいずれもが内包される（広義のヒューマンケア）。すなわち、保健医療福祉に関するすべての働きかけやかかわりは、ヒューマンケアをめざすものであるという整理になる。
>
> **●実践概念としてのヒューマンケア**
>
> 　ヒューマンケアを、実践の共通基盤としてとらえる視点である（狭義のヒューマンケア）。専門領域は異なっていても、働きかけ、かかわりにおける共通基盤となる概念であり、IPWを進めていくために共有すべきものとしての位置づけである。

いずれにせよ、IPWの基盤としてのヒューマンケアは、分野やケアの受け手・提供者の関係性を超える基本的な概念であることを出発点にしたい。

2 ヒューマンケアの構成要素

　ここでは、ヒューマンケアの構成要素のなかで代表的な5つの視点（自己決定、自立、リハビリテーション、障害とともに生きる、QOL）について述べる。これらは、ヒューマンケアにおいて考えるべき重要な視点である。

1）自己決定

　人は日常生活において、いくつもの意思決定を経験している。例えば、この本を購入するに至るまで、ほかの似たような本と比較して"この本がよい"と「判断」し、"値段が高いな、どうしよう……"と購入するか否かを迷いながらも、購入することを「選択」する。これは日常生活における意思決定の1つである。保健医療福祉分野では、治療を受けるか否か、どこで暮らすか、どのように生活するか、どこで死を迎えるか等、対象者は多岐にわたる意思決定をせまられることが往々にしてある。ときには、命にかかわる選択をする場合もある。このような決定を、他者の判断ではなく、自ら決めることが「自己決定」である。

　日本では、1990年代から米国の生命倫理学の影響を受けて、本人の意思を尊重した意思決定を「自己決定」と呼ぶ風潮がある。それ以前は、医師等が治療方針を決定するパターーナリズム（父権主義）の時代があったが、生命倫理の4原則の1つである「自律性の尊重」として、個人を尊重すること、個人の権利を守ることが、ヒューマンケアにおいて対象者の権利を守る意味で大変重要である。

　一方で、病や障害の程度によっては、自らの考えや思いを表出できない対象者や、自ら決めることが困難な対象者がいることを忘れてはならない。ヒューマンケアにかかわる専門職は、専門的な見地からの情報提供や、対象者の思いを代弁することを求められる場合もある。選択や決定に至るまでの揺らぎや迷いに目を向けつつ、どうしたら対象者の自己決定を促進できるのか、決定に至るまでのプロセスにおいて必要な支援を検討することが重要となる。

2）自立

　自立（independent）は、他者からの援助を受けず、自分の力で判断し、独り立ちすることを意味する。身体的な自立、心理・社会的な自立、経済的な自立等、自立はいくつかの側面を含み、「依存」と対比される概念である。

　ここで1つの疑問として、全面的に身体的な介助を要する人が自立することは不

可能と決めてよいのであろうか。他者からの援助を受けながらも、自己の意思決定にもとづいて主体的な生活を営むことができれば、心理・社会的な自立が可能であると考えることができる。要するに、他者からの援助で補うことにより、自立は可能という考え方である。このような考え方は、1970年代に始まった米国の自立生活運動を契機に高まり、自己決定も自立であるという考えが広まった背景がある。それ以前はADL（Activities of Daily Living：日常生活動作）の自立が「自立」ととらえられていたのである。

　用いる漢字は異なるが、自律（autonomy）もしばしば用いられる。これは、自身が立てた規範において行動すること（主体的な判断や行動）を意味する。後述する障害者福祉の観点から考えると、「自立」は「自律」を含んでいるようにも考えられ、用語の使い分けが難しい印象を受ける。ヒューマンケアにおいては、「自律」を含んだ「自立」に目を向けることが重要だと考えられる。大切なことは、常に対象者の思いや価値観・信条、そして主体性を尊重することであり、そのために必要な支援を検討し実践することが、自律を含んだ自立に歩みを進めることにつながる。

3）リハビリテーション

　1982年の国連総会にて「障害者に関する世界行動計画」が採択され、障害に関する主要3分野として、予防、リハビリテーション、機会の均等化が目標とされた。そのうちのリハビリテーションは、「身体的、精神的、かつまた社会的に最も適した機能水準の達成を可能とすることによって、各個人が自らの人生を変革していくための手段を提供していくことをめざし、かつ、時間を限定したプロセス」と定義され、医学的リハビリテーション、職業的リハビリテーション、教育的リハビリテーション、社会的リハビリテーションの4つに分類される。

　そもそもリハビリテーションとは、「権利、資格、身分の回復」の意味をもち、障害者が人間らしく生きる権利の回復（全人間的復権）をめざすものであり、これこそがヒューマンケアにおけるリハビリテーションをとらえる視点であるといえる。ヒューマンケアにおいては、障害をもつ人ももたない人も、同じく人間らしく生きる権利を有することを根幹に、人それぞれがよりよい健康状態をめざすことにより、生きる価値を見出すことを支えるケアが重要である。

4）障害とともに生きる

　かつて、障害とは、除去されるべきもの、軽減されるべきものとの考え方が強く、結果的にその障害のある人の存在そのものに差別や偏見が生じやすかった。2013

（平成 25）年に成立した「障害を理由とする差別の解消の推進に関する法律」（障害者差別解消法）は、障害があってもなくても互いを尊重し合い、共生社会の実現を目的としており、障害に対する社会の理解の促進につながったと考えられる。

　また、障害のとらえ方も時代とともに変化し、1980 年代の ICIDH（国際障害分類）の障害構造モデルから、2001 年に ICF（国際生活機能分類）の生活機能構造モデルが WHO（世界保健機関）に採択されてから、すでに 20 年が経過した。これら 2 つのモデルの違いは、単に「障害」から「生活機能」への名称の変更だけではなく、障害を人が生きていくための機能を意味する「生活機能」の側面から肯定的にとらえたこと、各因子の相互作用をあらわしていること等があげられる。今日では ICF の考え方が世界的に浸透し、障害のある人のみならず、特に慢性疾患等の病気の人や高齢者においても活用されている。生活を中心に「人」を見るということは、障害、病、老いという限定的な一面だけではなく、対象者を包括的にとらえ、対象者がもつ個性に注目し、その個性を尊重することである。

　障害とともに生きる人にとっての健康とは何かを考え、その人なりの健康を維持するために支えることが、ヒューマンケアにおいて重要な考え方である。

5）QOL

　前述の 4 つの視点は、対象者の QOL（Quality of Life）の維持・向上を目標とするためのものだといえる。QOL は、「生活の質」「人生の質」「人生・生活の質」などと訳され、本人の主観にもとづいて評価されるものである。QOL に対比的な用語として、生命の尊厳を意味する SOL（Sanctity of Life）や死の質の意味をもつ QOD（Quality of Death）という用語も存在する。これらの用語の違いはよく確認しておきたい。

　医療の選択において、積極的な治療の選択が対象者の QOL の維持・向上につながらないことがある。例えば、毎朝散歩をすることを日課としている高齢者が、長時間にわたる手術のような積極的な治療を受けたことにより歩行が困難になった場合、対象者自身の QOL が維持できたと考えられるだろうか。延命治療においては、少しでも長く生きることがよいとする考え方から、対象者がどのように生きたいかが重要という考え方へと、とらえ方に変化が見られた。この変化は、医療技術の進歩により治療困難であった病気でも治療可能になったことや、慢性疾患の台頭により病気とともに生活する人が増加するなかで、QOL や健康に対するものさしが個人によって異なることが一因であると考えられる。

　ヒューマンケアにおいては、QOL の維持・向上のために必要なケアとは何か、

そもそも対象者の QOL を維持・向上するためのケアとは何かという視点でケアを振り返り、そのケアが対象者の QOL の維持・向上につながっているのかを常に追究することが、最も重要である。

3　教育プログラム「ヒューマンケア論」の展開

　本節では、保健医療福祉の働きかけに共通する「ヒューマンケア」について学習するための教育プログラムについて述べる。ここでは、埼玉県立大学保健医療福祉学部の全学必修科目である「ヒューマンケア論」（2 単位 30 時間）を例に、その展開を紹介する。

1）ヒューマンケア論の位置づけ

　埼玉県立大学では、保健医療福祉学部の 5 学科（看護学科、理学療法学科、作業療法学科、社会福祉子ども学科、健康開発学科）の学生がともに学ぶ科目群である「IPE 科目」のなかの第一番目の科目として「ヒューマンケア論」を配置している。3 年次への編入学生も含む 1 年次の全員が必修の科目であり、保健医療福祉の IPW のバックボーンとして「ヒューマンケア」が「共有」をテーマに位置づけられている。保健医療福祉学部の卒業生は学科・専攻の違いを超えて「ヒューマンケア」を提供できる人材となることが期待されているともいえる。そこで、教育課程においては、1999（平成 11）年の開学以来、ヒューマンケア論が一貫して位置づけられてきた。

2）ヒューマンケア論の構成

　全学必修の保健医療福祉科目である本科目は、IPW の基礎となるヒューマンケアの概念を学ぶ授業内容から構成される。具体的には、ヒューマンケアの概念と関連の深い、人の生老病死にまつわる価値観、支援観や、疾患や障害などをもつ利用者ならではの体験を学生に伝え、専門領域を超えて、人とかかわるうえでの基盤の形成をめざしている。また、人にかかわる自身を見つめることについてもあわせて教授することになっている。

　ヒューマンケアを考えていくうえで、その概念に包含される重要な柱として以下の 3 つをあげ、さまざまな視点からアプローチしたうえで、自分なりのヒューマンケアを模索することを履修者に求めている。

❶ ヒューマンケアを必要とする背景について知る

「ヒューマンケア」という概念について、それが求められる社会的背景や保健医療福祉を取り巻く状況の変化について理解する。

❷ 「生」「病気」「障害」「老い」「死」などを専門とする教員やゲストスピーカーの話や、具体的な事例を通して、家族を含めた利用者のニーズや気持ちを理解し、援助のあり方を考える

人のライフステージの進展や、その経過のなかで生じる疾患、障害、老い、そして死などの状況のなかで、利用者の思いやそれを取り巻く家族や関係者とのかかわりについて、多面的に学んでいく。人の一生で起こり得るすべての状況や現象を網羅することはできないが、特徴的な状況を素材に、課題への向き合い方、援助のありようなどを考えることを重視している。

❸ 「コミュニケーション」のもつ意義や「ケアし、ケアされる自分」を見つめ、保健・医療・福祉の連携の意義と重要性を考える

❶、❷の柱がどちらかといえば対象者の理解や対象者に向けたアプローチであるのに対し、❸は相手にかかわり合う「自身」について探求する内容である。ケアの相互性としての自身の発達や、保健医療福祉の分野における働きかけの基本となるコミュニケーションがもつ意義をふまえながら、援助者となる自身について向き合い、振り返ることを履修者に求めている。

こうした枠組みをもとに、毎年、科目責任者の判断のもとで、具体的なプログラムにもとづいた授業展開がなされている。年度ごとの特色はあるが、基本的な教育目標は変わらない。参考までに2021（令和3）年度のシラバスに記載されたプログラムを表5-1に示す。

3）ヒューマンケア論の特徴

前述の教育目標を達成するため、ヒューマンケアの構成要素や、ライフステージにおける健康、生活課題を中心に講義を構成しているが、利用者中心のヒューマンケアの意義やあり方を具体的に伝えていくために、利用者による生（なま）の語りや、存在そのものの意義を授業のなかで学生に伝えていくことが欠かせない。特に、ヒューマンケア論を履修した後に、夏季休暇を挟んで、初期体験となる「ヒューマンケア体験実習」に臨む学生にとっては、多様なケアの対象者、提供者に出会うことになり、初めての実習を円滑に進めるためにも、ゲストスピーカーの生の声にふれておくことは極めて効果的である。

表5-1　ヒューマンケア論の授業進行の例示（2021年度ヒューマンケア論より）

回	内容		目標
1	オリエンテーション ヒューマンケアとは		・ヒューマンケア論の進め方・予定を確認し、イメージをつかむ ・ヒューマンケアという概念について知り、理解する
2	コミュニケーションについて考える		・今後のすべての生活においての基本となるコミュニケーションについて学び、今後の学生生活や実習にいかすための知識を得る
3	障害とともに生きるということ		・分け隔てなく、「障害」とともに地域で暮らすことの意義を理解する
4	ダイバーシティ（LGBTQを例に）		・社会的偏見、ジェンダーフリーについて学び、これらへの社会的支援を知り、自己のふるまいについて振り返る
5	「生」を見つめる		・「生」、リプロダクティブ・ライツ、緩和ケアの話題を通し、「生」について改めて考える
6	生命倫理、医療倫理を考える		・ケアする者の基盤となる生命の倫理、保健医療福祉分野における倫理の重要性を理解する
7	チームについて考える（IPW）		・IPWの具体的実践例や、チームで協働することの意義、可能性を知り、理解する
8	自己を見つめる（e-learning）		・課題を通して自己を分析して振り返る ・課題をピアレビューし、他者の考えを知り自己への理解と他者への理解を深める
9	自己決定を支援するとは		・意思決定とは何か、意思決定支援の実際について知り、利用者に寄り添うこと、利用者の気持ちになって考えるとはどういうことなのか考える
10	専門性とヒューマンケアの実践	ヒューマンケアにもとづく「健康開発学」	・自分がめざす将来をより具体的にする、理解を深めることができる、実践におけるヒューマンケアの実例を通して、自分が実践するヒューマンケアについて考える ・ほかの専門職種の実践とヒューマンケアについて知る ・利用者のニーズ、心理、思いについて考える ・専門職やその学問の意義、使命、面白さ（大変さ）を知る ・専門職は「何」をしているのか、専門職はその場面で何をどう考えて行動しているのかを知る
11		ヒューマンケアにもとづく「看護学」	
12		ヒューマンケアにもとづく「社会福祉子ども学」	
13		ヒューマンケアにもとづく「理学療法学」	
14		ヒューマンケアにもとづく「作業療法学」	
15	まとめと振り返り		・ヒューマンケア論の講義の振り返りを行い、自分が考えるヒューマンケアについて整理する

当然、動画の活用等により、利用者のありようを伝えることについて工夫を図ることも可能ではあるが、学生の目前でのヒューマンケアにかかわる利用者の語りが学生に与える好影響は極めて大きく、履修した学生の振り返り等においても長きにわたって好評を博してきた。

　当然、実施にあたっては、ゲストスピーカーに協力を得る授業内容についても、科目担当者の講義との組み合わせ等により、教員の責任において、ゲストスピーカーの参加による体験の意義を最大限に引き出すための取り組みが不可欠である。ゲストスピーカーと学生との質疑応答はもとより、ゲストスピーカーと教員とのやりとりなどを通じて、ゲストスピーカーの経験をより分かりやすく伝える工夫も行われている。

4）ヒューマンケア論の学習がもたらすもの

　ヒューマンケア論の学習効果については、履修した学生のレポートや授業に関するアンケートなどをもとに、以下のようにまとめることができる。

❶　人とかかわる基本的な態度について知る

　多くの履修生が1年次の学習であるため、それぞれがめざす専門分野における支援（ケア）の対象者への働きかけについてはその後の学習や経験にゆだねられるが、専門知識や技術の有無にかかわらず人とかかわる基本的な態度について考えるきっかけになっている。さらにいえば、特に専門的な知識や技術を具備しなくとも、人と人とのかかわり合いのなかで気にかける、心配する、より健康で幸せな生活を願う……。こうした態度を希求するなかで、学生1人ひとりの「ヒューマンケア」観が構築されると考えられる。それは同時に、「ヒューマンケア」という観点から、すべての分野に共通する「人間の尊厳」について確認していくアプローチでもある。

❷　ほかの専門分野について知るとともに、自分の分野について理解する

　専門分野に関する知識や技術について修得していない段階ゆえ、ヒューマンケアをともに学ぶ学生としての共有体験を通じて、それぞれおぼろげながらもほかの専門分野への関心を高めるきっかけにもなっている。それは自分の分野、特に入学間もない1年次生にとっては、自身が選択した専門分野の意義を改めて考えるきっかけを与えるものでもある。さらには、ヒューマンケアの対象となる人々にとっては、専門分野の違いはそれほど意味をもたないことに気づくことにもつながっていく。

❸　ケアを提供することでケアされていることを知る

　　ゲストスピーカーの体験は、学生自身の、あるいはその家族の体験等を想起させることもある。その機会を通じて、ケアを提供する立場をめざして学習している自分が、実はゲストスピーカーによってケアされていることにも気づく。ケアのもつ相互性をさらに強く実感することもまたヒューマンケアの学習効果の１つであろう。

　なお、彩の国連携力育成プロジェクト（４大学連携）に共通した IPE の科目における基盤としてのヒューマンケア論は、さらに多様な専門分野の教育においてもコアとして位置づけられているといえる。大学によっては、同プロジェクトによって開発された**表5-2** に示すヒューマンケア論の動画教材（2016（平成 28）年度制作）を活用して「ヒューマンケア論」を授業展開していることも付記しておきたい。

表5-2　ヒューマンケア論動画教材

第1回　ヒューマンケアを学ぶ
第2回　生を見つめる
第3回　老いを見つめる
第4回　病と向き合って
第5回　緩和ケアを通じて生の意味を知る
第6回　チームについて考える
第7回　当事者の立場から
第8回　まとめ
ヒューマンケア論　ダイジェスト

4　ケアを支える価値観

1）問い

　幼い子どもの世話をする、病を得た人を看病する、体や心の調子が悪くなり生活に支障をきたすようになった人の日々を支える。ケアという行為はさまざまだが、共通している点もある。それは、いずれの行為もケアの対象を大切な存在であるとみなしていることである。ケアされている人をかけがえのない人として扱い、その人が飢えや痛み、苦しみにさらされないように、あるいはそれらから解放されることを願って、ケアはなされる。ケアする人は、ケアされる人の健康や命、暮らしを

価値あるものと認めている。そうした価値観がケアという行為を支えている。

　しかし、ケアを支える価値観は、広く支持されている倫理学説によって説明することが難しい。倫理学説が支持する価値論が、ケアという実践やそれを支える価値観と対立することさえある。理論と実践が対立するときには、有意味な実践をとらえることができない理論に問題があると考えられそうなものだが、倫理学説とケアという実践の対立の場合には、一定の倫理学説を根拠として実践を批判し、実践者に譲歩を求める声は決して小さいものではない。

　おそらくそれは、社会のなかで大きな発言権をもっている人がケアする人でもケアされる人でもない（と少なくとも自分では思っている）からだろう[1]。ここでは、そうした声に抵抗するために、ケアを支える価値観の正当性を論じたい。

2）功利主義による人間の価値

　広く支持されている倫理学説の１つに「功利主義」がある[2]。功利主義は、道徳的に善い行為や規則とは、関係する人全員の幸福の量を増やす行為や規則であるとする。例えば、満員電車のなかであなたが高齢者に席を譲ると、あなたは少し苦痛が増し幸福でなくなったかもしれないが、先ほどまでつらい思いをして立っていた高齢者の幸福感は大きく増しただろう。あなたの幸福感の減少と高齢者の幸福感の増加を差し引きして、幸福感がプラスになっていれば、あなたは道徳的に善い行為をしたといえる。このような個人の行為の道徳的善さの評価だけでなく、例えば法律や政策の道徳的評価に対しても功利主義は強みを発揮する。例えばある法律を制定することが道徳的に善いかどうかは、制定することによって国民全員の幸福が増すときであり、幸福が減少するならばそれは悪法であることになる。

　功利主義の考えでは、価値があるのは幸福という状態である。そして幸福とは何かについては、「快が得られていること（苦痛から解放されていること）」、もしくは「選好が充足されていること（欲しいものが手に入ること・やりたいことができること）」とされることが多い。この考えに従うと、ある人に価値があるのは、その人の生が幸福であるからということになる。

※1）ケアという観点から現行の社会のあり方を批判する著作として、『ケア宣言──相互依存の政治へ』（ケア・コレクティヴ，岡野八代・冨岡薫・武田宏子訳・解説，大月書店，2021.）、および『ケアをするのは誰か？──新しい民主主義のかたちへ』（ジョアン・C・トロント，岡野八代訳・著，白澤社，2020.）を勧めたい。
※2）功利主義については『功利主義入門──はじめての倫理学』（児玉聡，筑摩書房，2012.）を参照のこと。

これはもっともらしく思われるが、医療やケアの現場にかかわる課題に関して、簡単には肯定できない帰結をもつ[3]。例えば重い遷延性意識障害の患者がいたとする。意識が今後も回復する見込みはなく、快も苦痛も感じることはないし、これが欲しいとかあれがしたいと望むこともない。だとすれば、この人が幸福になる可能性はなく、行為や政策の道徳的善し悪しを考えるときに、この患者を勘定に入れなくてもよいことになる。あるいは、絶え間ない痛みに苦しんでいる終末期の患者は「不幸」なのだから、「死なせて苦しみから解放してあげる」ほうがよい。またそうしたほうが、医療資源の節約にもなるので、社会全体の幸福の量も増大する。功利主義の考えに従えばこういった主張がなされかねないが、意識のない患者を「人」ではないものとしたり、終末期の患者を「死なせてあげる」ことが善いとは思われない。

3）義務論による人間の価値

終末期の患者を「死なせる」ことが道徳的に善いといえないのは、それが患者の生きる権利を侵害する行為だからではないか。現代の社会では人々には生存権や思想・信条の自由などの基本的人権があるとされ、たとえある行いや政策によって社会全体の幸福の量を増やすことができたとしても、人々の基本的人権を侵害するなら道徳的に悪しき行い・政策であるとされる。

功利主義の立場から権利概念を認めることも可能だが、多くの倫理学者・政治哲学者は功利主義的ではない立場から権利概念を正当化しようとする。それが「義務論」と呼ばれる立場である[4]。

義務論にもさまざまな立場があるが、共通しているのは、理性的に思考する能力をもつ自律的な存在である人々が、そうした能力をもつ存在として互いに価値を認めるという見解である。この互いに対して認め合う価値が基本的人権の根拠となる。人々はそれぞれに異なる価値観をもち、それに従って異なる判断を下し、異なる行為をする。たとえある人の判断や行為が別の人の価値観からすれば同意できないものでも、それがほかの人々の自由を侵害しないのであれば、その人の判断や行為は

---

[3] 功利主義の立場から、重い障害をもつ新生児の治療停止などを主張して物議をかもしている論者の代表は、ピーター・シンガー（Singer, P.）である。例えば『実践の倫理 新版』（ピーター・シンガー, 山内友三郎・塚崎智監訳, 昭和堂, 1999.）を参照のこと。

[4] 義務論の代表的論者は18世紀の哲学者、イマヌエル・カント（Kant, I.）であるが、現代の義務論的な倫理学・政治哲学は、『正義論』（ジョン ロールズ, 川本隆史・福間聡・神島裕子訳, 改訂版, 紀伊國屋書店, 2010.）での議論とそれへの批判的検討にもとづくものが非常に多い。

尊重されるべきものであるとされる。それは、その人固有の価値観と、それにもとづき理性的に思考し判断する理性能力を尊重するからであり、またその人が理性能力をもつ自律的存在であるがゆえに、思想・信条と行為に関して自由である権利をもつからである。

　義務論の立場からすれば、人が価値をもつのは、理性能力をもつ自律的存在であるからである。この見解に従えば、たとえ終末期の患者が苦痛に責めさいなまれていたとしても、その人を「死なせる」ことが善いことには必ずしもならない。その人自身が理性的・自律的に決定して死を選択したのでない限り、たとえ「死なせる」ことにより苦痛が減り幸福が増えるとしても、それは生存権の侵害であり悪しき行為であることになる。

　しかし義務論の価値観でも、ケアや医療にかかわる問題は生じる。義務論では、理性的能力をもち、自律的に判断し行為する存在であることに価値が置かれるが、胎児や乳児には理性も自律性もまだ芽生えていない。認知的能力に障害をもつ人は、多くの成人に比べ、理性的能力や自律性に関して劣ることになる。今はごく平均的な理性能力と自律性をもっている人も、病気や老化によってそれを失うことがある。義務論からすれば、これらの人を尊重するべき理由が理解しがたくなる。

　このように、功利主義も義務論も、それらの理論が立てる価値基準にあてはまらない人を、存在する価値のないものとして排除しかねないという問題がある[※5]。

4）ケアを支える価値観との違い

　功利主義と義務論は、価値の基準に関しては異なるが、「特定の個人に認められる価値ではなく、ある種の存在一般に認められる価値を論じている」という点では一致している。功利主義によれば、快楽を感じることややりたいことができることは、それを感じたり行う人が誰であっても善いことである。義務論によれば、理性的能力と自律性をもつ人は、誰であれ等しく基本的人権をもつ者として尊重される。つまりどちらの考えでも、一定の基準にかなった人なら誰であれ認められる価値である。前項までで指摘してきた問題は、それらの基準が狭すぎて排除される人が出てしまうことを指摘するものであった。

　しかし、これらの倫理学理論とケアの実践の間には、基準の狭さとは別の、根本

※5）生命倫理学では、この問題は「パーソン論」と呼ばれ、支持者と批判者の間で激しい応答がなされている。『シリーズ生命倫理学2　生命倫理の基本概念』（シリーズ生命倫理学編集委員会編，丸善出版，2012.）の第9章「パーソン」（pp.140-157，執筆担当：村松聡）を参照のこと。

的な違いがある。それは、「ケアの実践においては、一定の基準を満たす存在一般に認められる価値ではなく、特定の個人に固有の価値が認められる」という点である[6]。

この点が最も分かりやすくあらわれるのは、幼い子どもの世話（ケア）である。幼い子どもはまだ理性的能力や自律性をもたないが、意識や欲求はもつ。そこで、義務論的には幼い子どもにどのような価値があって尊重すべきかが問題になるが、功利主義的には疑問が残らないと思われるかもしれない。しかし功利主義的に考えるならば、快や苦痛を感じ欲求をもつ点でどの子どもも同等に価値ある存在であることになるが、子どもの世話をする親にとっては、自分の子どもと他人の子どもの間には決定的な価値の違いがある。

また、世話をされることで子どもが快を感じたり、欲求が満たされるから親は世話をするのではないし、快や欲求をもつから子どもに価値を認めるのではない。ほかの誰でもない、まさにその子どもを愛するがゆえに世話をするのであり、その子が喜ぶからこそ、その子が感じる快や欲求の充足が価値あるものとされるのである。同じ種類の同じ強さの快や欲求の充足が生じていたとしても、それが他人の子どもであるならば、親にとってはそこまで喜ばしいものではない。

子ども以外にも、障害者や高齢になった親を家族がケアするときにも、家族の一員であるまさにその特定の人物、個体への愛によってさまざまな行いが動機づけられていると思われる。一定の基準を満たす人なら誰にでも認められる価値の担い手としてではなく、その人を愛し、まさにその人がもつ「かけがえのなさ」に価値を認めるために、ケアがなされる。そしてこの価値は、ケアの対象である人が意識をもたなくなったり理性や自律性を失ったりしても、あるいは生命を失ったときでさえ、失われるわけではない。

5）愛による価値を守ること

特定の人への愛情にもとづいて認められる価値は、人の特徴や性質にもとづいて認められる価値ではないため、「……だからこの人には価値があるのだ」と言語的に明確に表現することはできず、また生活を共有していない人に認めてもらうことが難しい。つまり、この価値は一般的でないだけでなく、客観的でもない。特定的、

---

[6] 倫理学者のスーザン・ウルフ（Wolf, S.）は、個別的なものへの愛が、自己利益とも道徳的とも異なる行為の理由となり、かつそれが人間の生きる意味にとって重要であることを主張している。Susan Wolf, *Meaning in Life and Why It Matters,* Princeton University Press, 2010. 参照。

個別的であると同時に、主観的な価値である。

　主観的であるがゆえに、この愛情にもとづく価値は、学問的・理論的または公共的・法律的な次元では重視されにくい。私的な関係における私的な感情であり、それを公共的な問題を解決する場にもち出されても困るとされ、功利主義や義務論を背景とする一般的基準にもとづいて、さまざまな考えや法律が正当とされることもしばしばである。例えばその代表として、「重い障害をもつ人には生きている意味がない」とする優生思想や、個々の患者の事情を捨象し「死ぬ権利」を一般的に肯定する議論をあげることができる。

　しかし、そうした議論は転倒しているというべきである※7)。というのも、かつて幼い子どもとして愛情にもとづく価値を認められ、世話され育てられたからこそ、人は一人前の快や欲求の主体として、そして理性能力や自律性の持ち主として今ここに存在しているのである。愛情にもとづく主観的価値を承認し合うことがなければ、快や理性などの一般的基準にもとづく客観的価値を認め合うことすら不可能になるのだから、一般的・客観的価値基準を理由として個別的・主観的価値が重要でないものとすることはできない。愛情による価値がなくなれば、人間は一切の価値を見失うだろう。

　愛情にもとづく価値に即してケアを行うのは、基本的には家族など親密な関係にある人であり、看護師などのケアワーカーではない。だがケアワーカーが仕事としてサービスの利用者をケアするときにも、そこには単なる仕事としては割り切れない人間としての関係が生じざるを得ないため、愛情にもとづく価値はそのケアにとって決して無視できないものである。また、サービスの利用者にはしばしば家族が存在する。その場合、ケアワーカーは、家族の間に成立する愛情にもとづくケア関係を守る支え手の役割を果たすことになるだろう。

　大学では、倫理学だけでなくさまざまな一般的・客観的理論を学ぶことになる。それらはいずれも重要な洞察を含み、それなしでは十分なケアを提供することはできない。しかし、かけがえのない個別の人にかかわる仕事にこれから従事する者は、そうした一般的・客観的水準の手前にあり、それを支える個別的で主観的な価値を決してないがしろにしてはならない。

※7）この点に関してまず参照されるべきは、『「ただ人間であること」が持つ道徳的価値──相互に尊重し合う自由で平等な個人が築く民主主義』（浜野研三，春風社，2019.）である。

本節ではこれまでのヒューマンケアの構成要素や、教育プログラムとしての「ヒューマンケア論」の教育目標や内容など、またその基盤の１つである生命倫理をふまえて、改めてヒューマンケアの本質について整理したい。その際には、ケアの相互性をふまえながら、ヒューマンケアの提供者の人間性を涵養する観点からもせまることにする。

１）人間性を涵養する基点としてのヒューマンケア

本章各節で繰り返し述べられているように、ヒューマンケアはケアの概念を基盤に、より人間的なかかわり方を強調している。それぞれの専門性に通底する働きかけの基本概念でもあり、生命倫理の基盤であると同時に具現化の表出でもある。

その際には、ヒューマンケアを提供する立場と、ケアを受ける立場との相互性を理解することが重要になる。

メイヤロフ（Mayeroff,M.）が自身の著書『ケアの本質──生きることの意味』の冒頭で「一人の人格をケアするとは、最も深い意味で、その人が成長すること、自己実現することをたすけることである」と指摘しているように、ケアという営みは一方的な援助の行為でなく、その行為を通してケアの担い手もまた育っていくものである。子育てを通し、親としての自覚や力量が備わっていくことと同じである。

ヒューマンケアの受け手の立場について、コミュニケーションの視点から考えてみたい。ヒューマンケアの基盤は、十分なコミュニケーションである。コミュニケーションの重要性については、保健医療福祉の利用者に限ったものではないが、特に日常的なコミュニケーションが支援者との信頼関係を生み、コミュニケーション自体が支援そのものとして機能することも少なくない。

例えば、長期の療養を必要とする難病患者について考えてみる。難病患者は支援者に対しては高い専門性を求めると同時に、適切な治療法が見つからないなかでは、ごくあたりまえの人間的なかかわり、すなわち十分なコミュニケーションを求めることになる。ここでは、ケアはもちろん、今日的にはキュアの概念も決して「上下」の関係ではなく、対等性、双方向性が確保されるものであり、二項対立的な位置づけではなくなっている。ケアとキュアは、その基点に違いがありながらも、援助の対象となる人々に向かう基本的な基盤について違いはなく、ヒューマンケアはより

意図的に両者を包含した概念をめざすことになろう。

　ここで、ヒューマンケアの提供者における人間性の涵養についても考えてみたい。ヒューマンケアを提供することは、前述のとおり、その役割を担う者を成長させていく。その成長によって提供者の豊かな人間性も涵養されていくわけだが、その際には常に相手があることによって磨かれていることを認識していく必要がある。提供者の自己完結課題としての人間性ではなく、相手の人間性とも向き合う相互性によってこそ、提供者の人間性が育まれることもまた、ヒューマンケアの真髄であろう。

2）保健医療福祉系大学におけるヒューマンケア

　前述の整理とも関連するが、保健医療福祉や関連する分野においては「ケア」を基盤としながら、より人間性や支援の対象となる人間の尊重等の観点から「ヒューマンケア」の概念を理念化し、学部名やコース名に用いる例が増えている。**表5-3**にいくつかの例を示す。

　また、埼玉県立大学におけるヒューマンケアの概念構成のように、複数の専門分

表5-3　学部名・大学院専攻名に「ヒューマンケア」を用いている大学

●大学学部（学科）名　※五十音順
・帝京平成大学　ヒューマンケア学部（看護学科、鍼灸学科、柔道整復学科）
・東都大学　ヒューマンケア学部（看護学科）、幕張ヒューマンケア学部（看護学科、理学療法学科、臨床工学科）、沼津ヒューマンケア学部（看護学科）
・名古屋学芸大学　ヒューマンケア学部（子ども学科）

●大学院
・筑波大学大学院ヒューマン・ケア科学学位プログラム
　2001（平成13）年、筑波大学大学院に「ヒューマン・ケア科学専攻」として設置され、「ヒューマン・ケア」の学位を授与するプログラムに進化。以下はHPでの紹介文であるが、埼玉県立大学におけるヒューマンケアにも通じる概念の設定を読み取ることができる。

　　近年、少子高齢化や疾病構造の変化などに伴い、従来の疾病モデルだけでは対応できない保健医療福祉の問題が急増しつつあります。健康の質やQOL（Quality of Life）が問われる中、「治療から予防へ・医療から保健福祉へ」、そして「キュアからケアへ」という潮流が生まれつつあります。国際的にも「人へのケア」が重視されつつある中で、学際系専攻としてのヒューマン・ケア科学専攻が2001年に開設され、大学・研究機関等の社会の第一線で活躍する研究者や高度専門職業人など、多くの人材を育成してきました。
　　この伝統をふまえて、2020年から開設されたのが「ヒューマン・ケア科学学位プログラム」です。教育学、心理学、体育学、保健学、医学、看護学など、人間に関わる多様な学問領域を融合させ、高度な専門的領域として「ケアの科学」の確立と社会貢献を目指しています。

出典：筑波大学大学院HP　https://hcph.tsukuba.ac.jp/human/program/

野を超えて提供すべき概念として「ヒューマンサービス」を掲げる大学もある。そこでは、学科目としても「ヒューマンサービス論」を配置するなど、分野共同の科目としての位置づけが見られる。「ケア」か「サービス」かといった議論を超えて、「共有すべきもの」としての基盤がカリキュラムに横たわっているといえる。

名称や表現の違いを乗り越え、利用者の QOL（Quality of Life：生活の質）の探究のベクトルと方向性を同じにすることに意味がある。

3）利用者中心からヒューマンケアの本質を探る

心身の機能に障害があっても、あるいは介護を必要とする状態になっても、その人らしく地域のなかであたりまえに暮らしていく。そのような社会の実現が強く求められており、そのために、さまざまな生活課題を解決する働きかけが実践されている。その際には、サービスの利用者を中心に据えた、利用者の想いに沿った支援、そして、利用者の真のニーズを反映していくことが求められる。さまざまな生活課題に関連したヒューマンケアの提供は、自立の支援、個別性にもとづく支援、コミュニケーションの重視といった点からとらえることができる。ヒューマンケアを意識した支援こそ、こうした今日的課題を解決・改善する原動力となり得る。

利用者の想いを理解するうえで重要なのが、自立の概念である。介護保険制度においても、障害者施策においても、自立の支援は基盤となっている。

例えば、「できる ADL」と「する ADL」。病院で機能回復をめざす患者の場合、プログラムに従って「できる ADL」を少しでも拡大しようと努力する。「できるADL」が増えていくことはもちろん望ましいことであるが、訓練が終わり、あるいは退院して自宅に戻ってその動作を実際に行うかというと、そうとは限らない。一方で、「する ADL」は違う。「する ADL」は、その人の実際の生活の場、すなわち現場としての自宅で展開する。そこで必要とされる生活行為は、その人の心が規定するものであり、そこへの向き合い方もまた、ヒューマンケアの重要な視点となる。

自立とは自らの意思によって、必要な支援を得ながら、自分の暮らし方を自ら選び、決定することにほかならない。たとえ他者の介助によって日常生活を送ることが必要な場合でも、その介助の程度や方法を決め、それによって生じる結果を引き受けることが自立であると考えられる。

これらの考え方はいずれも、従来の「この状況には、この支援」といった一元主義的なものではなく、多様な価値観を基盤に、個別のニーズに対応していこうとする、いわば多元主義的な支援である。「あなたはこの障害をもっているからこうす

べきだ」という決めつけは、たとえそれが善意から発せられるものであっても、利用者の想いには届かない。利用者は、支援者に集団としてではなく、個人として対応されることを望んでいる。支援を必要とする特別な集団ではなく、ごくあたりまえの生活活動を行ううえでの特別な困難をもつ人に過ぎない。ヒューマンケアはこの多元主義的な支援によっても性格づけられる。

4）今後の展望

　ヒューマンケアは、保健医療福祉に関するさまざまな専門領域において積み上げられ、形成されてきた価値観をふまえながら、ケアの対象者にとって真に最善のケアを提供することを共通の目標として創造していく新たな価値である。その際には、それぞれかかわる専門分野への配慮から調和的に低いレベルでコンセンサスを得るようなことなく、常に「高み」をめざした創造・実践の規範となるような検証が求められる。

　また、ヒューマンケアは、IPWとIPEを理念的に支える創造的な価値であると考えられる。それは、「この要件を満たせばヒューマンケア」といった図式では描けない目標であり、その達成のためのプロセスでもある。ただちに明解な回答がでないような長い旅路（ロング・ジャーニー）のなかに、ヒューマンケアは息づいているのである。動物に宿命づけられた本能にもとづく行為を除けば、相手の想いに寄り添ってケアを提供できるのは人間だけである。この人間のみに許された行為は、決してその対象をふるい分けたりせず、豊かな人間性と共生の思いをめぐらしていく手がかりでもあろう。

　以上のような、なお未完の発展途上性こそ、ヒューマンケアの探究の原動力にほかならない。

引用・参考文献

【第1節】
・ミルトン・メイヤロフ，田村真・向野宣之訳『ケアの本質——生きることの意味』ゆみる出版，1987.
・村上靖彦『ケアとは何か——看護・福祉で大事なこと』中央公論新社，2021.
・清水裕子編『ヒューマンケアと看護学』ナカニシヤ出版，2013.
【第3節】
・埼玉県立大学編『IPWを学ぶ——利用者中心の保健医療福祉連携』中央法規出版，2009.
【第5節】
・ミルトン・メイヤロフ，田村真・向野宣之訳『ケアの本質——生きることの意味』ゆみる出版，1987.
・ケア・コレクティヴ，岡野八代・冨岡薫・武田宏子訳・解説『ケア宣言——相互依存の政治へ』大月書店，2021.

第6章

ヒューマンケアの
初期体験

1）IPE 初期体験実習の意義

　健康や生活上の課題をかかえる人々には、多くの専門職がその課題を解決するためにチームとしてかかわる。当然のことながら、これらの専門職には、それぞれの専門的な知識と技術が期待され、要求される。しかし、それと同時に豊かな人間性と高い倫理性、援助を必要とする人々の "思い" や生活の "ありよう" を理解し、その人の立場で考える態度も各職種共通に求められる姿勢である。この姿勢は、援助を必要とする人を含めたチームで「連携・協働」するための基盤となる規範的姿勢である。つまり、チームにおける連携・協働のなかでの各職種の専門性は、この基盤のうえでこそ発揮されるのである。この基盤は、講義のみで培うことは不十分であり、多くの職種（学科）で構成されるチームで行う協働作業（演習・実習）の場でこそより効果的に学習されると考えられる。

　保健医療福祉の本格的な専門職教育を行うにあたって、入学早期から保健医療福祉に携わる専門職となる覚悟と各専門職への関心を強化するアーリーエクスポージャー（early exposure：早期体験学習）を導入している専門職養成課程が多い。埼玉県立大学では、IPE 初期体験実習（「ヒューマンケア体験実習」と称している）を IPW におけるこれに位置づけており、IPW において援助を必要とする人々にかかわる際、各専門職に共通する "ヒューマンケア" に立脚した専門職意識を高めることを目的としている。エクスポージャー（exposure）は「晒す」という意味であり、まだ専門的知識と技術をもち合わせていない学生を保健医療福祉の実践現場に晒すことによって、その現場の援助を必要とする人々と、"専門職" ではなく "ひと" としてのコミュニケーションを主体として接することになる。このなかで、援助を必要とする人々の "思い" やこれまでの "歩み（歴史）" 等に直接的にふれることで「ヒューマンケアとは何か」を考える体験ができることに意義があると考えている。

2）IPE 初期体験実習の目的

　IPE 初期体験実習では、ヒューマンケアについての理論（**第5章**参照）をもとにして、保健医療福祉の実践現場にて、援助を必要とする人々・保健医療福祉に携わる人々（専門職等）・チームメンバー（学生チーム）などと直接的にかかわる体験（見て・聞いて・ふれて・感じて）を通じて、「ヒューマンケア」を体験することを目

的としている。このヒューマンケアを体験するなかで、以下に示した4つの姿勢を涵養し、IPWにおける実践上の基盤を形成することを目的としている。

❶ 自分の人とのかかわり方を客観視する姿勢
❷ チームメンバーと協力し合う姿勢
❸ 援助を必要とする人々のニーズや保健医療福祉に携わる人々の役割へ関心を向ける姿勢
❹ 多様な人間観・価値観を理解しようとする姿勢

3）IPE 初期体験実習の目標

　IPE 初期体験実習の対象は、まだ各専門学科において専門的知識や技術を学んでいない学生である。専門的な知識や技術を学んだうえでの各専門（学科、コース）の臨床実習は、それぞれの専門で学んだ知識や技術を実践現場（フィールド）に活用し、専門的知識や技術を熟達させることが学習目標の中心となる。そのため、援助を必要とする人々とのかかわりは、援助する側・援助される側の立場で専門的見地から情報を得る（接する）ことが多い。しかし、IPE 初期体験実習における援助を必要とする人々とのかかわりは、それぞれの専門領域の見地からではなく、"ひと"と"ひと"との関係においてのコミュニケーションを主な手段とするかかわりである。また、保健医療福祉に携わるスタッフの"姿勢"を体験的に見る・聞く・ふれる・感じることで理解しようとするかかわりである。そのように人々とかかわるためには、その人に"関心"をもつ、"関心"を向けることが必要となる。つまり、援助を必要とする人々の実際の"生活"や"暮らし"、"思い"や"歩み（歴史）"に関心をもつ、関心を向ける姿勢が大切となる。関心をもつためには、自ら"学ぼう"とする意識や態度が必要である。ここで学ぶことは、「ヒューマンケアとは何か」という問いに対する"学び"である。すぐに解答が出る問いではないので、今後も常に「ヒューマンケアとは何か」を考え続ける姿勢を養ってほしいと考えている。

　つまり、実践現場にてさまざまな人々と接するかかわりを通して、自分自身を振り返り（リフレクション）、自分自身の課題を発見し、チームとしてその課題を解決する手がかりを得ることを期待するものである。これらの期待を込めて、IPE 初期体験実習では、以下の7項目を学習目標に設定している。

❶ 学生として保健医療福祉の実践現場で学ぶときの態度・マナーを身につける。

❷ コミュニケーションの大切さに気づき、具体的な場面における適切なコミュニケーションのとり方を自分なりに模索する。

❸ 援助を必要とする人々の社会的背景や生活状況、ニーズ、人生観、価値観等の多様性を理解する。

❹ 保健医療福祉に携わる人々の仕事内容（援助を必要とする人々に向かう姿勢）、援助を必要とする人々のニーズを知り、それぞれの援助職者がどうかかわり合っているのか、また、どうかかわり合うべきか、援助職者の連携や協働した援助活動のあり方を学ぶ。

❺ 体験を通して自分自身を振り返り、援助に携わる者としての姿勢を考える。

❻ チーム活動についてリフレクションができる。

❼ 地域社会における各保健・医療・福祉の実践現場の位置づけ、機能、役割を理解する。

2 フィールドの特徴

1）フィールドにおける有効な連携のために

① WHO による指摘

WHO（世界保健機関）は、2010 年に発行した「Framework for Action on Interprofessional Education & Collaborative Practice」を通じて、IPE ならび

にIPWの重要性について指摘している[1]。保健医療福祉分野においては、知識や技術が絶え間なく進歩しているだけでなく、新型コロナウイルス感染症（COVID-19）の拡大や人口構成の変化、医療費の増大と現役世代の負担増等、社会情勢や生活環境もめまぐるしく変化している。したがって、保健医療福祉分野の専門職が活躍する実臨床での実践現場（フィールド）における有効な連携医療の実現のためには、適正なIPEが必要なことはいうまでもない。

また、WHOはIPEについて、医療システムの機能を強化し、健康アウトカムを改善するためのものと指摘し、有効な連携医療の実現に資する医療システムおよび教育システムを提供する必要性を述べている。

② 地域包括ケアシステムとのかかわり

日本でも厚生労働省が同時期にチーム医療推進会議を発足させ、多職種の連携や協働によるチーム医療の普及を推進するために、各専門職の業務範囲や役割の見直し等、さまざまな問題点の検討を行った。

また、2021（令和3）年版の『高齢社会白書』によれば、65歳以上の高齢者人口の割合が28.8％、後期高齢者である75歳以上の人口割合が14.9％であり、保健医療福祉分野における持続可能な保障と体制の構築が喫緊の課題となっている[2]。このような環境の変化に伴い、従来の医療・介護体制に加え、在宅医療ならびに在宅介護の重要性が高まり、2012（平成24）年から、在宅医療・介護の体制整備を目的とした「在宅医療・介護あんしん2012」が開始されている。いわゆる"2025年問題"を見据えた、重度な要介護状態となっても住み慣れた地域で自分らしい生活を人生の最期まで続けることができるような医療・介護体制に加え、健やかに穏やかに老いることができるような日常生活に対する支援が一体的に提供される地域包括ケアシステムの構築が重要といえる。

加えて、高齢者人口の地域差も考慮すべき要因であろう。2019（令和元）年の時点で、高齢化率を都道府県別に比較すると、最も高い秋田県で37.2％、最も低い沖縄県が22.2％と15％程度の差があるが、今後さらにその差は広がり、2045（令和27）年には最も高いとされる秋田県では50.1％と人口の半分が高齢者となることが予測されている[3]。この予測に加え、認知症高齢者は2012（平成24）年で462万人であったのに対し、2025（令和7）年には約700万人に達すると予測されており[4]、増大する認知症高齢者を社会で支える仕組みが重要であるとともに、地域差を考慮した地域包括ケアシステムの構築も必要だと思われる。

したがって、地域包括ケアシステムを支える人材を育成する保健医療福祉分野の

専門職養成課程における IPE では、地域性を考慮したフィールドを設定することが重要である。

2）初期体験実習のフィールド

　保健医療福祉分野では、さまざまな職種の専門職が連携・協働することで IPW を推進しているが、入学後のできるだけ早い時期にフィールドに出て見学・体験する初期体験実習（あるいは早期体験学習とも呼ばれる）は、保健医療福祉分野の大学における導入教育として推奨されている。初期体験実習の目的としては、広い視野から専門職として保健医療福祉分野における役割や使命を知ることで、利用者に対する保健医療福祉を早い段階で身近に感じ取ることである。また、初期体験実習は 1 年次生で実施することが多いとされるが、彼らの若い柔軟な感性を通じて保健医療福祉分野のフィールドからの刺激を敏感に感じ取る体験は、保健医療福祉分野の専門職をめざした自らの考えや思いについて、改めて振り返り、将来の進路も含めて自分の未来を考えるよい機会になることが期待される。これらのことを考慮すると、初期体験実習のフィールドは、将来の進路に関連する場所が望ましいと思われる。

　埼玉県立大学では、看護師・保健師・助産師といった看護系、理学療法士・作業療法士といったリハビリテーション系、社会福祉士・精神保健福祉士といった福祉系、保育士・幼稚園教諭・養護教諭といった教育系に加えて、臨床検査技師、歯科衛生士の資格あるいは受験資格を取得できることから、多彩な進路が考えられる。その他、特定の資格を取得しないで民間企業や公務員等に就職する学生もいることから、進路先だけでフィールドを選定する必要はないが、前述したとおり、フィールド選定の際に学生の進路先を参考にすることは一案である。一方で、筆者は以前に薬学部において初期体験実習を立ち上げた経験があるが、一般的な進路先である病院や薬局に限らず、企業や行政、福祉施設等、薬剤師が活躍し得る多彩なフィールドを選定し、学生から好評を博した[5]。これらの筆者の経験をふまえると、フィールド選定の際は実習目的を明確にすることが重要と考える。

　本学の IPE 初期体験実習では、病院、特別養護老人ホーム、障害者関連施設等にフィールドの提供を依頼しているが、最後に留意点を指摘したい。これらのフィールドの多くは、小規模施設であり、少ないスタッフで多くの利用者をかかえ、事業を運営しているのが現状である。また、協力を依頼しているそれぞれのフィールドは運営形態も異なるため、学生に対して同様の実習内容を提供することが不可能であることは留意すべきである。そのため、実習に先立ち、共通して配慮してほしい

実習内容について伝えておくことが重要となる。本学の例をあげれば、協力を依頼しているフィールドに対しては、「利用者や保健医療福祉に携わるスタッフとできる範囲でコミュニケーションをとる機会を確保し、集中的に現場を体験する（見る・聞く・ふれる・感じる）機会を提供してほしい」と伝え、学生に対しては、事前のオリエンテーション等を通じて、心構えとして「自ら実習の目標に到達する努力をする」ことを指導している。また、実習施設による実習内容のふぞろいについては、実習終了後に全体報告会等を行うことで、ある程度補うことが可能だと考えられる。

3　IPE 初期体験実習の実施方法

　IPE 初期体験実習では、実践現場に身を置いて、援助を必要とする人々や援助者とのコミュニケーションを通してヒューマンケアを体験し、保健医療福祉のすべての専門職において共通するヒューマンケア・マインドに気づくことを重要視している。本節では、埼玉県立大学における IPE 初期体験実習（「ヒューマンケア体験実習」）の実施方法について説明する。

1）実習チームの構成

　IPE 初期体験実習におけるチームは、基本的に専門学科混合メンバーで構成する。これは、どんな職種であっても保健医療福祉にかかわる者の根底にはヒューマンケア・マインドがあることを認識してもらうことを意図したメンバー構成である。また、将来的にチームを構成する他専門職に違和感をもたせないことを意図している。

2）IPE 初期体験実習の実施方法

　IPE 初期体験実習は、①実習オリエンテーション、②実践現場（実習施設）での実習（4 日間）、③振り返り学習会（リフレクション）（1 日間）、④レポート課題で構成される。

① 実習オリエンテーション

　IPE 初期体験実習の概要と目的・目標・実習方法・実習にあたっての心構えや姿勢などについて説明する。特に IPE 初期体験実習の目的・目標および実践現場の状況については、十分に理解して実習に臨んでもらう必要がある。

（ⅰ）目的・目標達成のための行動

IPE 初期体験実習では、目的・目標（第6章第1節参照）に到達するために学生が自ら行動する努力が必要となる。学生のなかには、「何をしてよいか分からない」「実習施設で何も教えてくれない」という者がいる。これは、目標到達に向けてどのようにすればよいのかを自分自身で考えて行動できない者であることが多い。本実習では、このような体験についても、自分自身の課題の振り返り（リフレクション）の際の題材とする。

（ⅱ）実習中の心構えやマナー

実践現場では、自分は"周囲から学ぶ存在"であるという心構え（態度や姿勢）をもつことが大切である。この学ぼうとする態度は、相手を尊敬し理解しようとする態度や姿勢、ひいては行動につながる。

実習中の学生の態度やマナーについて実習施設より指摘されることがある。態度やマナーを身につけるためには、周囲（人、社会）に対する配慮や気遣いが必要となる。指摘された事柄は真摯に受け止め、周囲（人、社会）に与えた影響について考えてほしい。

（ⅲ）健康診断

実践現場で他者と接することになるため、各自で健康状態を管理することが必要となる。特に感染症については、検査と予防策など十分な注意が必要である。したがって、実習前の「健康診断」と「細菌検査」および「予防接種」は、保健医療福祉に従事する者として強く推奨される。

（ⅳ）個人情報保護（守秘義務）

保健医療福祉専門職には守秘義務がある。実践現場で得た個人情報の漏洩や不適切な取り扱いは、個人や関係者に不利益や苦痛を与えることになるため、十分に配慮した個人情報の取り扱いを肝に銘じる必要がある。学生も"実践現場の一員"であるという自覚をもって実習に臨む必要があり、本実習では、学生教育の一環として個人情報保護に関する「誓約書」を書かせている。

（ⅴ）実習施設別オリエンテーション

実習施設別オリエンテーションとして、チームごとに、施設との事前打ち合わせ内容を伝達する。伝達事項例を以下に示した。また、各自が実習で特に目標とすることや学びたいことを含めて記した「自己紹介書」を作成する。これは、本実習に向けた学生の意識向上と各自の実習目標の明確化のために行うものである。

●伝達事項例
- 具体的な実習期間中のタイムスケジュール
- 実習施設におけるリフレクション：1日の最後、および実習最終日に実習施設の担当者も含めて、学びの披露、リフレクションを行う。
- 事前オリエンテーション：実習前に実習施設担当者からのオリエンテーション、または事前の実習施設訪問を行う。短期間での実習を円滑に行えるよう配慮する必要がある場合や、施設利用者に対して特別な配慮が必要な場合、特別な事前学習が必要な場合などに行われる。
- 実習時の服装（白衣・エプロン・ジャージなど）等に関する事項
- 実習施設に関する事前学習
- 「健康診断」「細菌検査」「予防接種」の必要性

② 実践現場（実習施設）での実習（4日間）

（i）事前学習

実習施設について事前学習をする必要がある。実習施設の種類はさまざまであり、施設種別、施設利用者の特徴、業務内容、社会的役割などについての事前学習を推奨している。例えば、「介護老人保健施設とは？」「特別養護老人ホームとは？」「授産施設とは？」については最低限調べておくべきである。

（ii）実習期間中

実習初日は、実習施設担当者から施設の概要や実習期間中の流れなどについての概略説明がなされる。実習初日に向けた心構えとして、「各自が特に学びたいと思っている事柄（目標）」について事前準備しておくことである。

実習期間中は、1日の実習での体験や感想等を忘れないように、「毎日の記録」を作成する。これは後述する「振り返り学習会（リフレクション）」でも使用する。さらに、1日の最後に、15 ～ 30分でその日のリフレクションをチームで実施する。実習最終日には、実習全体を通してのリフレクション（感想、学び内容、疑問点など）の時間を設ける。

③ 振り返り学習会（リフレクション）（1日間）

（i）実習施設別チームでの振り返り学習会

チームメンバーが体験した事柄や感じたこと、学んだこと、疑問に思ったことなどについて、「毎日の記録」を見直しながら報告し合い、それぞれのヒューマンケ

ア体験を共有することに努める。また、それぞれが体験したヒューマンケアの感じ方の多様性または類似性についてチームで討議を行う。

（ii）全体報告会

全体報告会は、チーム内討議後、他チームにおけるヒューマンケアの学びについて共有することを目的とする。他施設で実習した学生も類似した学びをしているのか、または異なった学びをしているのか、異なっているならばなぜなのかなどについて全体で討議し、IPE 初期体験実習の目標を深化させることを期待するものである。

④ レポート課題

IPE 初期体験実習の目的と目標をふまえて、個人やチームのヒューマンケアに関する学びを中心としてレポートを作成する。本実習は大学と実践現場（実習施設）との共同教育であるため、学生レポートは各実習施設の担当者とも共有する。

4　学生における効果

1）アーリーエクスポージャーとしての位置づけ

埼玉県立大学では、1 年次から IPE に特化した早期体験学習を行う。この学習がアーリーエクスポージャーとして位置づけられ、本学では 1 年次で「ヒューマンケア体験実習」（集中授業）として行われる。ヒューマンケア体験実習は、ヒューマンケアに立脚した専門職意識を高め、次年度以降の IPE を発展させるための学習として位置づけられている。

2）ヒューマンケア体験実習での状況（実習方法）の概略

ここでは、デイサービスで実習を実施したチームについて紹介する。

学生グループは、医学科・看護学科・理学療法学科・作業療法学科・社会福祉子ども学科・健康開発学科の 6 名で構成されていた。実習施設の利用者は、デイサービスを利用している高齢者であった。施設スタッフは、介護福祉士、事務職員、ケアマネジャー、栄養士、理学療法士、看護師などであった。施設の主な業務内容は、施設を利用する高齢者への介護であり、施設スタッフが相互に有機的にかかわり、居宅生活を継続できるように支援をしている。

実習中の学生は、施設スタッフとともに 6 ～ 8 時間を過ごし、施設のプログラム

（体操・レクリエーション・趣味活動等）にも参加した。また、実習時の朝時間は、施設に利用者を迎えるための業務カンファレンスに参加して、対応時の注意点やその日の予定を共有し、さらに夕方の業務カンファレンスに参加して、送迎時の家族や自宅の様子・問題点になることを共有した。学生は毎日リフレクションを行い、施設スタッフも毎回出席して、利用者の支援について学生からの疑問・質問に応じて助言を行った。

　学生は、初めて実習施設の環境・スタッフ・利用者に接するため、緊張感や不安をもっている。そのようななかでも、学生グループの様子から、実習や利用者を「理解しよう」として行動していることが、施設スタッフや教員にも伝わることが多い。

3）ヒューマンケア体験実習での学びから

　ここでは、ヒューマンケア体験実習において、高齢者の介護施設で実習した後のレポートの記述内容から学習効果について解説する。

　ヒューマンケア体験実習で学生が学んだ内容は、①ケアの提供を促進すること、②連携機能を動かすこと、③介護を行う家族の支援を行うこと、④実習グループのチームを形成することの4つのカテゴリーに分けられた。

① ケアの提供を促進すること

　「ケアの提供を促進すること」で最も代表される内容は、言葉を用いた会話が基本となり、身振りや態度で示す非言語的コミュニケーションも行って、利用者とケア提供の関係をもつことであった。IPEの初期にある実習であっても、見たり聞いたり参加したりする過程で、学生はコミュニケーションについて理解することができている。また、職員が利用者1人ひとりを思いやる姿勢をもち、安心感を与え、寄り添う姿勢をもつことを、すべての学生が学んでいる。

② 連携機能を動かすこと

　「連携機能を動かすこと」で最も代表される内容は、多職種が連携するためには、言葉や会話を用いてケアに関して伝え合う必要があるということであった。職員は、利用者へのケアが適切かどうかを検討し、調整・判断などは何度も話し合っている。学生にとっては、初めての実習だからと遠慮する気持ちがあるものの、職員や利用者と協力して連携の一端を担うことを理解することが多い。リフレクションと聞くと想像しがたく難しそうに感じられるが、利用者への支援や実例を通して意図的に行うことが学習を深めることになっている。

③ 介護を行う家族の支援を行うこと

「介護を行う家族の支援を行うこと」は、利用者の居宅生活を維持するために介護状況を確認すること等を通して、夫婦2人の老老介護や、子ども世代との同居でも利用者が日中に1人で過ごしていたり、病気の家族がいたりという多様な居宅生活を理解している内容だった。学生は数日の実習であっても、デイサービスを利用する実例などから、居宅生活について理解することができていた。

④ 実習グループのチームを形成すること

「実習グループのチームを形成すること」は、初対面の実習グループのなかで、学生が学習目標を確認しながら相互理解を行い、協力体制をつくっていく内容が多く示されていた。実習の場面を話し合うときには自分の意見を述べたり、自分と異なった意見を受け入れたりすることができるようになることが確認された。

4） IPE 初期体験実習での学びの展開と期待

1年次の実習で学生は、「利用者の状況を理解するよう努め、コミュニケーションが連携機能を促進させること」を学習し、ケアの場面では「利用者と関係性を共有してケアに参加できること」を学んでいる。初学であっても、自己の感情や沸き上がる気持ちを大切にして実習に参加してほしい。

アーリーエクスポージャーとしてのIPWの学習は、学生が就職後に利用者支援を考えるときに、新卒者であっても自らがかかわる専門職を理解して、ヒューマンケアに立脚したコミュニケーションを行うことで、チームを形成することができると考えられる。

2年次以降、専門性の異なった学生がともに学習を重ねることで、「コミュニケーションへの苦手意識」を改善する効果があり、「患者・利用者・家族・コミュニティ中心」「職種間コミュニケーション」などの理解が進み、卒業年次の4年次では、それらを肯定的にとらえるよう変化していく[1]。さらに、IPWを進めるための「チーム形成のための能力」「利用者中心性」「メンバーの相互理解」「メンバーの尊重」などについても、理解が進む[2]ことを期待している。

5 受け入れ施設における効果

1）実習施設の役割と実習受け入れの意義

① 実習受け入れの背景

　ヒューマンケアの初期体験を目的とする実習（IPE 初期体験実習）は、各大学のカリキュラムにおける位置づけをふまえ、学生の教育目的で実施されるものである。実習施設は、実習の目的や目標、方法について大学からの説明を受けて了承し、学生が目標到達できるように支援する。実習の協力者として大学とともに教育を担う存在である。

　実習の受け入れに際しては、実習の 1 年以上前から調整や準備が始まる。施設は、実習目的、目標、実習方法を理解するための大学との調整、自施設における実習受け入れ体制づくり、自施設の保健・医療・福祉サービス利用者への協力依頼、実習期間中の直接的な学生指導、学生の実習状況の把握と評価、目標到達に関する担当教員との情報共有、問題発生時のサービス利用者への対応と教育的かかわりなどを担う。数日間の実習であっても長期間にわたる活動が必要であり、自施設のスタッフや管理者、サービス利用者やその家族、学生、大学の事務部門から担当教員まで、多くの人々との関係のなかで学生の実習目標到達を支援する。

　これらの実習受け入れにかかわる活動は、各施設の目的である保健・医療・福祉サービスの質を維持しながら実施する必要がある。そのため、実習の受け入れは施設にとって相応の負担を伴う。特に IPE 初期体験実習を受け入れる施設のなかには、人員不足や経験のあるスタッフの不足など、人的資源が十分とはいいがたい施設もあり、そのような施設においてはとりわけ大きな負担となり得る。しかし、実状としては多くの施設が長年にわたり実習を受け入れている。負担があっても IPE 初期体験実習を受け入れる背景には、後輩となる人材育成への貢献、学生指導を経験することによる施設内スタッフの成長、実習受け入れの広報への活用、将来的な人材確保への期待などがあると考えられるが、実際には施設の特性によるところも大きい。さらに実習の特性によっても相違があり、実習を受け入れる施設における効果については、同じ IPW を学ぶ実習であっても、IPE 初期体験実習の受け入れに特徴的な内容がある。

② IPE 初期体験実習における特徴

　IPE 初期体験実習は、履修する学生が自身の専門分野に関する学びをほとんど開始していないか、概論を理解した程度の段階にある点において、ほかの実習と大きく異なる。専門分野の実習や IPW の最終段階の実習では、学生は学内にて自身の専門にかかわる知識や基本的方法を学び、それらを「知る」「分かる」の段階から「できる」段階にすべく実践する。受け入れ施設にとっては、学生の計画立案や実践、サービス利用者の理解、学生間の連携など、専門職の立場で取り組む学生の実践から、知識を再確認したり新たな視点を見出したりし、施設のサービスの質向上の検討につなげることも期待できる。しかし、IPE 初期体験実習では、実習の目的も、自己の人とのかかわり方を客観視する姿勢、チームメンバーと協力し合う姿勢、援助を必要とする人々のニーズや保健医療福祉に携わる人々の役割へ関心を向ける姿勢、多様な人間観・価値観を理解しようとする姿勢[1] といったヒューマンケアに携わる者としての基本的姿勢や IPW の基礎的能力を養うことであり、受け入れ施設がそこで目にするのは、まだ知識が十分ではなく社会的にも未熟な保健・医療・福祉を学びはじめた大学生の姿である。学習が進んだ 4 年次の実習を知る施設にとっては、このような学生を受け入れることは負担に比して得るものが少なく受け止められるかもしれない。しかしながら、保健・医療・福祉を学びはじめたものの専門の知識が十分ではなく社会的にも未熟な段階にある学生は、実習施設の人的環境の変化をつくりだすことができる。

　サービス利用者から見た IPE 初期体験実習の学生は、援助者よりも一般の若者に近い存在であろう。人との交流が限定的な場合であれば、学生の存在は社会との交流の場をつくることにつながる。サービス利用者が壮年期の人々であれば、若い世代である学生の育成にかかわる機会をつくることで発達課題とされるジェネラティビティ（世代性：次世代を導き確立することへの関心）の達成に貢献することができる。専門職の立場での実践ができない段階であるからこそ、サービス利用者はケアを受ける人としてではなく、1 人の人として学生との関係を築きやすい。

　指導に携わった各専門職者にとっては、自身の専門分野にかかわらず、実習目的であるヒューマンケアに携わる者としての基本的姿勢や IPW の基礎的能力について再認識する機会となる。在宅看護学実習の受け入れによる実習指導者・多職種の意識の変化を調査した研究[2] では、計 28 施設の指導者や多職種を対象に調査を実施し、施設別に分析がなされている。通所介護施設においては、「自らが初心に返った」「スキルアップにつながった」「自らのケアの仕方や姿勢を見直した」「仕事へ

のよい緊張感・刺激となった」「職員間でケアを再確認し合うようになった」という変化があったと報告されている。また、地域包括支援センターでは「自らが初心に返った」「分かりやすい説明を心がけるようになった」「学生の学びからがんばる意欲が出た」「利用者の新たな一面に気づいた」という変化が報告された。これら2施設は、調査対象者における看護師の人数が相対的に少なかった施設である。一方で、看護師が多い訪問看護ステーションでは、これら2施設とは異なり、「知識の習得やケアの根拠を再確認した」「学生が実施したケアを継続した」といった看護実践にかかわる内容を含む変化が報告されていた。ヒューマンケアの初期体験を目的とした実習において、受け入れ施設側の効果を網羅的に調査した研究は見られない。この調査は、在宅看護学実習という看護学専門の実習における報告であるが、看護職だけではなく多職種の意識の変化を報告しており、各自の専門性によらない影響をとらえている点と、多職種の連携が活発な施設における調査である点において共通性がある。IPE初期体験実習における効果も、類似の内容であることが推察される。

2）大学と施設の連携

　実習を受け入れる施設は、大学からの依頼を受け教育に協力する立場である。施設はそれぞれが提供する保健・医療・福祉サービスの質の担保に責任をもち、大学は学生の教育に責任をもつ。しかし、大学と実習受け入れ施設が共同で保健・医療・福祉の人材育成に取り組むためには、施設が大学の教育に協力するのと同じように、大学も実習受け入れ施設のサービスの充実や質向上に協力することが必要である。提供されるサービスへの直接的な参加、実践にかかわる共同研究、施設のイベントへの協力など、協力内容を見出すところからの活動が求められる。

　そして、最も重要な取り組みは、学生の実習そのものが施設にとって益となるよう実習の準備を整えることである。大学と施設がIPE初期体験実習を実施するなかで関係を築き、連携しながらともに活動できれば、受け入れる施設にとって提供するサービスの質向上という効果を得ることも可能となる。

引用・参考文献

【第2節】

1）World Health Organization, *Framework for Action on Interprofessional Education & Collaborative Practice,* WHO Press, 2010.

2）内閣府編『高齢社会白書（令和3年版）』p.2，2021.

3）前掲書2）p.11

4）内閣府編『高齢社会白書（平成28年版）』p.21，2016.

5）田中健一「薬剤師職能教育としての早期体験学習の意義について」『就実論叢』第36号，pp.75-83，2006.

【第4節】

1）常見幸・紀平知樹「多職種連携教育による学生の意識の変化」『兵庫医療大学紀要』第8巻第1号，pp.7-18，2020.

2）大部令絵・川俣実・柴﨑智美ほか「大学生における地域基盤型専門職連携教育自己評価尺度の開発──関東地方三大学における横断・縦断データより」『日本健康教育学会誌』第25巻第3号，pp.168-178，2017.

【第5節】

1）保健医療福祉科目担当者会 ヒューマンケア体験実習科目責任者会編『2021年度 IPE科目 ヒューマンケア体験実習履修の手引き』埼玉県立大学，2021.

2）今川孝枝・北山由起子・荒木晴美「在宅看護学実習の受け入れによる実習指導者・多職種の意識の変化に関する検討」『共創福祉』第11巻第2号，2016.

第7章

地域密着型の
IPW実習

1）「実施場所」と「学生の小集団活動」を軸にした類型

　IPW の能力の主な構成要素は、利用者中心の視点・姿勢、チームメンバーの相互理解、チーム形成などであるが、これらの学びの機会は 2000 年以降に国内の多くの大学教育に取り入れられ、講義・演習・セミナーや、学外の病院・施設での実習などで設けられている。

　ここでは「IPW 実習」を、異なる専門分野を学ぶ学生が小集団となって保健医療福祉分野の IPW を学ぶ実習とし、2010 年代の国内の書籍や文献などを参照してその概要を示し、類型化を試みた。参照した実習等は、北里大学の「チーム医療病院実習」[1]、群馬大学の「チームワーク実習」[2]、埼玉県立大学の「IPW 実習」[3]、札幌医科大学の「地域密着型チーム医療実習」[4]、昭和大学の「学部連携病棟実習」[5]、千葉大学の「専門職連携Ⅳ」[6]、福島県医療福祉関連教育施設協議会の「多職種連携実習」[7]（五十音順）の 7 つである。

　これら 7 つの IPW 実習の期間、実施場所、参加学生、実習目的、実習課題、実習教材、実習教具、学生の小集団活動、学習効果の報告をまとめた概要は**表 7-1**のとおりである。

　期間は、半日、1 日、約 5 日、2 ～ 3 週などさまざまである。約 5 日以上の実習期間としている実習でもすべての日数を病院等で行っているわけではなく、オリエンテーションや事前学習を学内で行った後で、残りの日数を施設で実習としているものもある。

　実施場所は、オリエンテーション、事前学習、学習効果の報告会などは学内施設等を利用し、学外の施設は病院の利用が多い。5 つの実習が大学附属病院などの関連施設を実施場所としているが、地域の医療・福祉施設、産業施設を実施場所としている実習も 2 つある。

　参加学生の学年は、教育課程の最終学年次生が 5 つ、3 年次生などが 2 つで、1 年次から IPW についての学習を積み上げて、同時並行で各専門領域の学びを進めた段階で履修している。また、専門性としては、医学、薬学、看護、理学療法、作業療法、臨床検査、臨床工学、歯科口腔などの保健医療の領域を学ぶ学部や学科等に所属している者が多く、加えて社会福祉学、建築学、健康に関する学問を学ぶ学部等に所属している者もいる。

　実習目的は、IPW についての知識・技術・態度の修得という点でほぼ共通して

表7-1　IPW実習の概要

	概要（7つのIPW実習の要約）
期間	・半日、1日、約5日、2〜3週
実施場所	・教室・附属病院などの学内施設、医療・福祉施設、産業施設
参加学生 （学年、専門性）	・3年次生、最終学年次生 ・保健医療系課程の学生（医学、薬学、看護、理学、作業、臨床検査、臨床工学、歯科口腔など）、社会福祉・建築・健康にかかわる課程の学生
実習目的	・IPWについての知識・技術・態度の修得 ・具体的な地域医療の現状の理解
実習課題	・健康などに課題のある人々の事例の対応策の検討 ・救急救命・リハビリテーション・専門職間連携・医療と介護の連携などの検討
実習教材	・実習の手引き、模擬症例、模擬カルテ、模擬的ケース会議など ・人的・実物の教材（実習施設を利用する患者、専門職スタッフ、実習施設で保管している電子カルテなど）
実習教具	・討議の用具（ホワイトボード、模造紙、付箋など） ・ICT（教育支援システム、インターネット会議システム、ソーシャルネットワークサービスなど）
学生の小集団活動	・4〜7名構成のチームまたはグループ（専門性の異なる学生、他大学と合同） ・活動の目的は課題検討（チームは1つの目標、グループはメンバー自身の目標）
学習効果の報告	・小集団ごとの振り返り会 ・実習施設の関係者を対象にした報告会 ・複数の小集団合同の報告会

いるが、それらを理解レベルまで求める実習もあれば、行動レベルまで求める実習もある。また、具体的な地域医療の現状の理解を強調して実習目的に加えている実習もある。

　実習課題としては、健康課題等のある人の事例の対応策（治療、ケアプラン、退院支援）の検討が最も多く、救急救命・リハビリテーション・専門職間連携・医療と介護の連携などの検討を課題とするものもある。

　実習教材では、多くの実習が専用の実習の手引きを使用し、加えて参考図書を用いているところもある。学生の小集団活動の教材として、模擬症例、模擬カルテ、事例のシナリオ、模擬的ケース会議などが、紙資料や映像資料として準備されている。映像資料には、実際の患者の症状や専門職員の役割を同じように演じることができる模擬患者・模擬専門職員を利用したものもある。人的・実物教材として、実習施設の利用者、専門職スタッフ、実習施設で保管している電子カルテなどの情報

も個人情報保護のルールにもとづき利用している実習もある。

実習教具としては、チーム討議の場面でホワイトボード、模造紙や付箋などを利用するものもあるが、インターネットを介した会議システム、ソーシャルネットワークサービス、教材提供・状況共有のための教育支援システムなどのICT（Information and Communication Technology：情報通信技術）が用いられることもある。

学生の小集団活動は、チーム活動またはグループ活動に分けられる。チーム活動は全員で1つのIPWの目標に取り組み統合した結果を求め、グループ活動では、IPWの目標に対して学生自身の学びを深めることが強調される。構成メンバーは専門性の異なる学生で、構成人数には4人の実習もあれば7人の実習もある。また同じ大学に所属する学生で構成される実習もあるが、他大学や専門学校と合同の実習もある。実習課題の検討が目的となった場合、チーム活動の過程では、メンバーの専門性や多様性の相互理解、役割の明確化などが見られるが、グループ活動では、互いの専門性や多様性を知る機会はあっても、協力し合って実習課題を達成するわけではない。

IPW実習の学習効果は、小集団単位でのメンバー間での振り返り会、実習施設関係者を対象にした報告会、複数の小集団合同での報告会で、共有・検討される。同じ課題や同じ模擬事例でも、かかわる学生や指導する教員などの構成の違いによって特色のある報告内容となる。

図7-1 IPW実習の類型

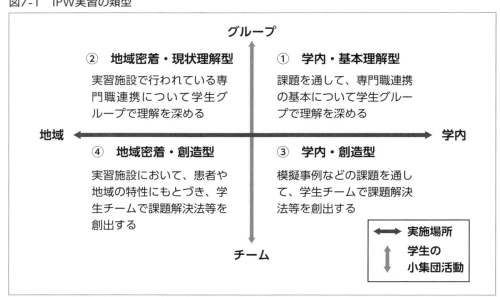

これら7つのIPW実習の概要にある「実施場所」と「学生の小集団活動」を軸として、IPW実習の類型化を図7-1のように試みた。「実施場所」の軸は、大学の教室などで行う傾向を［学内］、地域の病院・施設等で行う傾向を［地域］とする。「学生の小集団活動」の軸は、課題に対して学生集団が［グループ］として取り組む傾向、［チーム］として取り組む傾向を示す。これらの軸によって、①学内・基本理解型、②地域密着・現状理解型、③学内・創造型、④地域密着・創造型の4つに類型化した。①の型が最もベーシックな実習型である。②は病院・施設等の場で行われるが、そこで行われているIPWの現状についてグループ活動を通して理解することが学びの中心となる。IPW実習ではないが、各専門職種の臨地実習でもケースカンファレンスの見学などの機会があり、同等の体験をしている。③は学内で模擬事例等の課題をチームワークで創造的に解決することを体験する。臨地で情報収集して進めることに比べ、臨場感、責任感などが乏しくなる懸念があるが、チームとしての体験ができる点ではハイブリッドな学習スタイルといえる。④は［地域］［チーム］の傾向が強い実習で、地域に密着した課題に対して学生がチームとして創造的に取り組むことになる。

2）地域密着型の意義

　「支援を必要としている人は、単なる個人というだけではなく、その人が暮らしている地域の課題を反映した1人ひとりであるという視点を持つことが必要」[8]である。保健医療福祉サービスを提供する実際の現場には、地域特有の状況があり、その地域、施設、歴史、文化、自然環境を含むコミュニティに生活している人々がいる。こうした地域で生活している人々のケアを創造するためのIPWの方法を身につける、より実践的な学習方法が地域密着型のIPW実習である。

　広大な医療圏をもつ北海道の場合、「医療人の偏在が地域の医療過疎を進め、過疎地で暮らす人々に不安を与えるなど、社会問題となっている。〈中略〉さらに、高齢化に伴う要介護者の増加、生活習慣病の増加、疾病の多様化・複雑化、患者の権利意識、医療の質など、現代の健康問題には疾病の診療に留まらない、幅広い支援が求められている」[9]という。大都市圏でも都会に潜む人的交流の希薄化、高齢者や貧困層の孤独死などの問題があり、単に医療のみの視点では対応できない。

　また、発達障害のある子どもの支援においては、「横軸の連携システムと縦軸の連携システムをつくるという視点」[10]が重要で、医療機関・療育機関・教育機関同士の「横の連携」と、その子どもの発達に応じて療育機関や発達援助に引き継ぐ形で行われる「縦の連携」が必要だといわれ、これらも地域特有の連携がある。

地域の保健・医療・福祉などの充実には、多職種の連携が不可欠であり、保健医療福祉の専門職を養成する大学では、地域に貢献できる人材を育成するために、地域性を感じ・知りながら、IPW の方法を身につけることが重要だと考えられる。

3）リモート対応の可能性
（新型コロナウイルス禍への対応を契機に）

ICT を使った遠隔医療の 1 つであるオンライン診療が 2018（平成 30）年 4 月に公的医療保険の対象となり、医師がいる地域はもとより医師がいない地域でも診療形態の選択肢が増えることになった。こうした ICT の発展は、周辺地域に IPE ができる大学、さまざまな専門性のある学生や実習施設等がない場合でも IPW 実習の実現の可能性を広げる。

2019 年に発生した新型コロナウイルス感染症（COVID-19）は、世界規模で広がり、人々の行動の制限や自粛を余儀なくした。2020（令和 2）・2021（令和 3）年度の大学の授業も対面授業が制限され、インターネット遠隔等で補うことになったが、逆にその利点を体験し、認識することになった。IPW 実習でも、インターネット遠隔会議システムを使うことで、学生が集団活動をするために集まるという移動負担が軽減され、学習課題や情報の提示、学生の小集団活動、教員や実習協力者への質問や実習効果の報告会についても多様な方法の選択が可能になる。また、パソコンのカメラに向かえば、学生、教員、実習協力者も顔出しで参加でき、画面上一定の臨場感・リアル感ももてる。一方、欠点・改善すべき点として、映像や音声が途切れるなどの通信環境の問題、カメラ・音声では肌で感じるような地域や施設の雰囲気や実習協力者の状況が伝わりにくいこと、画面上に複数の参加者がいる場合、誰に向かって話しかけているのか視線を感じないので分かりにくいことなどがあげられるが、実習方法の選択肢が広がることで、大災害時の代替や既存の実習のハイブリッド化などが検討できる。

2 　IPW 実習の学習プロセス

1）各分野ごとの実習教育と IPW 実習との違い

保健医療福祉の専門職教育における実習では、各専門職の資格をもった人が学生を教育している。例えば、看護職者（看護師・保健師・助産師）教育では、病院や保健所において看護師や保健師が臨地実習指導を担当してくれる。つまり専門職の

表7-2　専門職教育の臨地実習とIPW実習との違い

	専門職教育の臨地実習	IPW 実習
実習の形態	・学生1名が患者1名を受けもつ実習、あるいは施設のなかで専門職が行う専門業務を学ぶ実習。	・異なる複数の学科の学生によるチームで支援活動を検討する。 ・利用者（個人または集団）や援助しているスタッフと接し、「学生チーム」で連携・協働する。実際に援助活動までは行わないが施設で行う実習。 ・施設とオンラインで接続し、オンライン会議システムを用いて実習を行うことも可能。
実習の指導	・専門領域の教員または臨床指導者が指導する。 ・1対1の指導により専門領域の知識や技術を教える。	・ファシリテータが自分の専門領域に固執しないで、各学生の専門領域に理解を示し、学生チームを指導する。また、協働によるケアの創出をうながす。

資格をもった人が、将来同じ職種になる学生の教育を行っている。

　しかし「IPW 実習」では、異なる専門分野を専攻している学生が一緒に相互作用しながら学ぶため、指導する人の職種を限定する必要はない。IPW 実習では、学生の学習を促進する人を「ファシリテータ」と命名し、施設に依頼している。IPW 実習の施設ファシリテータは、専門分野の知識・技術を教えることはしないので職種は問わない。学生が実践の場で連携・協働を体験し、チームとして成長できるよう見守る役割である（表7-2）。

2）チーム形成

　利用者がもつ課題は多様かつ複雑であり、1人の保健医療福祉の専門職がすべての情報を把握しケアする方法を考え実行することは不可能である。利用者にかかわるチームメンバーの1人ひとりが相互に情報を共有し合いながら、多面的に利用者の状況をとらえ、多角的にケアの方向性を考え実行することが求められる。そこで、チーム形成が重要となる。

① IPW 実習の学習プロセス

　図7-2 は IPW 実習の学習プロセスである。図は下から上に IPW 実習の時間経過を示している。図の中央はチームメンバーで、学内の学部・学科が異なる学生のチームや他大学の学生が混ざったチームであり、それぞれ専門分野を学んできた学生の集まりとなる。IPW 実習はチームメンバーが利用者の理解を深め、利用者中心の視点・姿勢をもって、目標を検討し、ケアプランを検討するプロセスを学んで

図7-2　IPW実習における学生の学びのプロセス

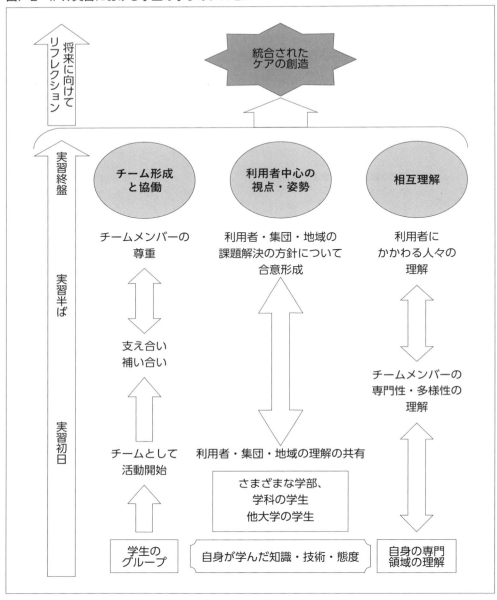

いく実習である。このプロセスでは、自分たちが専門分野で学んできた知識・技術・態度を駆使して取り組み、連携のために必要な情報を得ながらメンバーでディスカッションを行う。そのような活動を通して学生たちは、当初は IPW 実習のために集まったグループであったのが、目標を共有するチームに成長する。さらに支え合い、補い合い、対等なパートナーとしてチームワークができるようになる。同時に、初めは異なる専門分野の学生のことはなかなか理解できないが、活動が進むな

かで、互いの専門分野の理解が深まってくる。ほかの分野の学生が自分の分野をどう理解しているかということを通して、自分の専門分野の理解を再認識することもある。さらに利用者の支援を考えるなかで、利用者にかかわるさまざまな人々の理解を深めることができる。

　チームワークが促進され、多専門領域の相互理解が深まり、チームとして利用者の支援計画が検討されると、既存の発想を超えた創造的なケアが生まれることがある。IPW 実習では、協働によるケアの創出を期待している。

② IPW 実習でのチーム形成

　IPW 実習は短期間に集中して行うので、その前にチームづくりや事前学習を行うことが大切である。そこで IPW 実習では、実習前にオリエンテーションを行う。

　オリエンテーションは少なくとも 2 回は行うことが重要で、1 回目のオリエンテーションでは自己紹介、実習施設概要の確認、実習の進め方の確認、チームのルールづくりを行う。実習の目的・目標を再確認し、IPW 実習で何を学びたいかをイメージすることが重要となる。また、チームメンバーとの顔合わせや自己紹介を通してメンバーの人柄を知り、互いのことを知り合うことが重要となる。2 回目のオリエンテーションまでの間には、各自で IPW 実習に臨む事前準備を行う。2 回目のオリエンテーションでは、チーム全体での事前学習内容を活用し、地域や施設の理解を深め、実習に協力してもらう利用者の情報を共有する。また、十分に話し合いながらチームのルールや実習期間の行動計画を考え、スムーズに IPW 実習を始められるよう準備する。

　IPW 実習初日から活発な活動や話し合いを展開するためには、IPW 実習当日までのチームの成長が必要となる。1 人ひとりが実習テーマに即した専門領域の情報収集・情報整理を行い、実習に挑むこととなる。また、チーム全体での事前学習の内容と分担、情報共有の方法を決め、主体的に活動することが重要となる。

　IPW 実習のディスカッションは、直接学生が顔を突き合わせて行うことが基本である。しかし、異なる学科の学生や他大学の学生が集まることは難しい。そこでICT を活用し、Web 会議システムを利用したり、Web 上にチームごとの掲示板を作成して、チームの学生、実習地域の施設ファシリテータ、大学内の教員ファシリテータがコミュニケーションをとる。インターネットを介した電子掲示板機能の活用もディスカッションを進める 1 つの手段である。このようにさまざまな方法でチーム形成活動を行うことが可能である。

3）報告会

① 報告会の位置づけ

IPW 実習の報告会は、各自・各チームの学習効果を表現する場であるとともに、ほかのチームと IPW 実習の学習内容を共有する場でもある。IPW 実習の最終日の午後に、報告会の会場（各地域の病院、保健所や社会福祉協議会などの会議室）で実施する。または、インターネットを利用した Web 会議システムでも実施できる。

報告会では、各学生チームは、チームで話し合った利用者の理解、ケアプラン、およびチーム形成のプロセスを報告する。そして、チームごとに質疑応答の時間を設け、ファシリテータからコメントをもらう。続いて、IPW 実習を通して地域の連携・協働の実際について全体で討論する。IPW 実習の報告会は、学生と地域の人々が、その地域に暮らす人々の保健医療福祉を一緒に考える機会になっている。

② 報告会の内容

報告会では以下の 2 点について報告する。IPW 実習の目的に沿った発表とするために、下記❶と❷の内容があまり偏ることのないように留意し、相互をバラバラに発表するのではなく、相互の関連性などにも留意しながら報告できるとよい。

❶ **利用者・集団・地域の理解と課題解決の検討内容について**
- チームにおいて、利用者・集団・地域をどのように理解し、またどのように理解を共有したのか。
- 事例の利用者・家族・現場スタッフ等の情報を通じて得られた、連携・協働の姿はどのようなものだったのか。
- 利用者中心の観点からとらえた、課題解決の方向性と各専門職の役割分担のあるべき姿はどのようなものか。

❷ **チーム形成のプロセスと相互理解からの学びについて**
- オリエンテーション、実習期間のチーム活動の変化はどのようなものだったのか。
- チーム活動を通じて感じた連携・協働の難しさはどのような点にあるのか。また、それをどのように乗り越えたのか、あるいは乗り越えられなかったのか。
- 今後どのようなことを念頭に IPW を行っていけばよいのか。

　埼玉県立大学の「IPW実習」は、開始当初より「地域での実践」を重視し、県下全域で展開してきた。県内を保健所管轄区域を基本に10地域に区分けし、約90施設の協力を得て4日間の臨地実習形式で実施している。埼玉県立大学では、2009（平成21）年度より全学科4年次生全員約400名の必修科目として継続してきたが、2012（平成24）年度より、文部科学省の大学間連携協働教育推進事業の採択を受け、4大学連携事業として埼玉医科大学医学部、城西大学薬学部、日本工業大学建築学部の学生約100名も加わり、以降、県内4大学の学生500名余りがともに学ぶ、地域に密着した地域基盤型IPW実習になっている。

1）IPW実習の受け入れ施設と施設ファシリテータ

① 受け入れ施設

　表7-3に受け入れ施設数と内訳を示す。施設に赴き実習ができた2019（令和元）年度と、COVID-19による実習規模縮小に伴い、オンライン実習となった2021（令和3）年度の受け入れの状況を併記した。オンライン実習では、1施設あたり複数チームを受け入れてもらったため、施設数は少なくなっているが、学生数規模は変わらない。受け入れ施設としては、病院が最も多く、次いで特別養護老人ホーム、介護老人保健施設などの高齢者施設となっている。その他の施設には、居宅介護、作業所、相談支援室などが含まれる。

表7-3　受け入れ施設数と内訳

施設の種類	2019（令和元）年度	2021（令和3）年度
病院	36	14
高齢者施設	25	13
診療所	3	1
生活支援センター	1	2
障害者（児）施設	11	3
薬局	2	2
その他	3	3
総計	81	38

最も多い受け入れ施設である病院では、急性期総合病院のほか、リハビリテーション病院、精神科病院などの専門病院も含まれ、実習課題テーマも「脳梗塞片麻痺患者の退院後の生活」「終末期医療」「認知症を伴う患者の入院生活」「患者と家族やキーパーソンとのかかわりに関する検討」など多様である。また、可能な限り多職種が関与し得る課題を提供できるようにと尽力してもらっている。

② 施設ファシリテータ

学生の学修促進者として、各施設から少なくとも1名のスタッフが施設ファシリテータとして教員とともに学生チームにかかわり、実習の円滑な進行の見守りと調整を担当している。受け入れ施設として病院が多いことから、施設ファシリテータの職種としては看護師が最も多いが、その他にソーシャルワーカー、ケアマネジャー、リハビリテーションスタッフ、薬剤師、介護福祉士、生活相談員など多岐にわたる。

いずれの施設ファシリテータにおいても日常業務と並行しながら、IPW 実習の受け入れ準備、実習協力者やスタッフインタビューの調整等の実習対応を担ってもらっており、このサポートなくしては地域、施設での実習は成り立たない。大学では、施設におけるスムーズな実習運営のため、事前に施設ファシリテータを対象とした説明会を実施している。説明会では、IPW 実習の目的や実習方法の説明等に加え、小グループによるディスカッションの時間も設け、他施設ファシリテータ間、施設・大学間で実習に関する情報交換も行った。時間的な制約もあるが、説明会は多施設の施設ファシリテータが集まる貴重な機会でもあるため、実習説明のみならず、地域における IPW 情報のアップデートができる場として機能し、現場での IPW の一助となることが望ましい。

③ 施設と施設ファシリテータにとっての IPW 実習

施設ファシリテータには実習後にアンケートを実施している。その回答から、IPW 実習の受け入れが、施設および施設ファシリテータにとっても、現場の IPW とは何かを考えるきっかけとなる場合もあることが推測される。

アンケートでは、「自身のリフレクションになった」「IPW の振り返りができた」「自身の仕事のモチベーションにつながった」「一緒に働く相手への理解を深めることができた」のように、施設ファシリテータ自身の気づきや行動変容になったことがうかがえる回答があった。さらに「IPW 実習での気づきや学びを施設内スタッフに伝え、チーム連携を強めていきたい」「同じ情報でも専門職によって違ったと

らえ方になることが分かった」「現場における新たな実践方法の可能性が見えた」「学生の質問などから、利用者に関する新たな情報も得られた」「普段とは違った視点でIPWを見直すことができた」「現場の連携の課題が見つかった」等の回答から、現場でのIPWのあり方を振り返る機会としてもらったことが分かった。また、「学生たちのアイデアを取り入れたい」「オンライン実習で、ICTによるIPWについて気づきがあった」など、現場における具体的な取り組みのきっかけとして受け止めた回答もあった。

　このように、単なる学生実習受け入れという枠を超えて、施設や施設職員にとっても新たな視点を得られる機会ととらえている施設も少なからずあり、このことが、県下全域で10余年にわたり、本学のIPW実習を地域、施設が支え続けてくれている理由の1つなのかもしれない。

2）IPW実習から地域へ

① IPW実習の報告会の公開

　学生のIPW実習における学びは、実習最終日に地域ごとに実施される報告会で他施設チームや施設ファシリテータに共有される。この報告会は施設ファシリテータをはじめとする施設スタッフや、利用者とその家族、地域の多施設の専門職にも公開されている。学生の学びを通して、地域にもIPWへの関心を高めてもらうきっかけや、新たな視点の提供ができる場となることをめざしている。このように埼玉県立大学のIPW実習は、学生実習のみに終始せず、地域のIPW活性化につながる双方向性の取り組みとして、地域に成果を還元することを重視している。

　報告会の参加者からも、地域の関連施設・機関とのIPWについて考えるよい機会になったという感想をもらっている。さらに、この実習の経験者に地域のIPWの推進力となってほしいといった声も聞かれた。今後も、地域の期待に応えられるIPW実践者を輩出できるようなIPEを展開していくことが、地域に対する本学の重要な役割であろう。

② IPWを担うリーダーの養成

　前述のように、本学の地域に密着した地域基盤型IPW実習は、現場におけるIPW促進のきっかけになっている一方で、IPW実習をはじめとする「大学におけるIPE」から「地域の実践現場におけるIPW」につながる継続的な教育システムとしては、十分に整備されていないのが現状である。途切れることのないシステム

構築のためには、保健医療福祉分野の多職種間で共有できるIPWのコンピテンシーの確立が必要であるが、まだ道半ばである。

　そのような状況下で重要なのは、地域や施設でIPWを推進できるリーダーの存在であり、それをふまえ、埼玉県立大学では、地域におけるIPW実践者を養成するプログラムを提供している。現在は「多職種連携基礎研修」と「IPW総合課程」の2講座を用意し、IPWの基礎的知識や技術の修得、グループワークによるIPW実践方法の検討、実際のIPW実習などを通し、現場でのIPWを推進できるリーダーの養成をめざしている。この実践的な講座には、IPW実習受け入れ施設の施設ファシリテータはもちろんのこと、地域の保健医療福祉に携わるさまざまな専門職に参加してもらっている。なお、2020（令和2）・2021（令和3）年度はオンライン講座として実施することを余儀なくされたが、結果的には埼玉県外からも広く参加できる講座となった。地域内外の距離を縮めるICTの活用は、本講座のみならず、IPWそのものの推進にも寄与する可能性があり、その活用方法は継続的に検討されるべきであろう。今後、これらの講座を受講した専門職が、地域のIPWを担う中心的なメンバーとして活躍することを期待したい。

4　学習方法とポイント

　「IPW実習」は、連続的・体系的に学んできたIPEの集大成である。学生は、それぞれの学科で学んだ専門領域をふまえて、実際の利用者のニーズを聞くことで、地域住民として望む生き方や質の高い暮らしの実現に向けた課題を見出し、加えて、対象者の家族や支援する専門職の考えを確認しながら、多職種とともに解決することが目的である。そして、そのためにはIPWが重要であることを理解する過程として教育が展開されている。以下、埼玉県立大学を中心として行われるIPW実習に焦点をあて、学習方法とそのポイントについて述べる。

1）事前学習の重要性

　IPW実習開始前は、2回のオリエンテーションが組まれており、成績評価の対象でもある。まず、全体オリエンテーションを行い、実習目的・目標や4日間の進め方の確認、各シートの活用方法、個人情報の取り扱い等の基礎的事項を網羅した後、チームごとのオリエンテーションを行う。具体的には、以下の内容を含んで行われていることが望ましい。

① 初回のオリエンテーション（オリエンテーション1）

学生同士の相互理解が促進されるよう、「知り合う・伝え合う」をテーマに据えている。

まず、事前学習シートを活用して、①自己紹介やIPW実習において自分がどのようにチームに貢献できるかを互いに伝え合い（決意表明）、さらに、②実習先の機能や対象者像、その地域の社会資源についても個人で学習したことを報告し、チームに対するかかわり方を確認する。そのうえで、チーム名やチームルールを決めることで帰属意識を高め、メンバー全員が実習に対して責任を有していることを認識し、課題解決に向かうためのチームビルディングが始まる。

そして、教員ファシリテータから2回目のオリエンテーションまでの具体的課題が提示されるため、学生は協働しながらさらに学習を進めることで、対象理解とチームにおける自らの役割を認識することができる。

② 実習直前のオリエンテーション（オリエンテーション2）

具体的な利用者情報が提示されることで、対象者・集団・地域の課題がより鮮明に見えてくる。「つながる」をテーマに、学生は自分の専門領域から、事前課題の内容をふまえて解決すべき課題へのアプローチを共有し、互いの視点を理解する。それらをもとに、4日間の行動計画を検討し、1週間後に開始される実習がスムーズに始められるように準備することが重要である。

2) 実習の概略

2回のオリエンテーションを経て、ようやく実習のスタート地点に立つことができる。

IPW実習は4日間で実施され、3日間で行うインタビューや記録の閲覧およびディスカッション、リフレクション等と、最終日に実施される報告会で構成されている。4日間の実習において、利用者の課題解決までの道筋を見つけ、報告できる内容にまとめるために、事前に行動計画を立案する。これは、臨床現場でも同様であり、有期限の状況においてニーズを聞き取り、その実現のために取り組むというチームの運営管理の観点からも非常に有益である。行動計画にもとづいて実習を進行するものの、実際には、さまざまな対象者にインタビューを重ねることで確認すべき事項が増えたり、再度インタビューを希望したりすることがあり、2日目・3日目に予定していた行動計画は日ごとに修正・見直しを行うことが不可欠である（表

7-4）。

　また、実習において中核をなす課題解決に向けたインタビューの対象は、利用者や家族、実習先の病院や施設等の支援機関内の専門職に限らず、外部の福祉事務所（行政）や地域包括支援センター等の相談支援機関、通所あるいは訪問による福祉サービス事業所等も含まれる。チームによって、さまざまなバリエーションで、地域をふまえたダイナミックな実習を行うことができる点もIPW実習の特徴である。

　IPW実習では、見守る支援ではなく、ニーズに対する具体的課題をつかみにいく主体的・能動的な動きが求められる。ただ、各専門に応じて、課題の優先度合いやアプローチの方法が異なるため、意見の交換に限らずディベートが展開される場合がある。メンバー同士の考えや差異を確認していく作業を繰り返すことで、自己の専門性への理解、また他領域が重要とする要素を理解することが可能になり、補い合い・支え合いとして機能することで、チームが成熟していく。そのため、各日のチームおよび個人としての活動の振り返り、翌日の実習に向けたリフレクション

表7-4　実習4日間の進め方（例）

日	時	内　　容
1日目	AM	○施設ファシリテータ紹介 ○オリエンテーション（施設の見学、地域探索など） ○行動計画を施設ファシリテータとともに検討・確認
	PM	○インタビュー・見学・カンファレンスへの参加　等 ○個人学習 ○ディスカッション ○リフレクション
2日目	終日	○行動計画の修正 ○インタビュー・見学・カンファレンスへの参加　等 ○個人学習 ○ディスカッション ○リフレクション
3日目	AM	○行動計画の修正 ○インタビュー・見学・カンファレンスへの参加　等 ○ディスカッション
	PM	○個人学習 ○ディスカッション ○報告内容のまとめと報告会の準備 ○リフレクション
4日目	AM	○報告内容のまとめと報告会の準備・練習
	PM	○報告会 ○リフレクション

は、実習終了後に毎日行われる必要があり、それによってチーム形成や対象者理解が促進される。

3）実習4日間の具体的な流れ

実習の流れはチームによって柔軟であるが、対象者の理解と課題解決プロセスおよびチーム形成プロセスが同時に、かつ、複雑に絡み合い展開されるため、以下の段階に沿って進めることが有効である。

① 実習テーマの把握

実習先機関から提示された利用者がかかえる課題を整理し、解決すべき要素を見出し、チームメンバーと意見交換をする。事前学習と4日間の実習から、実習テーマをつかみ、それぞれの学生が自らの視点で事例に関する利用者集団や地域を理解し、それらを共有したうえで、課題解決のための検討を行う段階である。

② 利用者・家族・スタッフ等から収集すべき情報の列挙

学生は、課題解決のために、利用者や家族、さまざまな機関の支援者、地域住民等から収集する必要のある事項を検討したうえで、主体的な申し出によって施設あるいは教員ファシリテータや各専門職等から情報を得ることができる。そのために、どのような目的をもって何を聞くのかといった検討と、その内容を確認する対象を誰にするのかを決める必要があり、チーム内での事前の議論は欠かせない。

③ ディスカッションによる共有

これまでのIPEによって獲得してきた技法とさまざまなツールを駆使しながら、拡散型の意見交換を交えつつ対話を尽くして、結論を導き出す収束型のディスカッションを行う。各専門領域の説明は、ほかの学生に分かりやすく行うことに努め、説明を聞くメンバーも分からないことはそのままにせず、積極的な問いかけで確認をする。重要なのは、安易に結論を導き出そうとせず、共通理解や共通の支援方針が立てられるまで、ねばり強く話し合うことである。

④ リフレクションによる学びの深化

多くの体験を表面的な感想にとどめることなく、リフレクションによって自己の成長の機会とする。1日1回、必ず実習終了時間に合わせてリフレクションの時間を設けて、チームがどのように変化したのかを確認するとともに、自分が今後どの

ような行動をとる必要があるのかを考える。なお、リフレクションを行うにあたっては、自由な雰囲気づくりに努め、すべてのメンバーが発言できるようにすることが重要である。

また、チームでのリフレクションの内容をふまえ、自分の行動や態度およびチーム活動の今後のあり方について記した個人ごとのリフレクションシートを、1～3日目は実習終了後に教員ファシリテータに提出してコメントを受けることが、学びの深化には不可欠である。

⑤ 報告会準備・報告会を通じた学びの完結

IPW実習の報告会は、地域ごとに行われ、各自・各チームの学習効果を表現する場であるとともに、他機関のチームとの学習内容を共有できる場でもある。実際には、①チームにおいて利用者・集団・地域の理解と課題解決の検討内容（連携・協働や各専門職の役割分担のあるべき姿等）、②チーム形成のプロセスと相互理解の学び（オリエンテーションを含むチーム活動の変化や連携・協働の難しさ等）に関して、2つのプロセス関係等に留意しながら報告することが重要であり、2つの報告があって初めて学びが得られたといえる。そして、ほかのチームの報告を聞き、支援や連携について相互に学び合うことで実習が完結する。

4）IPW実習が求める学習の本質

改めて、IPW実習が追い求める学習の本質を考える。

IPW実習は、①課題解決プロセスと、②チーム形成プロセスとが同時に進行する。ただし、特定の専門領域の学生が主導して課題解決に比重がかかると、連携ではなく役割分担による情報交換にとどまりチーム形成に至らない。これを課題解決優位型実習と呼ぶことができる。それに対して、相互の関係性を重視してディスカッションを避けることで議論が深まらず、具体的な課題解決策の検討ができない場合はチーム形成優位型実習であるといえる。つまり、2つのプロセスは相互に関係していると考えられる（図7-3）。

学生は、紆余曲折や軌道修正をしながら、どちらのプロセスもあきらめることなくIPW実習に取り組み、利用者への貢献を追い求めることで、IPWを実践できる専門職に成長するのである。

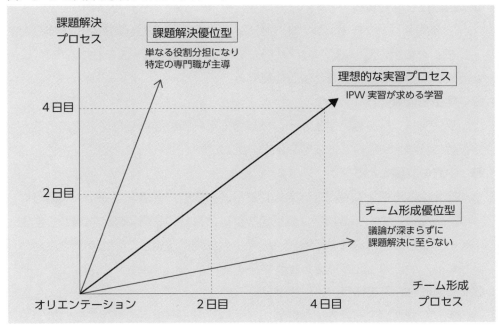

図7-3　IPW実習の学習プロセスのイメージ

課題解決
プロセス

課題解決優位型
単なる役割分担になり
特定の専門職が主導

理想的な実習プロセス
IPW実習が求める学習

4日目

2日目

チーム形成優位型
議論が深まらずに
課題解決に至らない

オリエンテーション　　　　2日目　　　　　　4日目　　　チーム形成
プロセス

5　学習を支援する仕組み

1）IPW実習におけるファシリテーションの概要

① ファシリテーションとは

　地域密着型の「IPW実習」では、利用者のケアの質の向上のために、保健医療福祉の実践現場において、学生が主体的に、相互に作用しながら、IPWの考え方と方法を学ぶこととなる。この学習チームの主体的な学びを促進する「ファシリテーション」とは、集団による知的相互作用を促進する働きのことであり、チームの活動が容易にできるように支援することである。ファシリテータは、中立的な立場でチームのプロセスを見守り、チームワークを引き出し、そのチームの成果が最大となるように支援する。

② ファシリテータの基本的な姿勢とスキル

　IPW実習におけるファシリテータには、次のような基本的な姿勢が必要である。

❶ 主体性を尊重する

　IPW実習は、チームメンバー相互が、活動を通じて相互に主体的に学び合うことを重視している。ファシリテータは学生が自分たちで主体的に考え、行動し、相互に学び合えるように見守る。

❷ 学生を信頼する

　ファシリテータは、学生が十分に思考力・判断力をもった成人であることを認め、学生を信頼する姿勢を示す。

❸ 中立の立場をとる

　学生はさまざまな職業を志向しており、卒業後に保健医療福祉の専門職にはならない学生もいる。ファシリテータは、自分の専門領域の立場から学生を指導するのではなく、それぞれの学生の立場を尊重したうえで、学生自身がもっている力を発揮できるよう支援する。

❹ 意図的な介入を行う

　チームや課題の方向性について、ファシリテータ自身の考えを思いつきで示したり、操作的にかかわったりすることは避けなくてはならない。学生が相互作用しながら自分たちで気づくことができるように見守り、必要に応じて最低限の意図的な介入を行う。

❺ 学生間や学生と施設との媒体となる

　学生同士はもちろんのこと、学生と利用者、学生と実習施設職員とが、相互に信頼関係を結び、円滑にコミュニケーションができるよう、媒体となって調整する。また学習に必要であれば可能な範囲で他機関との調整も行い、創造的な学習の展開を支援する。

　IPW実習におけるファシリテーションの基本スキルとしては、次のものがあげられる。

❶ 傾聴のスキル

　学生の話をしっかり聞き、必要に応じてさらに話を引き出す。

❷ 観察のスキル

　学生の心情や言動とともに、学生間の相互作用を観察し、その課題を見出す。

❸ 問いかけのスキル

　チーム活動の停滞や、利用者への尊重が足りないような議論などに対して、活動や議論の状況を振り返り、気づきが得られるような問いかけを行う。

❹ **支持のスキル**

　個々の学生やチームの活動のプロセスや成果を支持し、力づけ、さらに力を発揮できるようにする。

③ 学習環境を整えるファシリテータ

　学生が快適にディスカッションできる環境づくりを支援するのも、ファシリテータの役割である。安心してディスカッションができる部屋や机・いすがあるかを確認し、ディスカッションのプロセスを全員が把握できるよう、ホワイトボード、模造紙、付箋、マジックを用意するなど、環境整備を支援する。また、学生は男女、専攻、知り合いか否かによって座る位置も決まりがちである。席替えをうながすなど、多様な相互作用による話し合いができるよううながす。学生の声が全員にしっかりと届き、表情も確認できるような位置関係や環境にあるかどうかも確認する。

④ チームづくりやチームの活性化を支援するファシリテータ

　IPW 実習を通じて形成され、学習活動を行うチームの理想の状態は、目標が共有され、情報が共有され、相互理解をめざし、相互に支援し合い、共同による意思決定をふまえた役割分担が図られているチームである。しかしながら、このような理想的なチームをすぐに形成できるわけではなく、メンバー間で様子見をしていたり、混乱状況に陥ってしまったりすることもあるだろう。ファシリテータは、チームの状態を見極めながら、学生自身がそれぞれの状態からチーム形成やチームの活性化ができるよう支援する。

⑤ リフレクションを支援するファシリテータ

　IPW 実習で毎日終了時などに行う「リフレクション」では、日々の学生自身やチームの活動を深く洞察し、感情も含めて問い直し、そのなかでの発言や行動の意味を吟味する。そのことを通じて、学生は IPW やチーム活動における今後の行動のあり方を学び取る。

　ファシリテータはリフレクションの時間を十分に確保し、学生にとって気にかかった行為や実践を意識化させる問いかけや、その体験のもつ意味について考えられるような問いかけを行う。

2）オリエンテーション時のファシリテーション

① オリエンテーション時のチーム全体の状態を理解する

オリエンテーション時の学生の心情は、新しい学習機会に対する希望や期待とともに、学習プログラムそのもの、ほかのチームメンバー、教員ファシリテータ、実習施設などに対する不安やおそれ、疑問、緊張などの気持ちが混ざっている状態である。

多くの学生がチームメンバーに対して「接近したい気持ち」と「逃避したい気持ち」が入り混じった状態であり、慎重な姿勢、消極的な発言や行動となることが予想される。また、チームメンバーの言動を観察し、誰が影響力をもちそうか、誰が好かれそうかなど、評価し合っていることも考えられる。

② 実習に対する率直な想いを共有し、緊張を緩和する

実習に対する期待や不安は人それぞれ内容や強度が異なるが、共通性もあると想定される。「不安に思っていること」「ファシリテータやほかの学生に対する要望」「楽しみにしていること」「期待していること」などについて発言してもらい、共有することで、実習に対する想いの共通性を確認し、チームを1つの主体として意識できるように方向づける。

また、学生がリラックスしてチームに溶け込み、力を発揮できるよう、ファシリテータはアイスブレイクなどを通じてチームのなかにある緊張を緩和する。

③ 実習の目的・目標を確認し、教員・施設ファシリテータの役割を伝える

IPW実習の目的・目標を確認し、学生がそれらを内面化できるように工夫する。また学びの到達点がイメージできるよう、過去の学生の様子を説明することも有益である。そのうえで、ファシリテータがチーム活動にどのようにかかわるのかについて、メンバーに明確に伝える。

④ チーム活動を促進するためのチームのルールを決めてもらう

チーム活動を円滑に行うために、学生の話し合いによって「ルール」を決める。例えば、「話を最後まで聞く」「相手の話にしっかりと反応する」などである。不十分な場合には、ファシリテータはヒントを出すことにとどめ、できるだけ学生自らが気づいてルールを策定できるよううながす。

⑤ 実習先の情報を伝え、行動計画の策定を支援する

ファシリテータは、学生が必要な情報を入手するための部署や専門職、機関や場所などの情報源を提示する。このとき、自己学習ができるよう、過剰な説明をしないよう留意することが必要である。

学生はチームが必要とする情報やその入手方法について考え、行動計画を策定する。行動計画の記載内容が不十分であれば、計画した行動によってどのような情報が得られると予想しているのか、ほかに行動すべきことはないかなどを学生に問いかけ、確認する。

⑥ 的確な課題の提示と事前学習の支援を行う

学生は実習までに、利用者の疾病や障害はもちろん、病院や施設、地域社会の概況について事前学習を行うことが求められる。ファシリテータは、何を学ぶべきか、どのように学習内容を共有すべきかを示し、チームの事前学習がスムーズにできるように支援する。

⑦ メンバー個々の状態を把握し、必要な支援を予測する

ファシリテータは、オリエンテーションを通じて得られた、各メンバーの実習に対する積極性の有無、自己理解や自己認識、対人関係スキルの状況などについて、考えをまとめておくとよい。それにより、実習中に必要となる個々の学生やチーム全体への支援を予測し、備えておくことが大切である。

3）実習初期におけるファシリテーション

① 実習初期のチーム全体の状態を理解し、チーム形成に向けた支援を行う

実習初期は、まだ学生同士で相互に言いたいことを言い合える関係ではない場合もある。また、さまざまな事情により、IPW 実習に気持ちが及んでいない学生もいる。事前学習が不十分な学生の存在を、チームの士気を下げる原因とほかのメンバーが見なしたり、一方で全体的に熱心な学生に依存してしまいたい感情を抱くメンバーもいるかもしれない。

このようなチーム全体の状態を把握したうえで、必要に応じて、改めてオリエンテーションで取り組んだことを繰り返し実施し、または再確認をうながす。

② 行動計画を実習施設の関係者と確認し、活動の調整を行う

　行動計画を実習施設の関係者と共有し、検討したうえで、必要に応じて学生に行動計画の修正をうながし、チーム活動の調整を行う。学生自身が気づきによって計画の修正ができるよう、ファシリテータは適切な問いかけを行うことが望ましい。

③ チーム形成に好ましい行動を観察し、肯定的に評価する

　学生のチームワークを促進し、よりよいチーム形成をするためには、学生の好ましい行動を見つけ、肯定的な評価をすることが求められる。アイコンタクトをとっていること、互いによく知ろうとしている様子があること、分からないことを認めて相手に質問していること、メンバーの発言に応答していることなどが観察されたら、チームワークとして好ましいことであると学生に伝え、評価する。

④ チーム形成に好ましくない行動を観察し、対処する

　チーム形成に好ましくない行動が発生する場合がある。例えば、沈黙して自分の意見が言えない・言わない、ほかのことをしていてディスカッションに集中していない、一方的な批判をして相手を傷つけている、意見の対立で否定的なやりとりになる、などである。このようなことが持続することによりチームが危機的な状況にならないよう、介入が必要である。しかし、ファシリテータはすぐに状況を指摘し修正させるのではなく、冷静にその状況を分析しながら見守る。そのうえで、学生たちが自分たちのチームを客観視し、自分たちで気づき、修正できるような問いかけを行う。

⑤ リフレクションをうながし、チームでの学びを強化する

　リフレクションのために、学生が1日の活動を自由に振り返る時間を設けることが必要である。しかし実習初期は、ファシリテータがリフレクションのうながしをしなくてはならないこともある。個々の学生やチーム全体でリフレクションの内容をまとめ、翌日の実習の活動指針が立てられるようにうながす必要がある。

4）実習中期におけるファシリテーション

① 実習中期のチーム全体の状態を理解する

　実習中期には、たくさん話す学生、いつも進行を担う学生などが出現する一方で、

なかなか発言ができない学生、消極的な学生などが出現し、役割が固定化している場合がある。議論に理解が追いつかない学生がいる状況のまま活動が進んでいることもある。ほかの学生の意見やほかの専門領域の考え方について、十分理解が共有できてはいないにもかかわらず、「分かったつもり」になり議論が進んでいるような錯覚をもっていることもあるだろう。考え方の相違が表出した途端、歩み寄ろうとせず、議論が停滞してしまうことも想定される。このような、実習中期に特有のチームの状態を理解することが大切である。

② 利用者の理解の共有を支援する

学生は見たり聞いたりした体験をもとに、自分が理解した利用者の状況や援助活動の状況をそれぞれ整理し、チームメンバーに伝えることとなる。ファシリテータは、チームのなかで十分なディスカッションが行われ、メンバーが相互に把握した情報をチームで共有できているかどうかを観察し、必要に応じて情報共有やその理解をうながす。

③ チームワークの発展や今後の課題を実感できるよう支援する

実習中期は、役割分担にもとづき行動を行うため、その行動そのものや、行動を通じて得た情報をほかのメンバーに的確に伝えることが大事になる。専門的な対立が生じた場合には、何が争点となっているのかを明確にし、相互理解を図り、対立を乗り越えていくことができるよう支援する。

④ 利用者の目標を基盤に、援助の方向性が共有できるよう支援する

実習中期では、学生は利用者の目標設定と援助計画を意識する。この目標設定や援助計画の共有は、それぞれの専門領域の視点による援助の方向性を寄せ集めることではない。重要なのは、あくまでも「利用者の目標」をチームでしっかりと考え、その目標に対して各分野が理解し合いながらそれぞれの援助の方向性を考えることである。そのためファシリテータは、チームで考えた目標や援助の方向性が、利用者本位に考えたものであるかどうか、問い直すことが求められる。

また、目標や援助の方向性の具体化のために必要な学習資源の提供を行う。スタッフへの再インタビューや、連携の実態の見学、施設外の社会資源へのアクセス方法の紹介など、実現可能な範囲で学習資源を調整する。現在の制度や地域資源になくとも、制度・システム・専門職の制約により実現が困難なものであっても、学生ならではの発想や創造力を尊重する。

利用者の援助目標は、一度立てたら固定するのではなく、具体的な援助の方向性を検討するなかで、目標を問い直すこともあり得る。ファシリテータは、利用者を中心に据えることの重要性を伝え、もし「協働で援助計画を実施するパートナーである」という視点が見失われていれば、気づくよう支援する。

⑤ チームメンバー相互の専門性や人間性の理解が図れるように支援する

　実習中期では、メンバー間で互いに理解し合い、助け合うことが自然にできるようになっていると考えられる。メンバーの専門性はもちろんのこと、人間性も相互に理解が図れるように支援する。

　実習中期以降のリフレクションでは、ファシリテータによる問いかけは初期段階にとどめ、学生同士が自由に考えを表出し合える関係になるよう努める。ある程度考えが表出されたら、要所でポイントをしぼって問いかけを行い、より深くチームで洞察できるようになるのが、理想的なチームにおけるリフレクションである。

5）実習後期におけるファシリテーション

① 実習後期のチーム全体の状態を理解する

　実習後期は発表資料をつくる時期にさしかかり、学生チームは焦りを感じはじめたり、美しい資料づくりをめざしたりするなど「よい」発表をしたいと考える傾向が強くなる。資料作成のために役割分担を図る一方で、チーム全体で議論する時間が少なくなり、利用者や家族の「想い」についての議論が深まらないこともある。またチームの成長プロセスや今後のあり方についての議論や、その発表内容の検討に至らない場合もあるだろう。

　一方、チーム活動が終わりに近づき、メンバー間の関係性においても、「もう少しで終わるからがんばろう」「やっと終わるのか」と考えている一方で、「もう少しこのチームで学びたい」などの複雑な感情が湧き起こることもある。このような実習後期にあらわれる特徴的な状態やメンバーの想いをふまえたファシリテーションを行うことが求められる。

② 利用者本位の目標や援助の方向性かどうかを問いかける

　各学生が自分の専門性について発言し、力を発揮していくなかで、利用者やその家族の「想い」が二の次になってしまう可能性がある。そのようなことにならないように、状況に応じて、「利用者は本当はどうしたいと思っているのか」「家族はど

のように考えているのか」などの問いかけをする。また、発表は利用者や家族にも聞いてもらうことを前提に、言葉遣いにも気をつけるようにうながす。

③ チームの成長プロセスや今後の課題についての議論をうながす

IPW実習の目的・目標は、単に利用者のためのよりよいケアの方向性をチームで考えるだけではない。チームメンバーがその活動のプロセスのなかでどのように成長したのか、課題は何だったのか、今後どのように行動すればよいのかを考え、チームでその考えをまとめていくことも求めている。

利用者の援助の方向性に関する議論がある程度まとまったら、チームの成長プロセスや今後のチームや個々人の課題について議論を行うようにうながし、チーム活動からの学びを言語化できるよう支援する。

④ 報告会の意義と発表内容を確認させ、必要な準備をうながす

さまざまな人々の協力なしには成立し得ないIPW実習は、学習効果を地域社会に還元することをめざしている。したがって、IPW実習の報告会は、実習施設の関係者はもちろん、地域の保健医療福祉関係者、関心のある教育関係者や一般住民、そして利用者本人やその家族も出席する場合がある。

報告会では、チーム活動によって得られた、利用者・地域課題の援助目標や援助の方向性について発表する。また、チームでどのような議論が行われ、専門領域の力はいかに発揮され、さまざまなチームの課題をどのように乗り越えていったのか、チームの成長についても発表する。

地域密着型のIPW実習では、この2つの学習内容を学生チームがまとめ、地域のさまざまな関係者に報告する。このことにより、学習プロセスのみならず学習内容を社会化し、地域における保健医療福祉サービスの質の向上をめざしているのである。ファシリテータは、そのために必要な準備をうながす。

⑤ 施設・教員ファシリテータ同士で、発表内容や学習の到達点を確認する

チームや個々の学生の成長度合いはまちまちであり、唯一の正解があるものではない。また、議論が十分深まらなかったチームや、チームとしての結束があまり高まらなかったチームであったとしても、チームメンバーである学生はその事実から学び取る必要がある。

ファシリテータは、実習施設の関係者とともに、発表内容やそこにあらわれているチーム活動の到達点と今後の課題について共通理解し、適切な評価や助言を行う

ことができるようにする。

⑥ リフレクションを通じて、IPW の意義と課題について考えるよううながす

　報告会を終えた学生は、どのようなチームでも一定の達成感を得ることができる。報告会終了後のリフレクションでは、まずはメンバーそれぞれがもっている力を発揮したことを評価し、そしてそれはメンバー同士で力を引き出し合ったことによるものであることを、全員が確認することが重要である。

　そのうえで、チームや個人として IPW を進めるにあたり、全体を通じてどのような姿勢や態度、行動が効果的であったのか、課題は何だったのか、今後ケアに携わる者としてどのような力を獲得する必要があるのか、どのような地域の仕組みをつくっていけばよいのかなどについて、メンバー1人ひとりの考えの表出をうながす。

　このころには、ファシリテータが進行をしなくとも、学生が相互に発言し合える関係ができているチームも多くなる。教員ファシリテータや施設ファシリテータの講評やリフレクションの問いかけは最初だけにとどめ、学生間で相互に評価し合い、課題を見出せるようなリフレクションになることが理想的である。

6　取り組み事例から

1）IPW 実習の実際

　多様な施設で実習を行う「IPW 実習」の目的は、各施設から紹介された利用者の情報を学生チームで検討し、利用者中心の統合されたケアを創造することである。まず、実習前に行われるオリエンテーションで教員から提供される利用者の概要にもとづいて、利用者を取り巻く専門職や家族などから、何をどのように情報収集するのかを検討し、行動計画を立案する。また実習までの期間に、学生1人ひとりが自身の専門領域において利用者の理解に必要な知識の整理などの事前学習を行う。実習期間が4日間と短い IPW 実習では、この行動計画の立案とインタビュー内容の検討、および事前学習が重要となる。

　4日間の実習における典型的な展開としては、1日目から3日目の午前中にかけて、利用者および専門職や家族へインタビューを行う。適宜、施設の記録等からも情報を収集する。インタビューは5〜8名の関係者へ行うことが多く、短い実習期間のなかで効率的に多くの情報を得るために、学生はインタビューや記録等からの

情報収集を分担し、全員が集合した時点で各自が得た情報を共有する。情報収集、情報共有、ディスカッションを繰り返し、利用者中心の統合されたケアとは何かを、ときに葛藤し、ぶつかり合いながらも学生全員が合意できるよりよいケアの創造をめざして実習に取り組む。

　4日目午後に行われる報告会に向けて、3日目午後から4日目の午前中にかけて報告会資料を作成する。この過程においても、学生チームが導き出した利用者へのケアを説明するための専門用語の使い方や表現の適切性、チーム形成のプロセスの振り返りなど、ディスカッションは継続して行われる。

　実習最終日のリフレクションでは、オリエンテーションでの出会いから、葛藤しつつも親密になり、チームで目標を達成したプロセスを自己とチームの両側面から振り返り、教員ファシリテータ、施設ファシリテータ、チームメンバーの前で語ることで、このチームでの活動を終える。

2）学生チームが取り組んだ実習事例

① IPW 実習の概要

　実習施設は二次救急機能を有し、一般病床、療養病床、地域包括ケア病床があるケアミックス病院であった。地域に密着した病院として、地域を支える医療を提供することを基本方針とする病院である。

　学生チームメンバーは医学科1名、看護学科1名、理学療法学科1名、社会福祉子ども学科1名、検査技術科学専攻1名、健康行動科学専攻1名の計6名であった。

　患者は80代後半の女性で、腰椎圧迫骨折の保存的治療のため一般病床に入院後、リハビリテーション目的で地域包括ケア病床に転棟した。入院前より歩行は困難であり自宅では車いすで生活していたが、4年前に造設した人工肛門（ストマ）の管理は患者自身で行えていた。しかし、現在ストマの自己管理は困難であり、入浴や排泄なども全介助の状態である。自宅に帰りたいという患者の強い希望があるが、現状では娘の介護負担が大きいため、今後の療養生活をどのように支援していくかが課題となっていた。

② IPW 実習の進行とチーム形成のプロセス

　オリエンテーションではチームのルールを「皆が発言する」「分からないことは聞く、教える、噛み砕く」「笑顔で過ごす」「互いを高め合う」と決め、明るい雰囲気でチーム活動が始まった。医学科の学生はその他の学生とは異なる大学であった

が、全員が趣味や自分の強みなどアピールポイントを含めた自己紹介ができていた。また、互いに名前の呼び方を決め、趣味や出身地の話をすることで緊張が解けたこともチーム形成が順調にスタートした大きな要因であると考えられた。

実習1日目から3日目にかけて、医師、看護師、理学療法士、作業療法士、医療相談員、薬剤師、放射線技師、臨床検査技師、患者、娘の合計10名にインタビューを行った。また、実習2日目には院内の支援者である看護師、理学療法士、作業療法士、医療相談員と、地域の支援者であるケアマネジャー、訪問介護員が参加する退院前合同カンファレンスにも同席した。

多くの情報を2日目までに収集し、学生個々の患者理解が深まったところで、チーム内での意見の対立が起きた。それは、患者の意思を第一に考えた目標とするか、患者の意思だけでなく家族の状況や医療者の見解を含めた目標とするかという点であり、意見が3対3に分かれた。このディスカッションは2時間程度続いたが、互いの意見を批判することなく、なぜ自分がそう思うのかを根気強く話し合う時間となった。しかし、2日目にチームとしての答えを見出せず、このディスカッションは翌日に持ち越すことを決めた。その結果、一晩おいたことで互いの意見のメリット・デメリットが整理され、重要視すべき点として「患者にとって何が幸せか」「患者にどのような生活を送ってもらいたいか」というキーワードが見えてきた。それにより、全員が納得する目標設定にたどりつくことができた。

このディスカッションによって、IPWにおける「利用者中心」「相互理解」「チーム形成と協働」の実際を体験し、チームとしての凝集性を高める重要なターニングポイントになったと考えられた。学生もリフレクションシートに「それぞれがしっかりと自分の意見を主張し、それによって起きる衝突と向き合えたことは、この実習で得た経験のなかでとても大きな収穫だった」と記載している。

実習3日目から4日目の報告会にかけても、目標を達成するために必要なケアのあり方についてさまざまなディスカッションが繰り広げられた。しかし、どのディスカッションでも「患者のためのディスカッションである」ことを全員で確認し、全員が対等な関係性を保ち、積極的に発言することができていた。最終日には作成途中の報告会資料のデータが消えてしまうというアクシデントもあったが、互いを責めることなく、今何をしなければならないかを考え、皆で必死にピンチを乗り越えるといったチームの強さも見せてくれた。

実習終了後のリフレクションでは学生全員が「チーム形成がうまくできた」と評価し、実習の満足感があった。その要因として、対等な関係性を築けたこと、妥協することなく納得するまでディスカッションができたこと、明るい雰囲気づくりを

意識して最後まで取り組めたこと、休憩時間や昼食時などディスカッションの時間外にも交流できたことなどをあげた。

　この学生チームにおいてチーム形成と相互理解が促進され、チーム活動が満足できるものとなった要因は、オリエンテーション時に自己紹介で自己開示ができたことに始まり、チームのルールを全員が大切にしつつ、十分な時間をかけて衝突、葛藤に立ち向かい、妥協することなくディスカッションを続けたこと、そこには互いの意見を確かめ合い理解しようとする努力があったことであると考えられる。学生自身が最終レポートで「今回の実習は学生にしかできない場、かつ時間の使い方であり、それを利用し検討できたことは、IPW の真の意味を理解するとともに、IPW の重要性を学ぶ機会となった」と振り返っている。このことからも、IPW 実習は学生のときにしか得られないさまざまな学習効果をもたらしていると考えられる。

7　IPW 実習における学びの確認方法

　埼玉県立大学の「IPW 実習」における学生の学びの確認方法として、IPE 自己評価尺度（**表 7-5**）を活用している。本評価尺度は、IPW で必要とされる「利用者中心性」「チーム形成のための能力」「メンバーの尊重」「メンバーの相互理解」「リフレクション」に関する質問全 19 項目で構成され、選択肢：4（できる）・3（ややできる）・2（あまりできない）・1（できない）から学生の自己評価として回答を求めるものである。本評価は、IPW 実習の実施前（事前）と実施後（事後）に実施することで、学生の学びの確認、ファシリテート方法の確認、および IPW 実習のよりよい運営方法の検討につなげている。本評価尺度は基本的に主観的な自己評価であるが、学部教育における構造的妥当性、内的整合性、反応性、因子構造の再現性が検証されている[1]。

表7-5　IPE自己評価尺度

選択肢：4（できる）・3（ややできる）・2（あまりできない）・1（できない）

	自己評価項目	自己評価	
		事前	事後
利用者中心性	1）利用者理解のための情報の内容を共有する		
	2）利用者の思い（ニーズ、願い、ゴール、ホープなど）を共有する		
	3）利用者の状況をメンバーと一緒にアセスメントする		
	4）利用者が置かれた環境について共有する		
	5）利用者、メンバーの合意のもとに目標を設定する		
チーム形成のための能力	6）これまでに学んだことをいかして意見を述べる		
	7）自分の考えをメンバーに分かるように伝える		
	8）チーム活動に積極的に参加する		
	9）場所に応じてリーダーシップやメンバーシップの役割をとる		
	10）メンバー同士が理解し合えるように調整する		
	11）チーム活動を促進するような発言をする		
メンバーの尊重	12）メンバーを尊重する態度をとる		
	13）チームで決めたルールを守る		
メンバーの相互理解	14）メンバーの考えの違いについて表現する		
	15）メンバーの考えの共通性について表現する		
	16）他領域の特性（役割機能・知識・技術など）を活用する		
リフレクション	17）自分で自分の体験をリフレクションする		
	18）他者とのかかわりを通して自分の可能性に気づく		
	19）自分でチームのプロセスをリフレクションする		

注）17）～19）の項目は大部ほか（2017）の検証外ではあるが、本学で事後評価項目として実施。

出典：大部令絵・川俣実・柴﨑智美ほか「大学生における地域基盤型専門職連携教育自己評価尺度の開発──関東地方三大学における横断・縦断データより」『日本健康教育学会誌』第25巻第3号，p.173，2017．より作成

引用・参考文献

【第1節】

1）北里大学HP「チーム医療教育プログラム」 https://www.kitasato-u.ac.jp/jp/academics/feature/learn/team/index.html

2）牧野孝俊・金泉志保美・篠崎博光ほか「全人的医療とチーム医療に貢献できる人材の育成を目指して──群馬大学の多職種連携教育」『看護展望』第43巻第9号，pp.74-80，2018.

3）新井利民・田口孝行・川俣実「埼玉県立大学における段階的なIPEの実施」『看護展望』第43巻第9号，pp.50-57，2018.

4）杉浦真由美・杉村政樹・鵜飼渉ほか「札幌医科大学の地域基盤型のIPE」『看護展望』第43巻第9号，pp.32-40，2018.

5）昭和大学HP「学部連携病棟実習」 https://kyoumu.showa-u.ac.jp/system/syllabusgaku/default.asp?organizationid=3&nendo=2020

6）千葉大学HP「専門職連携Ⅳ」 https://syllabus.gs.chiba-u.jp/2021/N11/N011347501/ja_JP

7）渡辺美保子「地域全体で取り組むIPE──地域をより良くしたいと願うポラリス保健看護学院の試み」『看護展望』第43巻第9号，pp.90-97，2018.

8）柴﨑智美「第3部C「地域基盤型IPW／IPE」」柴﨑智美・米岡裕美・古屋牧子編著『保健・医療・福祉のための専門職連携教育プログラム──地域包括ケアを担うためのヒント』ミネルヴァ書房, p.94, 2019.

9）新潟県医療福祉大学『文部科学省 平成21年度 大学教育充実のための戦略的大学連携支援プログラム「QOL向上を目指す専門職間連携教育用モジュール中心型カリキュラムの共同開発と実践」平成23年度事業最終実践報告書』p.50，2011.

10）伊藤由美「障害のある子どもの支援における連携について考える」『国立特殊教育総合研究所教育相談年報』第23巻，p.8，2002.

【第5節】

・埼玉県立大学IP演習ワーキンググループ『埼玉県立大学IP演習ファシリテーター用ガイド』2006.

・新井利民・柴﨑智美編著『彩の国連携力育成プロジェクト IPW実習ファシリテータ・ガイド 2016年版』2016.

【第7節】

1）大部令絵・川俣実・柴﨑智美ほか「大学生における地域基盤型専門職連携教育自己評価尺度の開発──関東地方三大学における横断・縦断データより」『日本健康教育学会誌』第25巻第3号，pp.168-179，2017.

IPW 実習から学んだこと

　重症児の多機能型デイサービスにおいて 4 年次の「IPW 実習」を行った。看護学科に所属する私が参加したチームは、理学療法学科、社会福祉子ども学科社会福祉学専攻、健康開発学科健康行動科学専攻、同学科口腔保健科学専攻と埼玉医科大学医学科の学生、計 6 名で構成されていた。新型コロナウイルス禍で現場での実習はできなかったが、リモートで実習先の専門職や対象の A さんの家族へのインタビューが実現した。また、カメラ越しに放課後等デイサービスを利用する A さんの様子を見ることができた。

　実習に臨むにあたり、①利用者・集団・地域の理解と課題解決の実践方法を身につける、②メンバーの専門性と多様性を相互理解する態度を身につける、③チーム形成と協働の実践方法を身につける、④体験を振り返り、意味づけ、自分の課題を見出すためのリフレクションができる、の 4 つの目標を設定した。いずれもチームメンバーの連携により達成できたと思うが、特に印象深かった③と④について振り返りたい。

　目標③に対しては、オリエンテーションのときに互いの所属している学科についての簡単な紹介から始まった。実習中も職種ごとの活動はなかったため、大きく専門性の違いを感じる場面は少なかったが、支援計画を立てる際に、改めて皆で考えることになった。私は小児に興味があり、実習で小児科病院にお世話になったため、子どもの成長発達について資料提供するなど貢献ができたと思う。理学療法学科のメンバーは姿勢保持、健康行動科学専攻のメンバーはボッチャの情報を提供するなど、自分の専門や興味に即した情報を集約して活動をすることができた。

　目標④については、1 日の終わりにチームでリフレクションをする機会があり、そこで各自が感じたチーム活動の実際、自分の役割について振り返った。リーダーの活躍や自分の発言や進行に貢献したことなどを発表し合った。次にいかすためのリフレクションを行ったことでメンバーの努力を改めて知ることができ、ほかのメンバーと情報を共有したことでよりよいチーム活動を行えたと思う。

　IPW 実習では、多様な情報により「ICF（国際生活機能分類）」を用いて多角的に A さんを理解して、A さんや家族の希望をもとに私たちの支援計画を提案した。その際には、職種としての特徴ではなく、全体としてどうかかわれるかを重点的に話し合った。日常的に取り入れられる体操や筋力維持を目標としたかかわり、意欲的に人とコミュニケーションをとるためのイベントの紹介など、地域の特徴をいかした計画が立てられたと思う。

　学科の違いを超えて、1 つの目標に一緒に取り組むことができたが、誰か 1 人に負担がかからないように客観的に個人のがんばりを分析して誰に仕事を振り分けるか考えることも必要である。これからのチーム活動でもこの経験をいかして取り組んでいきたい。

埼玉県立大学保健医療福祉学部
看護学科 4 年
花房華帆

IPW 実習を受け入れて
──教育現場とのコラボレーションが現任者 IPE の鍵

　埼玉協同病院では、2010（平成 22）年度から「IPW 実習」（当時の「IP 演習」）を受け入れている。これがまさに私と IPW・IPE の出会いである。この実習に施設ファシリテータとしてかかわるなかで、「現任教育にこそ IPE が重要かつ有効」という思いが募り、埼玉県立大学大学院に進学し、IPW・IPE について学びつつ、現任教育の IPE プログラム開発と導入を行った経過がある。当時は IPW・IPE の社会的認知度はまだ低く、臨床で働いている職員が、それを体系的に学んできていることは皆無に近く、IPW 実習を受け入れることへの現場の戸惑い、負担感が先行し、学生の IPE のフィールドとなる臨床現場の環境づくりが困難である現状も危惧された。タイミングよく埼玉協同病院内の IPE に参加した職員に多学科学生チームの施設ファシリテータの役割を担ってもらうことができ、"学生とともに学び合う環境" が積み重ねられてきた実感がある。

　実習のなかでは、さまざまな職種が学生からのインタビューに答える場面に立ち会う。どんな質問が来るんだろう……とドキドキしながらインタビューが始まっても、話していくにつれて表情が生き生きしてきて、口調も滑らかになる。つまり自分の実践を改めて振り返り、意味づけできる機会になっているのだろうなとかたわらで感じる。また、例年実習の最終日に行う院内報告会では、参加する職員間での相互作用が起きる。日常のなかではなかなか気づくことができない "他職種への思い" "チームへの思い" を語る職員の姿を見て、改めて他職種を理解したり、自然にリスペクトの気持ちが生まれたり……。学生の視点を知ることがまさに自分たちの医療チームを俯瞰する絶好のチャンスになるのだ。報告会終了後には、「みんなにこの時間を体験してほしいね！」という声が上がる。ファシリテータである職員が「この 4 日間は、学生の皆さんも私たち医療チームのかけがえのないメンバーですね」と言ってくれた。埼玉県立大学の IPW 実習を受け入れることが、臨床現場の IPW を促進する機会や現場の IPE の機会となるのだ。

　地域包括ケアの時代において、患者・利用者の QOL 向上をめざしたケアの実践に多職種連携は当然のこととして論じられるようになってきた。当院の職員間においても「IPW」が共通言語になってきている実感はある。埼玉県立大学大学院時代の恩師が「現任者への IPE は組織にとってのイノベーションであるから、誰がどの立場で実践していくかが大事」と言ってくれたことを思い出す。地域包括ケアの一翼を担う医療の現場で、IPW 実習を受け入れ、学生と相互作用を起こしながら、IPW に価値を置く職場風土を着実に積み上げ、自分たちの実践の幅と深さをひろげるチャンスをいかす看護管理者でありたいと思っている。

IPW 実習ファシリテータ
埼玉協同病院看護部部長
小野寺由美子

IPW 実習を受け入れること、
実践現場の専門職としてできること

　社会福祉法人杏樹会では、埼玉県立大学が「IPW 実習」の前身である「IP 演習」として実習を行っていた 2008（平成 20）年より受け入れを実施してまいりました。

　当時から専門職連携協働の大切さは、実践現場でも声高に叫ばれていましたが、恥ずかしながら専門職連携協働について具体的な学問が存在すること、またその部分についての学びが自らに足りなかったことを思い出します。

　実践現場では、それぞれの専門職があまり意識せずに連携協働ができるよう行動することで、結果として利用者中心の課題解決がチームで図られている場面が多々あります。

　すべての実践現場の専門職がそうであるわけではないと思いますが、日々の業務に流されて課題解決に至る合意形成のあり方や、チームを動かす原動力と発言、チーム形成の過程等を振り返っていかすことを意識的に行っている人がどの程度いるのか疑問に感じることも事実です。

　そのようなことを自らと所属する事業所にあてはめて考えたとき、組織全体がとるべき行動として行ったことが、継続的な学習による専門職個々の成長という選択でした。

　あたりまえのことですが、誰かに何かを教えるということは、自分が理解して行動ができていることが前提になっていると思います。

　IPW 実習を受け入れるにあたっては、そこを担保するために事業所に所属している介護福祉士、社会福祉士、看護師、ケアマネジャー、管理栄養士といったさまざまな専門職に埼玉県立大学が中心となって実施している説明会や研修、講座の受講を通じて多職種連携協働教育を受ける機会を継続的に設けました。私たちは施設のファシリテータやインタビュー対象者として、学生が実習するにあたってよりよい学びを得られるように、どのような助言や行動が必要かを組織として考え、運営できる体制づくりに努めていったのです。

　この継続的な学習機会のなかで、事業所の専門職は、専門職連携協働のなかで自己成長する知識や技術として、アサーション、ファシリテーション、リフレクション等を中心に身につけていきます。また、実習期間を通じて、学生チームと一緒に私たちの対象者に対する専門職連携を振り返り、チーム形成の過程などを明確にしていくことで、次の実践現場での行動に反映していくことができるようになっていきます。つまり、IPW 実習を受け入れることは、実践現場の専門職の Off-JT になるのです。それは専門職個々にとっても、事業所という組織にとっても大きな意味をもっていました。

　私たちは今後もこの IPW 実習の受け入れを通じ、未来の社会資源となる学生とともに自己成長を続けることを怠ることなく、地域社会に貢献し続けていきたいと考えています。

IPW 実習ファシリテータ
社会福祉法人杏樹会　特別養護老人ホーム杏樹苑爽風館施設長
酒本隆敬

学生とともに学んだ専門職連携

　私は 2009（平成 21）年の「IP 演習」から、ファシリテータを務めています。毎回新鮮な気持ち、そして不安や緊張をもってこの実習に取り組んでいます。

　薬学部の実務実習においても「IPW を学ぶ」ことが、とても重要とされています。学生のうちから実際の患者さん・利用者さんに協力してもらい、実習を行うことは、今後の彼らの未来にとって非常に役立つことだと思います。現場に入ったら、ここまで時間をかけて「1 人」の患者さん・利用者さんのことを多職種で集まって考えることはなかなかできません。さらに、同世代・他学科の学生同士で今までの知識・経験を持ち寄って話し合うことで、「自分の理解」「他者の理解」が深まるのではないかと考えられます。特に「リフレクション」をすることによって、これらについての学生の理解や連携が深まったと感じました。そして、私自身もこの実習を通して、協力している多職種との連携を改めて深めることができました。

　私はファシリテータとして、どのように学生にかかわっていくかを毎回自分の課題としています。ファシリテータをしていると、ついつい自分の意見や想いを言ってしまいがちになりますが、学生の自主性を尊重するように努めています。そして、できるだけ彼らのディスカッションを「聞く」こと、彼らの言葉を「拾う」ことを心がけるようにしています。そして、討議が行き詰まったときには、その「言葉」を伝えるようにしています。それは、ファシリテータの言葉ではなく、彼らの「言葉」であるため、彼らのなかできちんと整理できると考えているからです。ファシリテータは「待つ」「聞く」ことがとても大切だと毎回感じています。

　これまでの実習を通して、たくさんの学生に多くのことを教えてもらいました。現場にいると全然思いつかない発想があり、多くの「気づき」がありました。オリエンテーションを含めて 6 日間という短期間ですが、学生とともに改めて「IPW の重要性」を自分自身も再確認できました。

　IPE、まさにともに学ぶ＝共育の 1 つだと思います。

IPW 実習ファシリテータ
有限会社フォレスト調剤　くりの木薬局
山﨑あすか

第**7**章　地域密着型のＩＰＷ実習｜COLUMN

IPW 実習で印象に残っている 3 チーム

　"チーム形成"を重視する演習？　当初、私にはその趣旨が理解できなかった。よりよいケアプランを作成するチームがよいチームだと考えていた。しかし、実践していくなかで、その考えが見事に覆された。「IPW 実習」は、ケアプランの質よりチーム形成がどのように行われたかが重要なのである。

　当施設では、2009（平成 21）年より IPW 実習のファシリテータを行ってきた。そのなかで印象に残っているチームを 3 つ紹介したいと思う。

●チーム 1「リーダー中心！　皆がモヤモヤ……」

　チーム構成は、看護 2 名、理学療法 1 名、社会福祉 1 名、計 4 名。対象者は、脳梗塞を発症した 73 歳男性。本人は"家に帰りたいが、妻と 2 人暮らしなので無理かもしれない"とのことだった。チーム形成では、初日からリーダーを中心に意見交換が行われていた。リーダーの意見が強く、ほかのメンバーは言いたいことを言えず、最終日までモヤモヤしていた。ファシリテータとして、リーダーの独走を止める介入ができず悔いの残る演習だった。

●チーム 2「皆でサポート　最後は感動！」

　チーム構成は、看護 2 名、理学療法 1 名、作業療法 1 名、社会福祉 1 名、口腔 1 名、計 6 名。対象者は、脳梗塞を発症した 83 歳女性。本人は"家に帰りたい"、長女夫婦は"着替えとトイレができれば家に帰ってきてもよい"とのことだった。チーム形成では、「他者の意見を否定しない」とのチーム内ルールを決め、議論を行った。積極的な発言も多く、2 日目の後半にさまざまな意見の対立があった。しかし、議論を積み重ねるなかで互いの意見を認め、最終的にケアプランの内容にすべてのメンバーが合意した。そして報告会では、チーム形成の達成感から、メンバー皆が感動していた。ファシリテータとして、IPW の意味を体感できた演習だった。

●チーム 3「皆いい人？　他者を気遣う弊害！」

　チーム構成は、看護 2 名、作業療法 1 名、社会福祉 1 名、口腔 1 名、行動科学 1 名、計 6 名。対象者は、脳梗塞を発症した 86 歳男性。"在宅生活に体力の限界を感じ、自ら入所した"との理由に、チームは衝撃を受けていた。チーム形成では、温厚なメンバーが多く活発な議論が生まれにくかった。2 日目終了時点でケアプランがほぼ完成した。ファシリテータとして、反対意見はなかったか、納得のいくケアプランとなったか等、さらに議論を深めるための介入を行った。しかし、メンバーは発言することで他者を傷つけないか、気を悪くしないかと気遣うことで議論が深まることはなかった。他者を気遣いすぎることが弊害となると気づかされた演習だった。

　10 年、20 年後、IPW 実習を体験した人が増え、多職種連携があたりまえの世のなかになってほしいと思う。患者・利用者のためになっていくと確信する、未来への投資である。

IPW 実習ファシリテータ
介護老人保健施設あすか HOUSE 松伏
原嶋　創

入念な準備が IPW 実習の成功の鍵

　私は長年「IPW 実習」を担当し、病院や介護施設などで対面実習と、コロナ禍では遠隔実習も経験した。受け入れ先の施設側と事前打ち合わせを丁寧に行い、できる限り相互理解のもとに実習が開始できるように努めてきた。毎年実習が始まると 4 日間の実習が無事に終わるようにと願っている。

　これも毎年のことであるが、IPW 実習は、実習開始までの IPW 実習科目責任者会の入念な準備があっての成果であると感じる。それほどの入念な準備を学内外の委員が行っており、たくさんの叡智のもとに、年々バージョンアップしている。しっかりとした準備があるからこそ、多少の不安やトラブルがあっても乗り越えられているのだと思う。

　学生たちに目を向けると、やはり最初は他学科の学生や他大学の学生と初対面であるためか、なかなかなじめず、会話が進まなければ、沈黙も多い。また、10 月初旬はまだ実習が終わっていない学生や就職活動中の者もおり、学生皆が同じスタートラインに立っていないように思える。しかし、いざ実習が始まると、埼玉県立大学の学生も他大学の学生も根がまじめで、手を抜かない。次第になじんで熱心に議論をするように変化していく。

　これには、IPW 実習というものは素材（事例選定、専門職者の語り、当事者・家族の語り）のよさがものをいう世界であると改めて考えさせられる。

　学生たちのニーズや希望のもとに、施設ファシリテータのネットワークとフットワークのよさに助けられ、実習場所により専門職者は異なるが、例えば医師・理学療法士・看護師・栄養士・ケアマネジャーや患者さんとその家族の皆さんの話を組んでくださる。毎年、惜しみなく学生が十分に達成感を得られるように、微に入り細を穿つかかわりをしてくれ、改めて感謝の気持ちでいっぱいになる。

　1 年次の「ヒューマンケア体験実習」のときには、まだ何も染まっておらず、真っ白でどの学科の学生も皆同じように見えるが、4 年次になると各々が専門的な教育を受けることで、専門職それぞれのアイデンティティを形成しつつある。しっかりと自分の分野の意見を述べる。学生たちはだんだん話が弾み、そして自ら課題を見つけ、翌日の実習に備えるようになっていく。そして、次第に目が輝き、ときに自分のキャリアを見据える時間にもなっている。半年後には多くの学生たちは、保健医療福祉の専門職として就職を迎えることになる。専門職者の語りを聴くなかで、学生たちはこのような先輩たちのようにしっかりと輝いて働きたいと全身で語っているように見える。

　4 年間の集大成である IPW 実習を終えて巣立っていく学生たちが、この学びを保健医療福祉の現場で十分に発揮し、困難なときでも多職種のチームで乗り越え、課題を解決していってほしいと願っている。

埼玉県立大学保健医療福祉学部看護学科教授

林　裕栄

第 8 章

対応課題の理解と
IPWの担い手

1 対応課題を通して考える

1）対応課題を通して学ぶ意義

　保健医療福祉分野をはじめ、さまざまな場面において人々の生活を支える IPW は、多様な組織や関係者によって展開されている。IPW によって解決される課題や改善すべき状況は幅広い。また、IPW の展開についても、時間の経過や担い手によって変化している。これらの問題意識をふまえたうえで、具体的な対応課題を通して学んでいくことは、IPW の理念、対象者等の理解、具体的な展開方法、チーム形成に必要な知識、チーム構成員の特徴の把握などにつながる。その際には、具体的な課題や問題に着眼しながらも、IPW としての空間的な広がりと時間的な経過を俯瞰することが重要である。

　そこで本章では、7つの対応課題について、IPW による課題解決の特徴や経過を振り返りながら理解していきたい。さらには、対応課題への取り組みの歴史的変遷や、その今日的な意味づけについてふれている場合もある。

　IPW が支援を担う専門職や専門機関等の論理で展開するのではなく、支援の課題や支援を受ける対象となる人々をベースに進められていく重要性と可能性を実感する機会になれば幸いである。

2）対応課題の設定と着眼点

　上記の目的を達成するために、各対応課題は基本的に「事例の概要」「IPW の展開」「事例における IPW のポイント」「事例から導かれること」等の柱を念頭に構成する。各対応課題で取り扱われる対象者の課題、疾患や障害に関する知識の理解よりも、課題の解決や改善に向けた IPW のダイナミックな展開に注目してほしい。

　本章では、こうした観点にもとづき、「がん末期患者の QOL 向上に向けた支援」「要介護高齢者の在宅支援」「発達障害生徒の教育的支援」「精神障害者支援」「地域における専門職ネットワーク」「女性と子どもの健康」「介護保険におけるケアマネジメント」の7つの対応課題を取り上げる。これらの事例には、多様な専門職や専門分野が登場する。すべてを紹介することは不可能だが、各専門分野や専門職能団体において IPW がどのように位置づけられているかについてもあわせて関心を寄せてほしい。そして何よりも、各事例を通して利用者中心の IPW の意義についての考察を深めることを期待したい。

　前述のとおり IPW は人々のあらゆる生活の場面で展開される。ゆえにすべての

状況をマニュアル的に提示することはできないが、対応課題に表現される「現象」について、IPWの視点から俯瞰することで、そのプロセスに包含されるIPWのエッセンスを感じ取ってもらえるのではないだろうか。同じテーマであっても二度、三度と向き合うことにより、読み手のIPWに関する洞察力が深まり、とらえ方に違いが生じるはずだ。それはとりもなおさずIPEの過程である。

2 7つの対応課題

1）がん終末期患者のQOL向上に向けた支援の事例

① 事例の概要

　Aさん（67歳、男性）は、左耳下腺がん、多発骨転移、下顎骨転移による疼痛コントロールを目的として、地域がん診療連携拠点病院に入院中である。現在のAさんは右不全麻痺としびれがあり、加えて左腋窩痛や肩甲骨の重苦しさなどの神経障害性疼痛が出現し、オピオイド鎮痛薬と鎮痛補助薬の持続皮下注で症状コントロールを図っている。しかし、全身の衰弱からADL（Activities of Daily Living：日常生活動作）が縮小してきており、日常生活はほぼ全介助で予後は月単位と考えられている。

　Aさんにとって妻と娘、そして小学1年生になる孫（男の子）は大切な存在であり、妻も家族を大切に考え、一家の長としてがんばってきたAさんに感謝している。

　Aさんは、大学で駅伝の選手であったことから、人とのつながりを大切にし、最後まであきらめずにがんばることを信条としており、今も「最期までがんばり続けたい」という希望をもち続けている。Aさんは生活のほとんどを他者にゆだねているが、昼食だけは自分で食べたいと、2時間かけて食事をする姿が見られていた。

② IPWの展開

　病棟内では、Aさんの生き方のあらわれである「時間をかけてでも自分で昼食を食べること」の大切さは共有されていた。しかし、全身が衰弱している状態で、長時間、同一姿勢でいるため、痛みの増強や疲労感が出現するようになった。そのため、無理をさせず、朝食・夕食と同様に介助するほうがよいのではないかという意見も病棟内では出ていた。担当看護師は、AさんのQOL（Quality of Life：生活の質）向上のためには支援方針の統一が必要と考え、緩和ケアチーム（Palliative

Care Team：PCT）に病棟カンファレンスへの参加を依頼した。PCTからは緩和ケア専門医、緩和ケア認定看護師、薬剤師、理学療法士、管理栄養士が出席した。カンファレンスでは、緩和ケア認定看護師から、Aさんががんばる証として、なぜ自分で昼食を食べることを選んだのかという問いが投げかけられた。担当看護師は、家族（孫）の面会まで下膳しないようにAさんから依頼されたことを話した。また、リハビリテーションを担当している理学療法士は、「孫のためにまだがんばりたい」という言葉を聞いていたことを話した。そこで、Aさんが時間をかけて昼食を食べる意味は、孫に最後まであきらめずにがんばる大切さを伝えることではないかとアセスメントし、まずは担当看護師がAさんの意思を確認することにした。

　Aさんは、駅伝で学んだ「がんばることの大切さ」や、それが仕事や家庭でいかされてきたことを語り、「孫にもがんばる大切さをわかってもらいたい。だから、リハビリも食べることもがんばりたい」と話した。これをふまえ、「医療者中心の方針決定ではなく、Aさんの希望を中心に据え、命のたすきリレーを支える」というIPWの方向づけがなされた（図8-1）。

　そこを起点に、病棟では長時間の同一姿勢による疲労感や痛みの緩和方法について、PCTからの助言をふまえて対応していった。その際には、Aさんをチームの中心に据え、理学療法士と一緒に安楽な姿勢について考えたり、管理栄養士とともに食べやすい形態を考えたりするなど、各専門職がそれぞれの強みを発揮した。駅伝の選手であったAさんは、人とのつながりを大切にしており、チームで目標に

図8-1　AさんのQOL向上のためのIPW

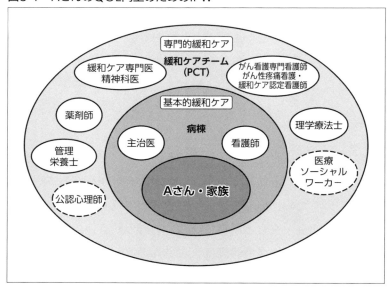

向かってがんばることに喜びを感じていた。チームメンバーも、常にがんばるＡさんに敬意を払い、家族が来た際にはＡさんのがんばりを伝えるようにした。孫は「じいじ、すごいね。僕もがんばる」と感化され、病室で宿題をする姿が見られた。

③ 事例における IPW のポイント

事例の経過に即して、本事例における IPW のポイントを検証する。

（ⅰ）チーム形成

がん患者がかかえる全人的苦痛を緩和し、最期のときを自分らしく生きられるように支援するためには、多職種チームでの支援が欠かせない。この事例の IPW におけるチーム形成のポイントは、Ａさんが大切にしている信条（最後まであきらめずにがんばる）のあらわれである「時間をかけてでも自分で昼食を食べる」という行動の意味を探求し、Ａさんを理解しようとすることから始まっている点である。その姿勢は、チームメンバーがＡさんの理解者となり、Ａさんが自身の希望を表出することにつながったと考えられる。

加えて、Ａさんの希望を尊重し、がんばる姿に敬意を払うチームメンバーの姿勢は、信頼関係を構築するための重要な要素である。このような姿勢がＡさんを中心としたチーム形成の基盤となっている。

（ⅱ）目標の共有化

本事例の IPW におけるチームの目標は、Ａさんの「あきらめずにがんばる大切さを孫に伝えたい」という願いを支えることであった。統一した支援の必要性を感じた担当看護師を中心とする基本的緩和ケアを提供する病棟チームが、専門的緩和ケアを提供する緩和ケアチームにコンサルテーションを依頼したことが、Ａさんをより深く理解することにつながったといえる。このことが、Ａさんの願いを基盤としたQOL向上のための具体的な目標の設定とその共有化につながったと考えられる。

（ⅲ）チームの課題と解決に向けて

終末期では、日常生活を送るだけでも、疲労感や症状の増強といった身体面への影響につながる。「自分で昼食を食べる」というＡさんの行動についても、身体に負担をかけないように介助したほうがよいという意見も出ていた。このような患者の希望と専門職の見解の相違は、倫理的な課題であるともいえる。

終末期にある患者が最期の一瞬まで"生"を実感できるようにするためには、その人が大切にしている信条や価値観を支援者側も大切にするかかわりが重要であ

る。この考え方を基盤としつつ、Aさんの長時間の同一姿勢による疲労感や痛みの増強を緩和することは、チームとして必須の方略である。Aさんが家族にがんばる姿を見せられるように、専門的見地からアセスメントし、Aさんとともに方法を検討していくことは、Aさんを尊重したかかわりとしても重要である。

（iv）今後の展開

がん終末期は亡くなる1か月前程度からさまざまな症状が出現し、ADLも低下しやすくなる。今後は看取りの場所も含め、最期の過ごし方を検討する時期となる。

現在は、病棟が中心となって疼痛コントロールをしながらAさんのQOL向上のための支援をしている。しかし、コントロールができれば退院となるため、今後はPCTの医療ソーシャルワーカーに加えて、退院支援看護師の介入も必要となる。また、自宅での看取りを希望する場合には、Aさんの居住地域の在宅緩和ケアチーム（かかりつけ医、訪問看護師、ケアマネジャー等）とのつながりも必要となる。

一方で、この時期には、看取る家族への支援も重要となる。Aさんの意思を尊重しながら、遺される家族への支援についても意識してかかわる必要がある。大切な人と別れなければならない家族の心情に寄り添い、家族のもつ看取る力を発揮できるよう、チーム全体でかかわることが求められる。

④ 事例から導かれること

Aさんは、チームの一員として、自身の症状や安楽な姿勢についてチームメンバーと共有し、相談しながら、自分で昼食を食べることを続けている。そして、「家族にがんばることの大切さを伝えられた」と笑顔が見られた。家族もその姿から、夫らしさ、父親らしさ、祖父らしさを感じ取っていた。そして、Aさんと家族とのかかわりは、人は最期まで成長するという人間観の醸成をチームにもたらした。

これらは、Aさんがどのように過ごしたいのか、何がAさんのQOL向上につながるのかを検討し、Aさんという人の理解に努めたことによってもたらされた結果だといえる。また、症状の緩和をAさんの入院の目的としてとらえるのではなく、Aさんが望む生活を実現するための手段としてとらえることを、チーム全体で共有できた意味は大きい。

IPWにおいては、対象者のもつ力を引き出すためにも、対象者を中心に据え、その人の理解に努めることが重要である。

⑤ 事例に登場する主要な専門機関・専門職に関する基礎知識

本事例に登場する専門機関・専門職のうち、特徴的なものについて紹介する。

（ⅰ）地域がん診療連携拠点病院

　国は、全国どこでも質の高いがん医療を提供することができるよう、がん医療の均てん化をめざし、がん診療連携拠点病院の整備を進めている。全国にがん診療連携拠点病院は405か所（都道府県がん診療連携拠点病院51か所、地域がん診療連携拠点病院（高度型）51か所、地域がん診療連携拠点病院298か所、地域がん診療連携拠点病院（特例型）2か所、特定領域がん診療連携拠点病院1か所、国立がん研究センター2か所）、地域がん診療病院は46か所指定されている（2021年4月1日現在）。

　そのほか、小児・AYA世代の患者について支援する小児がん拠点病院・小児がん中央機関、全国どこにいてもがんゲノム医療を受けられる体制を構築するため、がんゲノム医療中核拠点病院、がんゲノム医療拠点病院、がんゲノム医療連携病院が指定されている。これらの医療機関においては、専門的ながん医療の提供、がん診療の地域連携協力体制の構築、がん患者・家族に対する相談支援および情報提供等が行われている。

（ⅱ）緩和ケアチーム

・緩和ケアチームは、患者と家族等のQOLを向上させるために、緩和ケアに関する専門的な臨床知識・技術により、病院内および地域の医療・福祉従事者に対するコンサルテーション活動を行う（「緩和ケアチームの基準2015年度版」日本ホスピス・緩和ケア研究振興財団助成2015年度調査研究より）。

・がん診療連携拠点病院には、緩和ケアの提供体制として緩和ケアチームの設置が必要となる。

2）要介護高齢者の在宅支援の事例

① 事例の概要

　本事例は、加齢や疾病等により、徐々にADL、IADL（Instrumental Activities of Daily Living：手段的日常生活動作）の低下が見られ、介護が必要となったBさんの「できるだけ自宅での生活を継続したい」との意向を尊重するとともに、家族の介護負担を軽減しながら、高齢者の身体機能やADLの維持・向上をめざした支援を調整したものである。Bさんについての情報は、**表8-1**のとおりである。

　Bさんは2年前までは、糖尿病、高血圧等で近くの診療所に通院はしていたが、日常生活は特に問題なく過ごせていて、自分のことは自分で行い、近くのスーパー

表8-1　Bさんについての情報

【対象者】
　Bさん（90歳、男性、要介護2）
【本人の状況】
・定年退職した次女（主介護者）と長男と同居。長女は遠方に居住している
・内服薬は家族が管理している
・一戸建ての1階に居室がある（トイレ・ベッド横・いす横・玄関に手すり設置済み）
【利用サービス】
・デイサービス（月、水、金、土曜日）
・ショートステイ（不定期に利用。月に1回1泊か2泊する）
・福祉用具貸与
【現病歴と身体機能】
・糖尿病、高血圧、間質性肺炎（月1回通院）
・加齢による筋力低下が見られる
・聴力はやや低下しているが、コミュニケーションに支障はない
【既往歴】
・大腸がん（25年前、治療済み）、右大腿骨頸部骨折（2年前）、脳梗塞（1年前）
【認知能力】
・年相応のもの忘れや勘違いがあり、幻覚もたまにある
・デイサービスを利用しない日は、漢字ドリルに意欲的に取り組んでいる
【ADL】
・移動：一本杖使用または片手引き歩行
・移乗：立ち上がり、立位は見守りが必要
・食事：スプーンで自己摂取が可能だが、時折水分摂取時にむせ込みあり
・排泄：下衣の上げ下げに介助が必要（夜間はポータブルトイレを使用）
　　　　リハビリパンツ（ショーツ型のおむつ）を着用
・入浴：介助が必要（デイサービス利用時に入浴している）
【生活歴】
・鉄道関係の仕事を50歳で辞めた後、15年間別会社に勤務
・20年前に亡くなった妻の介護をしていた時期もある
・趣味は釣りで、県議会議員の後援会活動なども行っていた

に買い物に行ったり、趣味の釣りを楽しんだり、別居している長女家族と一緒に遠方へ旅行したりしていた。

② IPWの展開

　Bさんは、2年前に転倒し、右大腿骨頸部を骨折したため、入院して人工骨頭置換術を受けた。そして、退院後の生活のことを考えて、入院中に介護保険を申請した。その後、回復期リハビリテーション病棟に転棟し、集中的にリハビリテーションを行った結果、一本杖使用または片手引きで歩行は可能となり、自宅に退院した。しかし、以前のように自力で外出することは難しくなった。

　自宅退院に向けては、入院中に介護保険で要介護2と判定されたので、担当のケアマネジャーがつき、Bさんと家族の希望を聞きながら、介護保険サービスを受け

られるように、ケアプラン（サービス計画）の作成やサービス事業者との調整を行った。

自宅での療養環境の調整に関しては、家のなかで転倒せず歩行するために、トイレ、ベッド横、いす横、玄関に手すりを設置した。また、少し痩せ気味であり、ベッドにいる時間が長くなることも考えて、褥瘡の発生を予防するために、褥瘡予防マットレスをレンタルすることにした。排泄に関しては、日中はトイレで行うことにしたが、夜間は家族の介助量を考慮して、ベッドサイドにポータブルトイレを設置して使用することにした。さらに、話し好きで人との交流を好むBさんの性格と家族の介護負担軽減を考慮して、デイサービスを週に4回、ショートステイを月に1回程度利用することにした。デイサービスでは、レクリエーションなどでほかの利用者との交流を行い、昼食を摂取し、週2回は入浴を職員の介助のもとに行っている。デイサービスは、いくつかの候補のなかから、Bさんが雰囲気などを考慮して自分で選択し、納得のいく場所に通ってもらっている。

また、1年前にBさんは軽度の脳梗塞を発症した。入院治療により症状は改善したが、その後遺症で、右手で箸を使うことが難しくなり、スプーンを使用して食事をするようになった。

以上のように、身体機能は低下傾向にあるが、Bさんは妻の介護を担っていた時期もあり、家族を大事にしてきたので、家族関係は良好であり、今のところ家族は介護負担を感じていない。

現在Bさんは、一部介助は必要であるが、自身のことは自分で行いたいという意欲があり、また、なるべく長く住み慣れた家で過ごしたいという希望は変わらないため、そのニーズに沿い、デイサービス、ショートステイ、福祉用具貸与を利用している。そのため、デイサービス等の職員、そしてそれらのサービスを計画・調整するケアマネジャー、通院している診療所（主治医）、さらに、同居する次女と長男、別居の長女家族で形成する、フォーマルサービスとインフォーマルサポートの両方を合わせた在宅ケアチームで、「できるだけ自宅での生活を継続する」という長期目標を共有してIPWを展開している（図8-2）。

③ 事例におけるIPWのポイント

事例の経過に則して、本事例におけるIPWのポイントを検証する。

（ⅰ）チーム形成

本事例のIPWにおけるチーム形成のポイントは、Bさんと家族が、右大腿骨頸部骨折後の歩行機能低下や股関節屈曲制限について認識し、在宅での療養生活に適

図8-2　Bさんを取り巻くIPWエコマップ

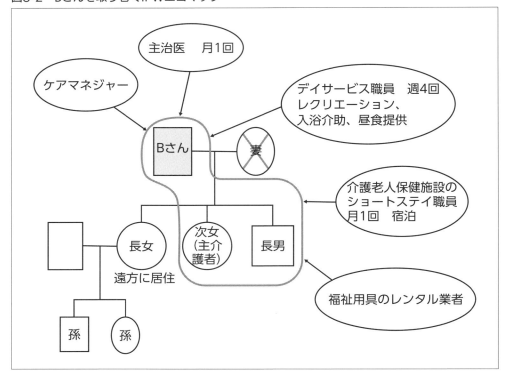

応できるように、生活調整や環境整備に重きを置いたことである。大腿骨頸部を骨折した高齢者の多くは、退院後、歩行機能の低下や転倒への恐怖感からADLが低下したり、活動範囲が縮小したりするため、転倒を予防しながら活動性を維持・回復できるようなケアを提供する在宅ケアチームを形成していく必要がある。

　本事例の在宅ケアチームでは、フォーマルサービスとして、安全な移動や排泄のために必要な環境整備、歩行補助具の準備等、介護保険による福祉用具の貸与や購入のほか、デイサービスにより外出や他者との交流、入浴の機会を得ることにつながった。

（ⅱ）目標の共有化

　本事例におけるIPWにおけるチームの目標は、Bさんの右大腿骨頸部骨折後の身体機能の低下があるなかでも、「できるだけ自宅で過ごしたい」というBさん自身のニーズをかなえ、60代後半の家族（同居している次女・長男）の介護負担を軽減しながら、Bさんのもてる力や回復力を引き出しつつ、生活を継続することをめざすということであった。そのため、ケアマネジャーのケアプランにもとづいた、主に介護・医療を援助するフォーマルサービスの職種チームによって、上記の目標が共有され、支援が行われている。そしてBさんは、1年前に軽度の脳梗塞を患

うなど、右大腿骨頸部骨折後も健康状態の悪化およびそれに伴う身体機能の低下が見られており、その変化の状況をチームで共有して、Bさんの心身の変化に合った支援の方向性を確認しつつかかわっている。

（iii）利用者の変化——コンフリクト（葛藤）とその解決を通じて

Bさんの生活は、右大腿骨頸部骨折前の自立した状況から一転し、退院後は介護を要する状況になった。普段の生活に大きな不満はないものの、「買い物を家族に頼むのは申し訳ない」と考えたり、長女家族と会う機会や外泊する機会が以前よりも減少したことをさびしく思ったりしていた。

そこで、フォーマルサービスとインフォーマルサポートのIPWによって、Bさんがかかえている、歩行機能の低下による活動範囲の縮小や以前のような役割遂行ができなくなった葛藤を解消しようとした。

具体的な支援としては、フォーマルサービスの担い手であるケアマネジャーやデイサービス職員、ショートステイ職員がかかわるなかで、Bさんが現在かかえている葛藤を聞き取り、その内容をインフォーマルサポートを担う家族に伝え、買い物の代わりにBさんに行ってもらう家事を考えてもらい、家庭内での役割を遂行できる環境づくりをした。また、長女家族に会いに来てもらう機会をつくるようにした。これは、「インフォーマルな社会資源は、フォーマルな社会資源に比べると専門性が低く、長期間の支援となった場合に安定性に欠ける面もあるが、融通性が高く利用者との関係がより密になるという面がある」[1]というインフォーマルサポートの利点をふまえたものでもある。

（iv）今後の展開

Bさんは、現在要介護2で、身体的な介助は一部必要であるが、認知症の症状はなく、自身の意思もはっきりと伝えることができる。また、デイサービスを利用しない日は漢字ドリルに取り組むなど、意欲的に学習する姿も見られ、家族との関係も良好である。

しかし、身体機能や認知機能の低下によって要介護度が高くなると、現在のフォーマルサービスとインフォーマルサポートのIPWだけでは、Bさんの在宅生活を支えることができなくなる可能性がある。

そこで、特に脳梗塞が再発しないように、月1回の主治医の診察を必ず受け、高血圧や糖尿病の病状のコントロールを良好に保っていくとともに、60代後半の家族の介護力や介護負担感、健康状態を適宜モニタリングし、レスパイトケアの程度や内容の検討をすること、また、介護に対する些細な不安をケアマネジャーやほかの利用しているサービスの職員に相談してよいことを伝えることが必要である。

また、介護家族の精神的サポートとして、居住している地域の社会福祉協議会や地域包括支援センターが開催している介護者の家族会（情報交換や悩みや不安を話したりするつながりの場）の情報を提供しておく必要がある。

④ 事例から導かれること

Bさんは、要介護状態となっても住み慣れた地域で余生を送りたいとの希望があり、本事例では、その希望をかなえるために直面するBさんのさまざまな生活課題に対して、Bさんへの支援を中心としながらも、介護する家族を支援することもあわせて求められていた。

要介護高齢者の在宅支援で重要なことは、高齢者の要介護状態を軽減・改善する、もしくは重度化を予防することにつながるように、残存機能をいかした生活を維持・促進することをめざして、地域にある多様なフォーマルサービスのIPWを行っていくとともに、高齢者の健康状態に合わせて、本人および介護家族の希望を聞きながら、適切な介護方法と必要な社会資源の導入を提案して、在宅での療養生活をできるだけ継続していけるようにマネジメントしていくことである。

3）発達障害生徒の教育的支援の事例

① 事例に関する基礎知識——特別支援教育の理念と学校内外の支援体制

（i）特別支援教育と共生社会の理念

日本における障害のある子どもたちへの学校教育は、2007（平成19）年の学校教育法の一部改正を契機に「特殊教育」から「特別支援教育」に舵を切った。ここで、特別な教育的支援を要する子どもたち（以下、教育的支援を要する子）の教育は特別支援学校のみならず、すべての幼稚園や小中学校および高等学校で、広く取り組むべきものとされた。特別支援教育は、「障害の有無やその他の個々の違いを認識しつつ様々な人々が生き生きと活躍できる共生社会の形成の基盤」[2]をなすものである。

（ii）校内委員会と特別支援教育コーディネーター

各学校には「校内委員会」が設置され、教育的支援を要する子の実態把握や支援方法の検討が行われる。同委員会の運営は、「特別支援教育コーディネーター」がキーパーソンとなって進める。この分掌の担当教員は同委員会の運営のほか、研修業務や校外専門家との連絡調整、保護者の相談窓口などの役割を担う。

また、日ごろから全校児童生徒の心身の健康状態を把握する立場にある養護教諭

が、同委員会や校内支援体制で果たす役割は大きい。

(iii) 学校外の諸機関や専門家との連携と協働

　特別支援教育では外部専門家との連携も行われる。自治体の教育委員会等から専門家が「巡回相談員」として小中学校等に派遣され、教師へのコンサルテーションを進める。特別支援学校は「特別支援教育のセンター的機能」を有し、該当地域の学校の要請にもとづき、教師への特別支援教育に関する専門的助言を行う。

(iv) 「個別の教育支援計画」と「個別の指導計画」の作成

　「乳幼児期から卒業後まで一貫した支援」[3] を実現するため、各学校で医療・保健・福祉・労働等の諸機関との連携を視野に入れた「個別の教育支援計画」が作成される。さらに、教員間で支援目標と方法を共有するために「個別の指導計画」も作成される。本項では、多職種で「個別の指導計画」を検討するプロセスを紹介する。

② IPW の展開——校内委員会におけるケース会議に着目して

(i) 校内委員会の開催と支援対象生徒（架空事例）

　中学校の校内委員会でケース会議が開催され、C 君（中 1 男子、自閉症スペクトラム障害（以下、ASD））の教育的支援が検討された。出席者は、特別支援教育コーディネーター（特別 CO）、校長等の管理職、学級担任（担任）、教科担当（教科）、養護教諭（養教）、スクールカウンセラー（SC）である。今回は市教育委員会が派遣した巡回相談員（巡回）も出席した。ここでの検討結果は、後日、個別の指導計画に反映された（表 8-2）。

(ii) ケース会議における教育的支援の検討

■検討① 　見通し形成につながる環境調整と指導の工夫

[特別 CO] 今日は C 君の教育的支援の手立てを検討します。皆さん、積極的な報告や提案をお願いします。では担任の先生、現状報告と課題提起をよろしく。

[担任] 時々、C 君は何をしてよいか分からなくなるようで、おろおろします。特に、体育祭や合唱祭などの学校行事が近づき、いつもの生活が大幅に変更される時期は苦手です。そんな彼に、安心して学校生活を楽しんでもらいたいです。

[巡回] そうですか。環境の変化や予定変更が苦手な ASD のお子さんは少なくありません。教育的支援のキーワードの 1 つが「見通し形成」ですね。

[担任] それに関しては、事前にスケジュールを伝え、本人と確認しています（表8-2 ①）。大切な伝達は口頭指示にあわせて、板書したり、メモを渡して、見えるように書き出しています（表8-2 ②）。

[特別 CO] つまり、見通しの可視化ですね。では、皆さんの授業で何ができますか？

表8-2　個別の指導計画（架空事例）

氏名	C君	学校名	○○市立　△△中学校
学年・組	1年○組	記入者名	□□　□□（20XX 年○月○日　記入）
指導方針	学校生活で達成と参加の成功体験を積み、自己肯定感を育んでいく。		

生徒の実態	《障害等の状況》　自閉症スペクトラム障害（ASD）小学校2年生で診断あり（○○医科大学病院） **＜学校生活＞** ・急な予定変更で呆然となる。臨機応変は難しい。 ・大きな学校行事で戸惑う（合唱祭・運動会など）。 ・学校の敷地や校舎内で迷う（1学期前半）。 ・掃除をまじめにやるので教師に褒められる。 ・職員室に行くことや、教師と話すことが目立つ。 **＜対人関係とコミュニケーション＞** ・相手の気持ちをくみ取り、察することが苦手。 ・唐突で場違いな発言で、友達から「空気読めめ」と非難される。 ・冗談を真に受けるため、友人にからかわれる。 ・語彙が多い。難しい言葉や言い回しを好む。 ・人と話すときの距離が近い。女子から避けられる。　　　　　　　　　　　　**＜学習の状況＞** ・協同的な学習場面で、友達と会話がかみ合わない。 ・班やグループの話し合いで、興味のあることを一方的に話す。 ・特定分野に強い関心がある（歴史）。知識が豊富（城・軍艦など）。 ・授業中の発言や発表を好む。 ・おおむね試験の点数は高い。学力は平均以上。 ・教科や課題により極端に意欲や態度が違う。教師が注意。 ・こだわりが強く、納得できないと作文や作品を提出しない。 ・体の動きがぎこちない。友達がロボット君と揶揄。 **＜その他の事項＞** ・「どうせ僕は……」と自分を卑下する発言が増える。 ・指摘、注意されることを極端に嫌う。

課題・目標	教育的支援の内容・方法・手立て	評価
【1】安心と見通しをもち学校生活を送る	① 日課や予定をスケジュール表で明示、変更可能性も含めた伝達 　　特に学校行事（体育祭・合唱祭・スキー合宿等）およびその準備期間 ② 重要連絡は口頭指示にあわせて書き出し　（例）板書・付箋・メモ等 ③ 準備や作業手順のフローチャート　（例）美術作品・理科実験　等 ④ 確認や援助希求スキルへの積極的な応答と承認　（例）「いい質問だね！」 ⑤ 上記のスキルの使用の積極的なうながし　（例）「ヒント欲しい人？」 ⑥ 協同的な学習課題・場面の "分かりやすさ" の工夫（グループワーク等） （例）役割の明示と付与、活動のフォーマット（役割表・活動目標と進行表等）	
【2】人の気持ちや状況に目を向けて行動する	⑦ 教師や友達の内面（心情・意図等）を言語化して伝える ⑧ 上記⑦が否定的内容にかたよらない配慮。肯定・承認・期待・感謝を伝える （例）「さすがだね」「楽しみにしてるよ」「……してくれてありがとう」 ⑨ 話し合いで共有されているテーマ文脈や了解の確認　（例）「今は何の話かな？」 ⑩ 婉曲的（遠回し）・比喩や皮肉、省略の多いメッセージには要注意 ⑪ 学級集団の「暗黙の了解・前提」を言語化　（例）「点数は見られたくないものだ」	
【3】柔軟でバランスのよい見方や考え方ができる	⑫ 「また拒絶された」と誤認されない注意の仕方の工夫 　　（例）本人否定ではなく規範の確認　（「〜は学校の決まりです」） 　　（例）期待感を伝える　（「お願い、できるよね」） 　　（例）してほしいことに焦点化　（「Aするな」より「Bして」） 　　（例）自尊心や成功体験への働きかけ　（「この前……できたじゃない」） 　　（例）気づきと行動修正のチャンス　（「どうするんだっけ？」） 　　（例）複数名で同時に言わない　（「先生がちゃんと言います」） ⑬ 優先順位や重要度の確認や判断のうながし 　　（例）「どっちが大事？」「先にやるのは？」 ⑭ 認知のかたよりを固定化させないための教師との対話 　　（例）「どうせ僕なんか……」「僕だけ嫌われている……」 　　⇒　以下の諸点で "別の見方" を示していく 　　時系列・状況や文脈・原因帰属・複数の可能性・肯定的側面への着目　等	
【4】得意なことをいかして諸活動に参加する	⑮ 授業等に「役割と居場所」を見つける機会を提供・設定 　　（例）発言の機会、学習発表、古文暗唱、うんちくタイム、ミニ先生等 ⑯ 授業の学習規範は明示　（例）発言の許可を求める・友達の発言を遮らない ⑰ 興味や関心を共有できる仲間関係（現在の所属、郷土歴史研究部） ⑱ 生徒同士が社会的な承認を与え合う授業改善や学級経営 　　（例）発表者への拍手やコメント、帰りの学活で「今日のMVP」報告 【注】本人の自立の度合いに応じて、支援の度合いや頻度を調整 　　　学級内で、支援が不自然な特別扱いに見えない配慮	

注）架空事例にもとづく架空の個別の指導計画であり、実在する自治体・学校・個人のものではない。

［美術］そういえば、新規の単元で、授業中に立ちつくす彼をよく見かけますね。作品完成までの手順を丁寧に図解したプリントを用意してみます（**表8-2 ③**）。

［理科］では、僕は実験手順のプリントもつくってみようと思います。これって、きっと、ほかにも必要な生徒がいると思います（**表8-2 ③**）。

［特別CO］皆さん、たくさんのアイデアをありがとうございます。では、ここで観点を変えてみます。私たち教師がすべき配慮や工夫に加え、C君本人に身につけてほしい力とは何でしょうか？

［養教］何といっても「SOSを発する力」です！　もしC君が「次は……ですか？」「先生お願いします」と確認や援助を求めてきたら、「よく聞いてくれたね！」と認めてあげてください（**表8-2 ④⑤**）。これは、どの生徒でも大切だと思います。

［巡回］援助希求のソーシャルスキルの使用は、適応的で自立的な立派な行動です。

■検討②　障害特性の理解とコミュニケーションの配慮

［特別CO］次に、C君の対人関係やコミュニケーションを見てみましょう。

［数学］そうそう、授業でテストの返却をしたのですが、彼は隣の生徒の答案をのぞき、「そんな簡単な問題を間違えたの？　教えてあげるよ」と、周囲に聞こえる声で言っていました。本人に悪気はないようですが、隣の生徒は困っていました。

［国語］私が気になるのは協同的な学習活動です。班で話し合う場面で、彼は一方的に知識を披露したり、突飛な話を始めます。そうすると、「まじめにやって！」「空気読めよ！」と友達から非難されてしまうのです。

［巡回］そうですか。こうした行動の背景には相手の気持ちをくみ取り、文脈情報を理解し共有すること、つまり社会的な認知機能の弱さがあると想定されます。

［特別CO］では、そんなC君の特性をふまえ、教師が配慮すべきこととは？

［養教］そうですね。「先生はこう思う」と気持ちを簡潔に伝えたいです（**表8-2 ⑦**）。でも、「困っています」「迷惑しています」などと、否定的なことばかり言いたくありません。彼のよいところにしっかり目を向けて、「期待しているよ」などと、肯定的な言葉をかけてあげたいです（**表8-2 ⑧**）。

［国語］巡回の先生は"文脈の共有"とおっしゃいましたが、なるほどと思いました。来週、班で話し合う課題があります。丁寧に机間指導を行い、「今、何の話してる？」と確認の声かけをしてみます（**表8-2 ⑨**）。授業中の机間指導は大事ですね。

［体育］こんなこともありました。先月、Cが授業の整列に遅れたんです。「ずいぶんと偉くなったな！」と言ったら、なんと彼は「ありがとうございます」と礼を言ったんです。"変化球"は、難しくて捕ってもらえないんだな……。

［巡回］実際のところ、ASDのある人は、比喩や皮肉、婉曲的表現、話の裏や行間

を理解するのが苦手です。今度の投球は"ストレート"でお願いします（表8-2 ⑩）。

■検討③　自己肯定感の維持と二次障害の予防

[特別CO] 今度はC君と個別的にかかわっている先生方、近況をお聞かせください。

[SC] 歴史好きな彼は、相談室で楽しそうにお城の話をしてくれます。でも、先生や友達から強く注意された日は、「僕だけダメ出しされる」と落胆しています。「どうせ僕なんか」とよく口にします。失敗体験が続くと、ますます自己肯定感が低下するおそれがあります。こうした二次障害はなんとか食い止めたいです。

[養教] C君は保健室にも顔を出します。先日、彼が体重計にドンと荒っぽく乗っかったんです。「ダメッ！」と注意しました。すると、険しい表情で「先生も偽善者だ！」と叫ぶんです。指摘や注意がすごく嫌で、このような過剰な反応が目立ちます。

[巡回] 人の内面理解や社会的文脈に沿った行動が苦手な彼は、注意や叱責を受けることが多くなりがちです。過剰な反応の背景には、そんな失敗体験の蓄積があります。教師にとってあたりまえの指導でも、本人は疎外感を感じることがあります。

[音楽] でも、ここは学校です。注意すべきときには、ちゃんと注意すべきです。

[特別CO] では論点を整理します。ここでは、注意することの是非ではなく、本人が"また拒絶された"と感じなくてすむ"伝え方"を考えてみましょう。

[英語] 以前、「これは学校の決まりです」と淡々と注意したら、すんなり受け入れてくれました。この言い方だと、本人を否定しなくてすみますから（表8-2 ⑫）。

[家庭科] 勝手にミシンをいじっていた彼に、「これ壊れやすいの。そーっと棚に戻してくれるよね」と言ったら、「了解！」と言っていました。「お願いね」「期待しているね」というニュアンスは、受け入れやすいようですね。（表8-2 ⑫）。

[特別CO] 小学校の申し送りでは、C君は間違えることを極端に嫌っていたそうです。教師がプリントにバツをつけると大騒ぎするので、低学年のころは「ここを直せばマル」と伝えていたそうです。つまり、"ダメなこと"より"してほしいこと"を強調して伝えるんですね（表8-2 ⑫）。

■検討④　興味と得意をいかした授業参加と成功体験の確保

[特別CO] ここまでは、C君の対人関係の困難に着目してきました。今度は、彼が得意なことで成功体験を積み、自己肯定感を高める手立てを考えましょう。

[社会] 授業でとても印象深いことがありました。ディスプレイで見せた、フランシスコ・ザビエルの映像に"光背"を見つけた彼は、「うちの仏壇の仏様にも輪がある」と言うんです。「なぜだと思う？」と私が発問すると、「宗教が違っても、人間は同じことを考える」と解説していました。生徒たちが皆、「Cすごい！」と感心していましたよ。もちろん私もです。

［巡回］彼の発言をチャンスととらえて、周囲からの承認という成功体験につなげてくれましたね。学級全体でも、発展的で深い学びの機会となったはずです。そんな「機を見るに敏」のご指導の根底にあるものを教えていただけますか？

［社会］彼は「豊かな世界をもつ子」ですよ。そこに光をあてたいです。彼が"自分らしさ"を殺さずに、むしろいかしながら、学校という社会に「役割と居場所」を発見できるように支えたいです。これって、どの生徒にも大切なことですよね。

［巡回］ありがとうございます。私もまったく同感です。いろいろな"自分らしさ"が輝く学校。それは、まさに共生社会ですね。

［特別CO］今ご提案いただいた「役割と居場所」を見つける支援、皆さんの授業でどんな取り組みができるでしょうか（表8-2⑮）？ 今後、実践してみてください。

　では、そろそろお時間です。今日は教育的支援の手立てをさまざまな観点で考え、発見できました。皆さんのご協力に感謝します。明日からも力を合わせ"チーム学校"となってがんばりましょう！

③ 事例から考える──発達障害のある児童生徒の教育的支援の観点

　既述のケース会議で、教師たちは日々のコミュニケーションや授業に着目し、活発な協議を行い、具体的な教育的支援の手立て（「個別の指導計画」）を導いた。つまり、参加者間の相互作用が活性化され、「実践の言語化プロセス」[4]が促進され、教師の「経験知が支援仮説に再構成」[5]されている。

　以下、こうした実践上の課題解決プロセスを進める際に、協働的関係にある専門的職業人同士が共有したい、教育的支援の観点を整理する。

　1点目は「環境との相互作用」である。ケース会議の参加者は、C君の困難を単に本人の特性や機能として論じるのではなく、教師の言動や授業との関連性においてもとらえようとしている。教師は子どもの環境の一部である。その自覚をふまえて、自らを俯瞰するまなざしが教育的支援には求められる。

　2点目は「弱みと強み」の双方への着目である。巡回相談員は、主にC君の困難に着目し、その背景理解と補完の手立てに言及している。一方、特別支援教育コーディネーターは「得意なことで成功体験を積む」ことの重要性を提案している。後者について、ある教師はC君の強みを見抜き、彼の自己表現や集団参加、そして社会的承認のチャンスを見出している。このように、「出番と舞台とスポットライト」[6]を準備する発想と技術が、教育的支援の担い手には必要とされる。

　3点目は「多面的理解」である。ケース会議では、日ごろから異なる立場でC

君とかかわる複数名の教師が報告をした。こうして、教育的支援を要する子にさまざまな角度から光をあてると、困難の背景とそこにあるニーズがより立体的かつ重層的に見えてくる。さらに、支援と実践のヒントを発見することができる。

　4点目は、「教育実践の質向上」である。C君の教育的支援の検討プロセスで、教師は自らの平素のコミュニケーションを省察し、授業改善を発想している。さらに、検討で導かれた教育的支援の手立てに関し、「どの生徒にも大切」と異口同音に語っている。つまり"ひとり"の生徒の個別的なニーズや課題と真摯に向かい合う営みは、学級や学校"全体"の教育実践の質向上につながるのだ。逆もまた真である。こうした教育実践の積み重ねが、学校という社会に共生社会の理念を実現させることを期待したい。

4）精神障害者支援の事例

① 事例の概要

　まじめでひょうきんなDさん（27歳、男性）は、大学進学をめざし学業に励んでいた高校3年生の冬、関係念慮と自生思考を主症状とし統合失調症を発症した。その後、数か月間精神科病院へ入院し、1年間の浪人を経て無事大学に合格した。大学時代の学業成績は良好であったが、サークルやゼミでの人間関係に苦労していた。得意な英語をいかして大手企業に就職したいと望み、数社へエントリーしたが、志望もかなわずIT関連の中小企業に就職した。

　Dさんは就職3か月後に再び関係念慮と自生思考が増悪し、1年で退職した。精神科病院への通院は不定期で、2年間ほどネットサーフィン三昧の自閉的な生活を送っていたが、主治医の勧めで精神科デイケア（以下、デイケア）に通所することとなった。デイケアでは、Dさんのひょうきんで場を和ませる一面も見られたが、与えられた課題をきちんと行わないと気がすまず、完璧さを求める特徴が見られた。また、Dさんは仕事のことで頭がいっぱいになると、他者へ厳しい発言をすることもあった。社会生活スキルトレーニング（SST）や心理教育プログラムを受けるなかで、Dさんも自分の特徴に気づき、行動修正しようと努力していた。服薬アドヒアランス[※1]も良好となり、デイケアの利用を始めてから1年半後、Dさんはデイケアの担当職員（E職員）に、得意な英語をいかす仕事に就くために、独学で

※1）患者が治療や服薬について理解し、積極的に治療方針の決定に参加し、その決定に沿って自ら行動すること。

勉強してから就職したいと話した。一方、Dさんの母親は、本人に経済的に自立することを強く望んでいることが分かった。主治医は、Dさんに簡単な事務的作業であれば就労の可能性は十分あり、独学での勉強は自閉的な生活を助長する可能性があることから、あまり勧められないと伝えていた。Dさんは、今後は母親の言いなりではなく、自分の将来は自分で決めたいという意思をもっていた。E職員は関係者間で協議が必要と考えた。

② IPWの展開

（ⅰ）就労活動開始まで

E職員はDさんに、今後のことを協議する場としてDさん、母親、主治医、E職員の4者面談を提案したが、「母親と話しても無駄」とDさんは難色を示していた。E職員は、Dさんの様子からDさんが4者面談に対し、自分の意見を聞いてもらえず、周りの意見を押しつけられ、説得させられてしまうと思っているのではないかと推測した。E職員は、Dさんに4者面談の目的を丁寧に説明し、自分の意見や思いを率直に話してほしいと伝えた。

実際の4者面談では、主治医が面談の目的を伝え、Dさん、母親の順に意見とその理由を詳細に聞いた。Dさんが話している最中、時折、母親がDさんの言葉を遮ろうとしたが、E職員が最後までDさんの話を聞くよううながし、後半、母親はDさんの話を黙って聞いていた。主治医とE職員は、就労と英語の勉強の両立の可能性、デイケアでの仕事ぶりの肯定的評価を伝えた。Dさんは「精神障害者保健福祉手帳（以下、手帳）がないから障害者として働くことは無理。得意な英語を勉強して就職するしかない」と話し、Dさんがなぜ英語の勉強にこだわっていたのかが明らかとなった。主治医は母親の手帳取得に対する拒否的態度を考慮して、手帳を取得することのメリットとデメリットを4者で確認し、母親に再度意見を求めた。母親は、手帳の取得は障害者という烙印を押されるものと認識していたことや、障害と向き合っているDさんを子ども扱いしていたことに謝罪し、父親が定年間近のため経済的不安があることを訴えた。母親の謝罪に驚いていたDさんは、しばらく考えた後、「経済的不安は自分も同じ」と話し、障害を開示しての就労に向けて動き出すことになった。Dさんの決意を聞いて母親も軟化し、手帳だけでなく障害年金の受給にも前向きとなった。そこでE職員は、手帳や障害年金の受給のための手続き方法を説明し、Dさんと母親の2人で手続きをすることを勧めた。あわせて、就労までの流れと関係機関との連携を進めることを説明し、Dさんと母親の合意を得た。

（ⅱ）就労活動開始

　求職申し込みのため、DさんはE職員とともに公共職業安定所（ハローワーク）専門援助部門のF職員と面談した。F職員からは、地域障害者職業センターにて職業適性や職業準備性などのアセスメントが提案された。しかし、Dさんは「多くの支援者がいると混乱する。自分の病気を理解してくれる職場ならすぐ働ける」という理由で提案を拒んだ。この面談では、求職活動と並行して、デイケアにて就労を見据えたプログラムを行うことで合意した。Dさんは、F職員から求人情報を得ても、あれこれ理由をつけて拒んでいた。就職面接まで至らず焦りだけが募るDさんの様子を見て、E職員はDさんと個別面談をすることにした。この個別面談のなかで、Dさんは大手企業への就労をあきらめきれない思いを話した。

　手帳取得や障害年金受給が確定したこともあり、Dさん、主治医、E職員、F職員の4者での面談を行った。主治医による後押しもあり、F職員の提案で障害者委託訓練事業※2）（以下、委託訓練）に参加することとなった。2か月間の委託訓練では、Dさんは時間どおりに出社し、休むことなく決められた事務補助業務をきちんと行った。しかし、Dさんは通常業務と異なる仕事を依頼されると、上司への確認とメモが多くなり、訓練終了後にはメモの量がB5判ノート1冊分となった。委託訓練終了後の振り返りでは、E職員とメモの使い方を検討すること、就労後の支援を見据えてDさんの自宅に近い障害者就業・生活支援センター※3）（以下、センター）を利用すること、就労先は大手企業の特例子会社※4）が第一希望であることを、Dさん、E職員、F職員の3者で確認した。

（ⅲ）就職に向けて

　DさんはE職員とメモの使い方について検討し、メモは自分にとって大事だが、多すぎてどこにメモしたかわからなくなることがあることを振り返った。DさんとE職員は、B5判ノートを「仕事ノート」として活用し、1日の活動記録（仕事内容）、体調、ポイントメモ、できたこと（よかったこと）を記入することで合意した。

※2）障害者の就労支援策の1つとして、企業やNPO法人、民間教育訓練機関等に委託をし、原則として1〜3か月実施する職業訓練。

※3）障害者の職業生活における自立を図るため、雇用、保健、福祉、教育等の関係機関との連携のもと、障害者の身近な地域において就業面および生活面における一体的な支援を行う。障害者の雇用の促進および安定を図ることを目的として、全国に設置されている。

※4）障害者の雇用の促進および安定を図るため、事業主が障害者の雇用に特別の配慮をした子会社を設立し、一定の要件を満たす場合には、特例としてその子会社に雇用されている労働者を親会社に雇用されているものとみなして、実雇用率を算定できる制度。

以前は「多くの支援者がいると混乱する」と話していた D さんであったが、地元のセンターならばいつでも相談できると、センターの利用登録も行った。その後、大手企業の特例子会社より事務補助の求人情報があり、D さんは採用面接を受けることとなった。採用面接で、D さんは自分の特徴と仕事ノートの利用について明確に話し合格した。また、職場訪問などの支援は F 職員が担っていたが、徐々にセンター職員へ移行することで D さんも合意した。

③ 事例における IPW のポイント

　事例の経過に則して、本事例における IPW のポイントを検証する（図8-3）。

（ⅰ）チーム形成と目標の共有化

　本事例における IPW におけるチーム形成は、D さん、母親、主治医、デイケア E 職員の４者で協議する場を設けたことから始まっている。チーム内の治療関係は良好であったが、親子関係は意見の相違により不安定な状態であった。そのため、４者面談開始時、主治医は面談の目的を明確に示し、E 職員も D さんや母親が対話できるよう調整した。その後、D さんにとって初対面の F 職員がチームに加わったが、障害を開示した就労という明確な目標を D さんが表明したため、チーム形

図8-3　Dさんの就労支援のためのIPWの展開

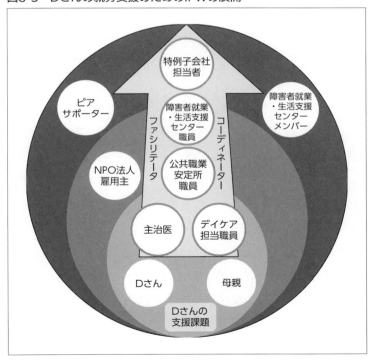

成はスムーズであった。

（ⅱ）ディスカッションによる合意形成

本事例では、4者面談での対話を重視したことにより、合意形成がなされた。本当は就労を望んでいたというDさんの思いが表出されたことで、母親だけでなく主治医とE職員の気持ちも動かされ、チーム内での共通認識が生まれグループダイナミクスが変化した。障害を開示した就労をめざすことが次の目標となった後は、それまで不安定であった親子関係も一変し、4者で目標が共有され、達成に向けた計画をつくることができた。F職員が加わった後もチーム内での対話を重視し、委託訓練の経験から、仕事ノートの作成という就労定着に向けた計画を実行した成果は大きい。

（ⅲ）利用者の変化——コンフリクト（葛藤）とその解決を通じて

4者面談の前に親子間での意見の相違に気づいていた主治医やE職員は、面談の場でDさんと母親が思いを正直に話すことができれば、支援課題が明確となると考えていた。Dさんの意見を最優先に考えたいと思っていたE職員がコーディネーターとなり、Dさんが最後まで意見を言える場づくりをした。さらに、主治医やE職員がDさんに対する具体的な肯定的フィードバックと今後の見通しを伝えたことによって、Dさんとの信頼関係がより強固となり、4者面談はDさんにとって安心して何でも話せる場になったと思われる。母親はDさんに謝罪し、Dさんは就労をめざすことを表明し、これを受けて母親も社会資源の活用を受け入れ、コンフリクトから良循環へと一変した。E職員は、この良循環を一過性で終わらせず、建設的な一歩を親子でふみ出してほしいと考え、社会資源の申請手続きは、Dさんと母親の2者で行うよう働きかけた。

4者面談での経験をいかし、F職員がチームメンバーに加わってからも、E職員は対話を重視し共通認識を得ることに努めた。F職員の提案をなかなか受け入れないDさんの思いは、チーム内で語られることはなかった。そのため、E職員は個別に面談し、その後、チームで共有することにした。このように臨機応変に対応することで、コンフリクトを乗り越えることができたと考えられる。

（ⅳ）今後の展開

大学卒業時の希望であった大手企業への就職をあきらめきれない思いをもつDさんが、大手企業の特例子会社への就労につながったことは、Dさんの意向に沿うものであった。しかし、新たな仕事をまかされると確認やメモが増えることや、仕事に熱心に取り組むあまり周囲が見えにくくなるといったDさんの特性を考えると、就労定着支援が重要な鍵を握っている。就労定着支援では、これまでE職

員やＦ職員が担っていたファシリテータとコーディネーターの役割が、会社の担当者やセンター職員へと移行するであろう。また、センター内で実施している就労者向けプログラムの参加やピアサポートという場を利用することも視野に入れ、ピアサポーターなどが新たなチームメンバーとなる可能性もある。

（ⅴ）事例からの学び

　本事例からの学びは、チームでの対話によって互いの理解を深め、議論により合意形成ができたことであろう。しかし、チームによっては、利用者の意見や主張が症状に起因するものととらえ、その言葉の裏に隠された利用者の思いや価値観に目が向かないことがある。Ｄさんが話した「英語の勉強をしたい」「地域障害者職業センターは利用しない」「大手企業への就職をあきらめきれない」という意見を表層だけでとらえていたならば、その考えを修正しようと説得することに終始していたかもしれない。

　IPWでは、対象者はもちろんのこと、チームメンバー１人ひとりの思いや価値観に目を向けながら対話をする必要がある。対話を重ねたチームは、合意形成のなかで意見の相違があった場合でも、本質をとらえた議論ができ、コンフリクトを乗り越えることができると考えられる。その先には、利用者が思い描く生活の実現が待ち受けている。

④ 本事例を考えるための参考図書

・安西信雄編著『地域ケア時代の精神科デイケア実践ガイド』金剛出版，2006.
・日本職業リハビリテーション学会編『職業リハビリテーションの基礎と実践──障害のある人の就労支援のために』中央法規出版，2012.

5) 地域における専門職ネットワーク事例
（埼玉埼葛南専門職連携推進ねっとわーく）

① 事例の概要

　埼玉埼葛南専門職連携推進ねっとわーく[※5]（以下、ねっとわーく）では、各地域で人生会議（Advance Care Planning：ACP）のためのノートが作成されていても、実際の利用は少ないことが話題となっていた。新型コロナウイルス感染症（COVID-19）の拡大により、病院に行くことにも恐怖感をいだき、定期受診を自主的にひかえた結果、体調管理がうまくいかずに救急車で運ばれる人が増えていること、また、施設に入所していた人が、家に戻るタイミングを逃さないようにと、在宅調整ができないうちに戻ってくる場合があること。このようなときに、日ごろから「将来の変化に備え、将来の医療及びケアについて、本人を主体に、そのご家族や近しい人、医療・ケアチームが、繰り返し話し合いを行い、本人による意思決定を支援する」[7]ことができていないため、ニーズに応じた質の高いケアの提供が難しくなっていたからである。

　「「ACP（アドバンス・ケア・プランニング―人生会議―）」に関する調査結果」[8]では、両親がもっている老後の希望（例えば葬儀や墓、医療や介護についての希望）等の死や悲しみが連想されるような内容は、子世代が聞いておきたいけれど聞くことができていないと報告されている。また、自身が人生の最終段階を迎えたときの過ごし方等の希望を誰にも伝えていない理由として、70歳以上の約20％が「家族など身近な人に判断をゆだねたい」、約13％が「自身の考えは家族に伝わっている

[※5] 「埼玉埼葛南専門職連携推進ねっとわーく」とは、2006（平成18）年度に発足した「埼葛南地域専門職連携推進会議」を前身とする、地域の専門職ネットワークである。2019（令和元）年度に事務局が大学から地域に移管されたことを契機に名称変更し、現在に至る。ねっとわーくの目的・活動内容は以下のとおり。
　【目的】
　　埼玉埼葛南地域の保健医療福祉にかかる諸課題について、圏域を超えた情報共有ならびに多職種連携実践及び支援の質向上に関する検討、研修を行うこと
　【活動内容】
　　（1）埼玉埼葛南地域の専門職連携実践およびその支援方法に関する検討
　　（2）多職種連携実践推進にかかる情報収集および研修活動の実施
　　（3）地域の専門職連携教育に関する情報収集と大学教育組織への情報提示
　　（4）地域の専門職連携およびその支援方法の追求、自治体及び大学等研究機関に繋ぐ活動
　（2019年1月改定　埼玉埼葛南専門職連携推進ねっとわーく設置要綱より）

と思う」と回答しており、その他約26%が「年齢的にまだ早いと思う」、約37%が「考えがまとまっていない」と、もしものときを意識できていないことが報告されている。

　ここでは、一般市民にACPの理解を深めてもらうという課題に対するねっとわーくの取り組みについて取り上げる。

② IPWの展開

（ⅰ）現状の確認と課題の抽出
　ねっとわーくでは、ACPの現状と課題について、以下の5点が確認された。

❶　2018（平成30）年の「人生の最終段階における医療に関する意識調査報告書」[9]では、ACPについて、医師や看護師の約8割、介護職では9割以上が「知らない」と答えたことが示されている。また、一般国民で「よく知っている」と答えた人はわずか3.3％であった。

❷　ACPにおいて大切なことは、ノートに文字を記すことではなく、話し合いのプロセスにこそ焦点をあてるべきである。

❸　リビング・ウィルやエンディングノートなどが終活の流行になっているが、基本的に法的効力がないこと、書いてあることを家族や親戚等が把握していないことなどにより、本人の想いをつなぐための活用ができていない。

❹　医療の現場では高齢者の救急搬送が増え、Do Not Attempt Resuscitation[※6]（DNAR）を確認することが広く浸透している。ACPは、本人の「価値観」や「想い」などをつなぐためのものであるが、DNARとの違いが意識されず、単に心肺蘇生措置の有無を問うものとしてとらえられてしまっている。

❺　ACPの役割や、そこに専門職がどのようにかかわるのかについて、多職種で構成されるねっとわーくの強みをいかし、市民に知ってもらうための試みができるとよい。

（ⅱ）目標の共有
　ねっとわーくメンバーで15回以上の検討を重ね、ACPをテーマにしつつ、自

※6）患者本人または患者の利益にかかわる代理者の意思決定を受けて心肺蘇生法を行わないこと。ただし、患者ないし代理者へのinformed consentと社会的な患者の医療拒否権の保障が前提となる。（日本救急医学会HP「DNAR」より）

分らしく前向きに生き抜くための考え方を学ぶ研修会を企画した。

（iii）市民と多職種でともに学ぶための工夫

研修会は2部構成とした。

■第1部『もしバナゲーム』から考えよう

ACPの必要性や重要性を十分に理解したとしても、実際にACPを開くことは容易ではない。そこで、自分の考えや価値観を他者に伝えたいときや、支えてくれる家族と想いを共有する際のきっかけづくりの1つとして、「もしバナゲーム」[7]（カードゲーム）の活用が検討された。

研修参加者に、カードゲームの活用をより身近に感じてもらうための工夫として、4人の専門職によるロールプレイを"公開「もしバナゲーム」"として紹介することにした。登場人物は、①乳がんを患い子どものために生き抜く母親、②肺がんで余命3か月、閉じこもりの息子と夫のことを案じる妻、③難病を患い、認知症の母を残して先立つことを悩む娘、④重い疾患をかかえ、愛犬のことを心配しながら自宅で最期を迎えたいと願う独居高齢者の4人とした。

その他、第1部で取り上げたテーマは、表8-3のとおりである。

■第2部『本音トーク』〜こんな時・こんな選択〜

第2部では、各職種から、日ごろの現場実践のなかでACPを考えるときに参考となる内容を発信した。取り上げたテーマは、表8-4のとおりである。

【各テーマの趣旨（一部)】

・「心肺蘇生はどうするの？　〜119番通報する意味とは〜」

救急業務では、搬送が責務である。また、応急処置を施さなければその生命が危険であり、またはその症状が悪化するおそれがあると認められる場合には、応急処置を実施することとされている。

つまり、119番通報を受けた救急隊が現場に到着すると、搬送や応急処置をしないという選択肢はなくなる。自宅で最期を迎えたいと考える患者や看取りをした

表8-3　第1部「『もしバナゲーム』から考えよう」で取り上げたテーマ

専門職	テーマ
大学担当	埼玉埼葛南専門職連携推進ねっとわーくについて
病院、薬剤師	ACPについて
看護師・主任ケアマネジャー・ソーシャルワーカー等複数	「もしバナゲーム」を実演・体験してみよう

※7）iACP「もしバナゲーム」（https://www.i-acp.org/game.html）参照。

表8-4　第2部「『本音トーク』～こんな時・こんな選択～」で取り上げたテーマ

専門職	テーマ
民間救急、救急救命士	心肺蘇生はどうするの？　～119番通報する意味とは～
クリニック、看護師	在宅ケア・訪問診療　～延命・看取りとグリーフケア～
訪問看護ステーション、看護師	食べること、胃ろうって……　～こんな時、こんな選択～
リハビリテーション病院、理学療法士	誤嚥しないためのポジショニング
介護保険相談室、主任ケアマネジャー	がん・緩和ケア　在宅ケアの訪問診療
病院、ソーシャルワーカー	透析ってやめられない？ ～あなたの選択を支えるソーシャルワーカー～
在宅医療サポートセンター、看護師、ケアマネジャー	各市のエンディングノートの取り組み ～エンディングノートの利用の仕方～
福祉用具プランナー	「このあとどうしちゃおう」*の話から伝えたいこと

＊ヨシタケシンスケ『このあとどうしちゃおう』ブロンズ新社，2016.

いという家族が増えている昨今だが、最期の時間が訪れた際に、どうしたらよいか悩んだ末119番通報をしたにもかかわらず、救急隊が自宅に到着し、救命処置を開始しようとすると、それを拒否する場合が増えつつある。こうした場合、2018（平成30）年時点では、消防本部全体の54.4％が対応方針を定められていない[10]。

　また、在宅死を希望する場合、患者の「本人らしさ」や家族の「想い」への対応は、かかりつけ医がいる場合といない場合では異なることに留意する必要がある。

・「食べること、胃ろうって……　～こんな時、こんな選択～」

　胃ろうを造設するかどうかについては、専門医のなかでも意見が分かれるときがある。食べられなくなったときには、胃ろう以外にもさまざまな選択肢がある。そのときのその人の心身状態、死生観、生活環境、生きてきた過程、家族の考え等を大切にし、本人や家族の意向に沿った選択がなされるよう、必要な情報を医療者が提供して話し合う必要がある。

・「がん・緩和ケア　在宅ケアの訪問診療」

　がんの在宅療養では、治療中の人や、治療が終わり、最期のときを迎える準備をする時期の人など、その状況は人それぞれである。また、病気への受容（病気を理解し、受け入れるタイミング）も人によって異なる。病気を受け止め、やり残したことをてきぱきと整理する人もいれば、受け止められずに逝去する人もいる。

　在宅医療は、苦しみや痛みなどの苦痛がない、穏やかな生活が営めることを目標に調整していくが、そのためには、医療用麻薬の利用や対症療法（根本治療でなく、その症状に合わせた対応や薬の処方）を行う必要がある。

　がんと診断されてからの生活のなかでは、やりたいことや価値観を本人が伝えら

れないことがあるかもしれない。平常時に話し合い、本人のやりたいことや価値観が家族に伝わると、最期の時間がより有意義なものとなる。

・「透析ってやめられない？　〜あなたの選択を支えるソーシャルワーカー〜」

透析は、病気を治すための治療ではなく、生命を維持するための治療である。その治療をやめるという選択にかかる意思決定支援を行う際には、①何度も話し合う、②本人、家族、医療スタッフの意思の統一が図れている、③医療スタッフの支えがある、④在宅での看取りの体制づくりがあることが重要である。

③ リフレクション

研修会の出席者は100名を超え、研修会の内容について、86％が「参考になった」と回答した。第1部「『もしバナゲーム』から考えよう」で理解が深まったこととして「考えたことを大切な人と共有することが重要である」「自分の最期について考えるよい機会になる」との回答が多かった。また、ACPにおいて今後多職種で取り組んでいくこととして、「多職種、多機関、地域の民生委員、サロン、町会などとの連携」「本人・家族・医療・福祉との協働のもとで自分らしく生きられる体制づくり（すべての人が希望する場所で受け入れられるように）」「多職種での情報共有」「これからのことを話し合う機会づくり（ACPが身近になるように）」等の回答があり、今後のケアの質の向上のためにそれぞれがすべきことが確認された。

④ 事例のまとめ

人生の最終段階における治療・ケアについての話し合い（ACP）を行うことは、厚生労働省によって推奨されている。しかし、心肺蘇生や自宅での看取りなどについての話し合いを家族で日常的に行うことはなかなか難しい。

「看取り」の形は、死を迎える人や家族の生活状況などによって、また、最期はどこで迎えたいか、誰と過ごしたいか等の希望によって、千差万別である。その人がその人らしく過ごし、生き抜くことを支えるために、看取りについて話し合っておくことが望まれる。

一昔前にはよく聞かれた「すべておまかせします」という言葉は今はない。すべての人にあてはまる「正解」がないからこそ、1人ひとりがどうしていきたいのかを考えなくてはならない。そのためには現状を知るための知識が必要だが、知識を得れば自分で決めていけるということでもある。専門職はそのうえで、その人が自分らしく生き抜くための自己決定をサポートするが、その際には多くの分野・視点の意見を求め、連携していくことが重要である。「正解」がないだけに、専門職であっ

ても悩むことが多い。市民からすると、専門職が悩むと聞くと不安に感じるかもしれないが、悩まない専門職は進歩も発展もなく、狭い専門分野というたこつぼのような世界から紋切り型の知識を伝達するのみになってしまう。IPW は、よりよいケアの提供だけでなく、専門職としての成長にも役立つといえる。

また、IPE においては、学生が教育経験を積むことができる協力的な実践環境が必要である。実践の場が増えることは、現場と教育のコラボレーションの機会が増えることにもつながる。そのため、埼玉埼葛南専門職連携推進ねっとわーくのような地域機関との IPW は、大学にとって重要である。

6）女性と子どもの健康

日本の保健医療福祉分野において、かかわる人々の連携と協働の重要性が認識されるに至った近年の流れについて、女性と子どもの健康を守る施策や活動を例にとって解説する。

① 母子や女性をめぐる社会の変化と施策（表8-5）

表8-5　国内の主な動向（堕胎罪―母性保護―女性の健康へ）

年次	法および事業
1667（寛文 7）年	徳川家光、中条流女医者の堕胎禁止
1882（明治 15）年	旧刑法、堕胎罪が規定される
1916（大正 5）年	工場法（産後の休業、女子の深夜労働の禁止）
1923（大正 12）年	工場法改正（産前の休業、育児時間→母性保護規定の原型となる）
1942（昭和 17）年	妊産婦手帳制度
1947（昭和 22）年	労働基準法（産前産後休業、妊婦軽易業務転換、坑内労働禁止、危険有害業務制限、時間外・休日・深夜労働制限、育児時間、生理休暇）
1948（昭和 23）年	優生保護法（人工妊娠中絶の合法化）
1949（昭和 24）年	優生保護法改正（経済的理由による中絶を認める）
1952（昭和 27）年	受胎調節実地指導員制度
1966（昭和 41）年	母子保健法（妊娠の届け出、母子健康手帳、妊産婦の健康診査等）
1972（昭和 47）年	勤労婦人福祉法（事業者の勤労妊産婦の健康管理、育児休業）
1985（昭和 60）年	労働基準法改正（女子に関する規制緩和、生理休暇の廃止） 女性差別撤廃条約批准
1986（昭和 61）年	男女雇用機会均等法（勤労妊産婦の健康管理への努力義務）
1992（平成 4）年	育児休業法
1994（平成 6）年	カイロ会議（リプロダクティブ・ヘルス／ライツの提唱）
1996（平成 8）年	男女共同参画 2000 年プラン（生涯を通じた女性の健康事業開始）
1999（平成 11）年	低用量ピル認可 男女共同参画基本法

2000（平成 12）年	健康日本 21 健やか親子 21 男女共同参画基本計画（2000 年プランの生涯を通じた女性の健康事業に「女性の主体的な避妊の知識普及」が追加） 児童虐待の防止等に関する法律
2003（平成 15）年	少子化社会対策基本法、次世代育成支援対策推進法
2004（平成 16）年	特定不妊治療費助成事業
2009（平成 21）年	特定妊婦への支援（児童福祉法改正）
2015（平成 27）年	厚生労働省に女性の健康推進室設置 産前・産後サポート事業、産後ケア事業
2017（平成 29）年	子育て世代包括支援センター事業
2019（令和元）年	成育基本法（妊娠から思春期までの切れ目ない支援） 若年妊婦等支援事業

（ⅰ）堕胎の禁止

　日本で女性の健康について語られるとき、主軸を成す概念は長い間「母性保護」であった。女性には、子どもを産む身であることから次世代へ悪影響を及ぼす性感染症に罹患しないよう貞節を守り、身を健やかに保ち心身を鍛えることによって出産や育児の役割が全うできる「母親」としての人生を期待された。江戸時代には貧困のため、農民が間引きや堕胎による出生調節を行っていたため、幕府は国力の損失をおそれて何度も「堕胎禁止」の町触れを出した（徳川家光、徳川吉綱）[11]。明治時代になり堕胎の禁止は刑法に引き継がれ、堕胎罪の条文は今も存続している。

（ⅱ）女子労働者の母性保護

　産業革命後、資本主義経済の波を受け、多くの若い女性が家庭外に出て劣悪な条件の賃金労働に携わるようになると、女子労働者の健康が「出産をする母体」として問題視されるようになった。工場法では産後の休業期間や女子の深夜業禁止が規定され、1923（大正 12）年に産前の休業、育児時間などが追加されて、現在の母性保護規定の原型ができあがり、1947（昭和 22）年の労働基準法に引き継がれた。

（ⅲ）戦後の人口抑制政策

　敗戦直後には人口が急増し、国民の貧困に拍車をかけた。それに伴い、劣悪な環境下で行われる危険なヤミ人工妊娠中絶が横行し、死亡や後遺症に悩む女性が増えるなど、その弊害が問題になっていた。1948（昭和 23）年、政府は優生保護法（当時）によって中絶を合法化し、翌年には経済的な理由による中絶も認め、女性は産婦人科医のもとで安全な中絶が受けられるようになった。また、人口抑制政策を推進するために助産師などを受胎調節実地指導員にして、リズム法（月経周期から禁欲期間を計算する方法）やバリア法（コンドームなど）による受胎調節を普及させ

た。その成果として、人口 1,000 人に対する出生率は、1947（昭和 22）年の
34.3 から 10 年後の 1957（昭和 32）年には 17.2 と半分になるほどの成功をおさ
めた。その後、長い間「夫婦に子どもが 2 人」という家庭像が平均的となって継続
した。

（iv）母子保健の開始

　戦後、母子の健康増進による人口資質の向上をめざして、妊産婦（母親）と乳幼
児の「母子」を一対とした母子保健が充実し、乳児死亡率は先進国並に改善した。
また、女性の社会進出、共働きの増加、核家族化など、母子を取り巻く環境も変化
した。日本も 1985（昭和 60）年に「女性差別撤廃条約」に批准し、伝統的な性
別役割分業から、男女が平等に自己実現をめざす社会への変革に至った。夫婦がそ
ろった家庭で女性が主婦として妊娠・育児に専念する構図はくずれ、密室のワンオ
ペ育児で子育て不安、育児困難にあえぐ母親、経済的困窮に陥ったシングルマザー
が増加している。

　晩婚化や出産年齢の高齢化により少子化が進むことを阻止するために、男女雇用
機会均等法で働く女性の母性保護を促進し、その他、育児休業法（1999（平成
11）年に介護休業も含む法に改正された）、少子化社会対策基本法、次世代育成支
援対策推進法が整備された。さらに、特定不妊治療費助成事業、産前・産後サポー
ト事業、産後ケア事業、子育て世代包括支援センター事業、成育基本法（妊娠から
思春期までの切れ目ない支援）など、次々に妊娠から育児までの母親を支援する方
策が整えられている。

（v）母子健康手帳による母子への包括的支援

　母子保健の推進には、母子健康手帳の制度が大きく貢献した。戦時下の「産めよ
殖やせよ」の国策にもとづき、妊産婦と乳幼児の保護を目的とする「妊産婦手帳制
度」（1942（昭和 17）年）が始まった。この手帳を用いて、妊娠の届け出、妊娠中・
出産時の記録を行い、妊産婦と乳児に必要な食料など物資の優先的配給が受けられ
た。米や出産用の脱脂綿の配給を受けたいがために、妊婦は手帳をもらい健診を受
けるようになり、その結果、妊産婦死亡や流早産の予防が図られた。医療記録を当
事者側にもわたすことで健康の自己管理をうながす効果があり、画期的な制度で
あった。

　その後、「母子手帳制度」「母子健康手帳制度」と改定を重ね、妊産婦自身が記入
する欄も増え、保護者が自ら子どもの体重のデータを記入して視覚的に子どもの成
長を評価できるグラフや、折々の気持ちなどを記入する欄も加わり、現在に至る。
母子健康手帳は「戦時下において主に父権的制度として制定され、その後の社会情

勢の変化や保健医療体制の整備などに伴い、当事者の自発的な健康管理を期待する制度へと成熟」[12] した、国際的にも評価が高い取り組みである。

　物資の配給手帳としての役割は 1952（昭和 27）年度で廃止となったが、戦時下のみならず、現代社会でも妊婦や子どもの健康は、経済状況の影響を特に受けやすいことから、母子健康手帳制度は保健医療に限らない、包括的な支援の提供を示すものであったといえる。

② IPW が必須となった女性と子どもの健康支援

（ⅰ）女性の健康支援

　戦後のベビーブーマーたちが 40 ～ 50 代の更年期にさしかかった 1990 年代には、女性の更年期医療に対するニーズが高まり、全身にさまざまな症状が出る更年期障害が既存の臓器別診療体系になじまないことから、新たに更年期外来が開設された。そして、富士見産婦人科病院事件（1980（昭和 55）年、医師免許のない理事長が診療を行い、健康な子宮などが摘出された事件）を契機として、女性は男性よりも自分に施される治療について質問や意思決定をしにくい立場であることが当時すでに認識されていた。そこで、女性たちが自分の身体について学ぶ自主的な学習会が各地で開かれた。同時に世界では、カイロ会議（1994 年）以降リプロダクティブ・ヘルス／ライツが提唱され、女性の健康は「母親としての健康」だけでなく、女性の人権の一部であるという考え方が示された。

　日本では、1996（平成 8）年に発表された男女共同参画 2000 年プランに初めてこの考え方が登場し、「生涯を通じた女性の健康事業」が開始された。2014（平成 26）年には「女性の健康の包括的支援に関する法律案」[13] が国会に提出されたが、いまだ成立せず、法的整備が遅れている。この法律案の基本理念には、「保健、医療、福祉、教育、労働その他の関連施策の有機的な連携が図られ、総合的に女性の健康の包括的支援が行われること」と、各分野の連携が明確に記されていた。具体的には、厚生労働省、内閣府、文部科学省、その他の関係機関の職員で構成する女性の健康包括的支援調整会議を設け、省庁横断的な連携をもって推進していく予定であった。女性の包括的な健康支援に必須の多分野の連携による政策が立ち遅れていることは残念である。

（ⅱ）生きづらさをかかえる女性と子どもの健康

　出生後間もない赤ちゃんを遺棄して死亡させる事件や子どもの虐待予防の対策として、2009（平成 21）年に児童福祉法において「特定妊婦」への支援が規定された。「特定妊婦」とは「出産後の養育について出産前において支援を行うことが特

表8-6　特定妊婦の指標

| ・若年 |
| ・経済的問題 |
| ・妊娠葛藤 |
| ・母子健康手帳未発行・妊娠後期の妊娠届 |
| ・妊婦健康診査未受診等 |
| ・多胎 |
| ・妊婦の心身の不調 |

出典：厚生労働省「養育支援訪問事業ガイドライン」

に必要と認められる妊婦」と定義され、保健・医療・福祉の連携体制の整備や、妊娠期から子育て期にわたる切れ目のない相談・支援体制の整備が開始された。養育支援訪問事業ガイドライン[14]によれば、特定妊婦とする際の指標は**表8-6**のように多岐にわたり、経済的問題やそれによる未受診など、妊娠前からさまざまな問題をかかえていることを示している。

　一方、この指標のなかにもある「未受診妊婦」については、光田[15]が2009（平成21）年から2014（平成26）年までの大阪府における未受診による出産1,408件の調査を行っている。調査から未受診の要因として「独居、支援者なし、未入籍、精神疾患、人工妊娠中絶、DV、出会い系サイト、貧困、自殺、いじめ、不登校、リストカット、乳児院、母子家庭、自宅出産、ネグレクト、夫無職、虐待歴、失踪届、借金、離婚、未収金、若年、生活保護、住所不定、出生届未提出、前回未受診妊娠、1か月健診未受診、家出、健康保険証不取得、揺さぶられっ子症候群、望まぬ妊娠等」のキーワードがあげられ、これらは児童虐待でも多く見られる要因であると述べられている。

　さらに、妊娠葛藤の相談や支援を専門にしているNPO法人ピッコラーレでは2015（平成27）年から2019（令和元）年までの相談事例を「妊娠葛藤白書」[16]としてまとめ、そのなかで産むと決めた後（妊娠葛藤決断後）の相談事例173件の相談者の背景として、経済的困窮、家族関係、精神疾患などの多様な背景を明らかにしている（**表8-7**）。

　以上から、妊娠葛藤（妊娠に悩む女性）、産むと決断したが困難をかかえる女性、未受診妊婦、児童虐待には共通する要因となる社会的背景が見られる。このような生きづらさをかかえた妊婦の課題解決は、とうてい産科医療機関内だけで担うことはできない。また、妊娠したかもしれないと不安になりながら、受診に必要なお金がないために数か月経過してしまい、法的に人工妊娠中絶が可能な21週6日を過ぎてしまうことが容易に想像できる。どこにも相談や受診をしていない妊婦はどの支援にもつながらず、さらに現在の正しい妊娠週数が分からないために、「中絶」

表8-7 「妊娠葛藤決断後」の相談者の背景上位10項目
（複数該当あり）

	妊娠葛藤決断後の相談者の背景内訳	件数
1	お金がない	30
2	精神疾患（診断のついているもの）	24
3	相手は特定されるが複数	20
4	2人目以上の妊娠	20
5	複雑な親子関係（虐待など）	18
6	相手や家族が非協力的	16
7	親に言えない	15
8	シングルマザー	13
9	孤立しており相談できない	11
10	自傷行為（リストカット・過食など）	10

出典：湯澤直美監修「「妊娠葛藤決断後」の相談」『妊娠葛藤白書——にん
しんSOS東京の現場から2015-2019』特定非営利活動法人ピッコ
ラーレ，p.104，2021.

という選択肢を失うだけでなく、産む場合も自分と胎児の健康状態のチェックが受けられず、健康状態の悪化や流早産の危険性が高まる。妊娠の悩みを早めに相談できること、早期に産科医療機関を受診できることが重要であるが、生きづらさをかかえた女性にはハードルが高い現実がある。悩んでいる人が相談窓口に出向くことや、電話をかけることは難しいため、SNSを活用したアクセスのよい相談窓口が求められている。

　このような状況から、2019（令和元）年に「特定妊婦等に対する産科受診等支援」の制度ができ、看護職またはNPO法人の職員などが妊婦の初回受診に同行することを条件に、初回産科受診料（約1万円）を助成することができるようになった。相談支援を担うNPO法人ピッコラーレ[17]では、相談支援員として研修を受けた助産師、看護師、保健師、医師、社会福祉士、精神保健福祉士、公認心理師、臨床心理士、保育士、教員など多様な職種で構成されるチームが、医療的支援だけではない多くの視点から多面的支援を行っている。また、支援において連携する機関も多岐にわたり、保健センター、福祉事務所、医療機関、児童相談所、母子生活支援施設、婦人保護施設、宿所提供施設、民間支援団体と連携しながら必要な支援を行っている。

③ まとめ

　貧困や複雑な家庭背景が要因となって女性と子どもの健康を脅かしていることへの理解が広まり、徐々に福祉や教育分野との連携によって支援する機運が高まってきた。しかしながら、いまだ児童虐待予防など子どもが絡む問題への支援が優先され、女性単独では医療と福祉などの多分野が協働するような施策が実現していない。実態に法律や制度が追いついていない面もあるが、現在のところ日本はNPO法人の機動力も活用して包括的な支援を進める方向である。専門職者には施設内の連携はもとより、多機関と連携する力をもつことが求められている。

7）介護保険におけるケアマネジメント

① マネジメントとは何か

　マネジメントの概念を生み出したといわれているドラッカー（Drucker, P.）は、マネジメントのことを「人と組織をいかして成果をあげること」と定義しているが、その本質は「さまざまな課題を解決すること」にある。なお、ここでの課題とは、現状とめざす姿（ゴール）のギャップのことを意味する。

　したがって、マネジメントとは、「ゴールを設定したうえで、適切な手段の選択と実践を通じて、現状をゴールに近づけていくプロセス」と定義できる（図8-4）。

② 介護保険で導入されたケアマネジメントの目的とその展開方法

　課題解決を図るための手法であるマネジメントの対象は、「地域」「事業」「ケア」「リスク」など多岐にわたる。本項では、2000（平成12）年4月にスタートした介護保険制度にて、利用者の自立した生活を支援するための活動として導入された「ケアマネジメント」に焦点をあて、その目的・役割と展開方法について解説する。

（ⅰ）ケアマネジメントの目的と役割

　介護保険制度の目的は、介護保険法第1条で述べられているが、そのポイントは、①利用者の尊厳を重視する、②保険給付は利用者の自立した生活を支援するためのものであるという点にある。

　ただし、「自立支援」を実現するためには、個々の高齢者の心身の状況や置かれている環境、ニーズをふまえたうえで、総合的な援助方針のもと、必要なサービスを計画的に提供するとともに、目的の達成状況を定期的に評価していく仕組みが必要となる。そこで導入されたのが「ケアマネジメント」である。

図8-4　マネジメントの基本構造

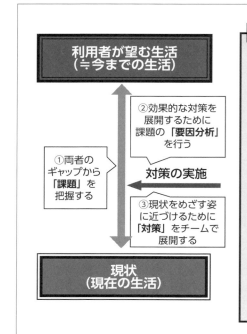

マネジメントの基本的視点

➤ マネジメントとは「課題」を対象とするもの。

➤ 課題とは、望む姿と現状のギャップのこと。したがって、**「利用者が望む姿の設定」**が必須となる。要支援・要介護者の場合、要支援・要介護状態前の生活が、こうありたいと思う姿を考える際に参考となる場合が多い（以前の生活と今の生活の違い）。

➤ 対策には、①改善（課題の縮小）をめざすもの、②リスク回避により現状維持をめざすものがある。

➤ **前者は、現状をめざしたい姿に近づけることで、課題の改善ないし解決を図るもの。**

➤ **後者は、課題拡大のリスク（例：再発による生活機能低下）がある場合に、こうした事象が起こらないようにするもの（リスクマネジメント）。**

➤ 課題は、マネジメントの対象（例：歩行距離を現状の50mから300mに伸ばす、入浴の自立度を見守りレベルに改善する、最期にしたい夢をかなえるなど）によって、人生レベルから生活レベル、機能レベルまで、さまざまな設定が可能となるが、いずれも、本人がめざしたいレベルと現状のギャップを、対策の対象とする点は同じである。

複数領域にニーズを有する高齢者の場合、介護保険サービスだけでは自立した生活を支えきれない場合も多い。そのため、介護保険サービスを中核としつつ、医療サービスやボランティアサービスなど、地域のさまざまな資源を統合した包括的なケアを提供することが求められることとなる。ただし、ケアマネジャーは、これらすべての領域に精通しているわけではない。そのため、多くの異なる分野の専門職とのIPWが必須となる。

（ⅱ）ケアマネジメントと生活機能

ケアマネジメントは「自立支援」を理念とするが、その具体化を図るために採用されたのが、ICF（国際生活機能分類）の生活機能モデルの考え方である。これは、「心身機能・身体構造」「活動」「参加」の3要素を「生活機能」と定義したうえで、これに影響を及ぼす「健康状態」「環境因子」「個人因子」を含めて、障害を包括的にとらえるものである（図8-5）。

ケアマネジャーもサービス提供者も、ICFの6要素を俯瞰しながら、利用者が望む生活を、チーム全体でどのように実現していくかを検討・実践していかなければならないのである。

（ⅲ）ケアマネジメントの展開方法

ケアマネジメントは、おおむね、「利用者の望む生活・家族の意向の確認（インテー

図8-5　ICFの概念図

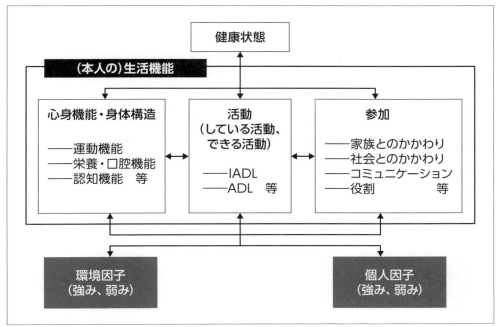

出典：障害者福祉研究会編「ICF国際生活機能分類——国際障害分類改定版」中央法規出版，p.17，2002. を一部改変

ク）→アセスメント・情報収集（課題抽出と具体化）→ケアプラン原案の作成→サービス担当者会議でのケア方針・目標・役割分担の共有→個別援助計画に沿ったケアの提供→モニタリング→評価」といったプロセスから成り立つ（図8-6）。以下、主な手順の概要を解説する。

手順①　利用者の望む生活／家族の意向等の確認（インテーク）

　一般的に、インテークとは、利用候補者をケアマネジメントの対象とするか否かの判断をしたうえで、利用者の主訴の傾聴、観察、インタビュー等を通じて、本人が望んでいる生活の確認、生活課題の把握、家族の意向の確認などを行うことを意味する。

　ケアマネジメントでは、「利用者が自分らしい主体的な生活を営むこと」をできる限り支援することをめざす。そのため、本人がどのような生活を望んでいるのか、どのような生活をしたいのかといった意向の確認が非常に重要となる。

手順②　アセスメント・情報収集（課題抽出と具体化）

　現状や今後の見通しを把握するために行われるのがアセスメント・情報収集である。ケアマネジメントでは、上述したICFの6要素を中心に、アセスメントや関係者からの情報収集を行うことが求められている。

　前述したように、生活課題とは、「現在の生活」と「本人が望む生活」のギャッ

図8-6　ケアマネジメントプロセスの全体像

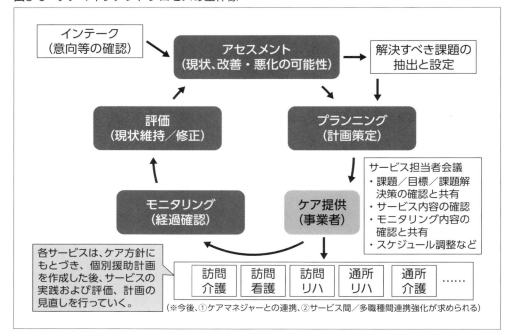

プのことである。ケアマネジャーは、まず、アセスメント領域ごとに課題を抽出し
たうえで、本人の意向、課題の緊急性、課題間の相互関連性、改善や悪化の可能性
（今後の見通し）などを考慮して、複数ある課題の優先順位をつけた後、利用者と
の合意のもと、「解決すべき課題」を設定する。そのうえで、解決すべき課題を生
じさせている要因分析を行う。

手順③　ケアプラン原案の作成

　アセスメントを通じて設定した「解決すべき課題」に対し、いつまでにどこまで
のレベルをめざすのか（短期目標）を設定するとともに、短期目標の達成に向け、
誰が何を行うのかといった役割分担を定めたケアプランの原案を策定する。

手順④　サービス担当者会議でのケア方針・目標・役割分担の共有

　利用者はどのような生活を送りたいのか、有する課題は何か、長期・短期目標を
どこに設定すべきか、目標達成に向けて誰が何を行うのかといった役割分担を関係
者間で共有するとともに、ケアプランと各サービス事業所が策定する個別援助計画
の連動性を高めるために、多職種会議である「サービス担当者会議」を開催・運営
する。

手順⑤　ケアの提供

　サービス担当者会議で合意されたケア方針に沿って、サービス事業者が策定する

のが個別援助計画である。ケアマネジメントと同様、各サービス事業者においても「本人・家族の意向の確認→アセスメント・情報収集→解決すべき課題の設定→課題の要因分析→利用者との合意にもとづく目標の設定→関係者間での情報・課題・目標の共有と役割分担の決定→介入（サービス提供）→モニタリング→評価→計画の見直し」といった一連のマネジメントプロセスを展開することになる。

③ マネジメントを適切に展開するためには

マネジメントを適切に行うためには、❶アセスメント能力（生活機能の現状評価および今後の見通しに関する情報収集）、❷分析能力（根本原因の同定、ICF の各要素間の関連性の分析）、❸効果的な手段の選択能力（ほかの職種との IPW、地域の社会資源の活用）、❹コミュニケーション能力（利用者・家族・ほかの専門職との良好な関係性の構築、本人の本音を引き出す質問力など）、❺合意形成能力などが求められる。

このうち、❶〜❸は、事実を正確に把握するための科学性と、事実にもとづく適切な選択を行うといった論理的思考に関連する能力であり、一方、❹❺は、関係者（利用者、ほかの専門職等）の多様な価値観、関心領域、行動特性を感じ取りながら、目標達成のための最適な道筋を探求するといったマインドに関連する能力である。これらの能力を高めながら、利用者の QOL 向上、自己実現を支援するという目標を実現することが、サービス提供にかかわるすべての専門職に求められているのである。

3 チームメンバーとしての利用者

1）利用者中心のアプローチ

本節では、IPW の「チームにおける利用者」、すなわち支援対象者となる利用者のあり方について考えていく。その切り口として、「利用者中心」について、障害当事者を例に、その背景と意義を確認しておきたい。

日本も 2014（平成 26）年に批准した国連の「障害者の権利に関する条約（障害者権利条約）」は、障害のある人々を従来のような保護の対象ではなく、権利行使の主体として位置づけた。また、その制定過程において、国際的な障害当事者団体をはじめ、当事者が積極的に参画したことが大きな特徴である。「私たちのことを私たち抜きに決めないで」（Nothing about us without us ！）の「私たち」と

は障害当事者のことであり、「障害者権利条約」は 21 世紀最初の人権条約として、当事者本位の性格が特色となった。

IPW に置き換えてみると「利用者中心」を保障するためには、まず、利用者が常に支援の対象者であり続けてよいのかという問いから出発していく必要がある。

2）チームメンバーとしての意識化

利用者を中心に据えた IPW やチームアプローチにおいて示されるのが、**図 8-7** のパターンである。利用者中心の典型のように見えるこのパターンでは、たしかに支援対象となる利用者が中心に置かれ、各種の専門職者がそれを取り囲んでいる。しかしながら、決定的に欠けているのが、利用者がチームメンバーとして認識されていない点である。

それに対して、**図 8-8** では、①中心に置かれるのは利用者という存在ではなく、その利用者がかかえる課題であること、②利用者もその課題を解決するためのチームメンバーの一員であることの認識の必要性を示している。チームの一員だからといって、例えばベッドで療養中の利用者を必ずカンファレンスに参加するように仕向けることを意味しているのではない。ゆえに利用者の状況に応じて……ということになるが、それでもチームを構成する多様な専門職は、その利用者がチームの一員であるという認識をもち続けることが重要なのである。英国専門職連携教育推進センター（Centre for the Advancement of Interprofessional Education：CAIPE)が唱える IPW の「利用者とともに」の意義もここにあると考えられる。チー

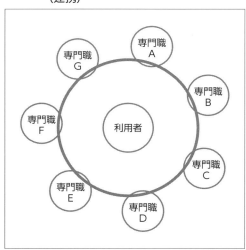

図8-7　利用者を中心に置いたチーム支援（連携）

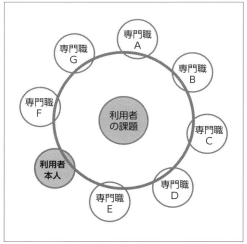

図8-8　利用者の課題を中心に置いたチーム支援（連携）

ムメンバーとしての「利用者中心」が保障されたとき、利用者本位のIPWが確実に進むのである。

3）利用者の「専門性」とは

　チームメンバーとして利用者が果たすべき「専門性」とは何か。利用者は専門職者ではない。しかし、自身の課題や問題を専門職とともに解決する際に、利用者でなければ体験できないことが「専門性」といえる。例えば、ある疾患に伴う「痛み」があげられる。痛みの除去・改善に関する専門職は多いと思うが、必ずしも誰もがその「痛み」を体験しているわけではない。利用者の課題となる「痛み」についての主観的な情報提供者は利用者である。

　課題や問題の第一義的な当事者が複数に及ぶこともあり、家族の位置づけが問われることもある。家族もまた支援の提供者でもあり、支援の受け手でもある。家族が利用者の課題によって影響を受ける存在であり、逆に影響を与える存在でもあることに寄り添いながら、家族ならではの体験という「専門性」をチームのなかで発揮することになる。

　このことは、改めて利用者のもつ力を認識させ、IPWにおける連携のあり方を探求することにもつながる。利用者はIPWの「中心」に対象化されて置かれるのではなく、自身の課題を「中心」に位置づけつつ、その解決に向けて専門職とともにチームメンバーとして解決・改善を図る存在である。それはまた、ストレングスの視点から、常に支援を受ける立場に追いやられることなく、主体性、自発性を尊重する方法論であるともいえる。

地域を学ぶ方法──民俗学からのアドバイス

　第7章の「地域密着型」の「地域」はもとより、本章の多様な対応課題が展開する「地域」について、日ごろから考えておく必要がある。

　地域を理解するにはさまざまなアプローチがあるが、地域を特色づける歴史や人々の生活や精神文化などをよく理解していくことも有効であろう。

　そこで本節では、埼玉県立大学が立地する埼玉県を舞台に、民俗学の視点から「地域」を学ぶ方法について紹介することにしたい。

1 ｜ 郷土と地域

　あなたがIPWや地域包括ケアにかかわるとき、その「地域」を知ることは、あなたが利用者をより深く理解することにつながると期待される。だが、「地域」を知るとはどのようなことか。それには、まずあなた自身の「地域」について考えてみるとよい。それは出身地あるいは現住所だろうか。考察の途中で「地元」や「ふるさと」といった言葉が浮上するかもしれない。行政単位、駅や路線などの交通網、学区や自治会組織、地形などいくつかの視点で考えてほしい。しばらく考えをめぐらせると、一口に地域といっても、境界が曖昧で、誰にどのような場面で語るのかによって複数あり得ることに気がつくだろう。つまり、地域は可変的で複層的なのである。

　民俗学ではかつて「郷土」が重視された。人々が「生活の本拠を置く土地」で、近世の村、近代の大字に相当する地理的範囲である[1]※1)。小学校の学区であることも多く、思い入れや懐かしさと深いつながりを持つ地域概念だ。現代の「地域」概念のルーツの1つである。

　ここで重要なのが、「地域」には人々の相互関係とともに心的なものが含まれることである。地域の特徴や個性は、地形、気候など

※1)「郷土」は戦前に多用されたが、戦後は批判的に継承され、「地方」「地域」に移行した。

の自然要素、社会関係のあり方、そして人々の生活や感性の背景にある無形の精神文化（民俗学でいう「心意」[2]）によって構築される。地域がなんとなく一体感やまとまりをもつように思えるのは、そのまとまりを支える文化や民俗があるからだ。地域の特徴を「地域性」とすると、地域性を理解するためには、民俗、歴史、地誌などに目を向ける必要がある。その行為は民俗学者の営みに近い。

2 図書館の郷土資料

　「地域」を学ぶためには、まず公共図書館の郷土資料室に足を運ぶとよい。そこで『越谷市史』『春日部市史』のような自治体史を手に取ってほしい。自治体史はおおむね、通史編と民俗編、資料編で編纂されている。通史編の近現代史や民俗編からは、公衆衛生や福祉制度の歴史、医療や健康にかかわる祈りの文化、妊娠・出産・育児から葬送までの人の一生にかかわる儀礼などを学ぶことができる。例えば『草加市史』民俗編では、出産や病い・けがにかかわる禁忌、魔除け・悪病除け、ものもらいや百日咳などに対する民間療法がまとめられている[3]。人生の一大事から日常的な心身の不調や不安まで、さまざまな苦悩を人々がどのように乗り越えてきたのかが理解できよう。公衆衛生については、近代初期に赤痢やコレラなどの伝染病がどのように流行し、克服してきたのかを学ぶことができる。これらをふまえて現代のコロナ禍を見直すと、また違った様相が見えてくるだろう。

　調べたいテーマが具体化されたなら、当該分野の書棚を眺めてみるとよい。民俗なら地域の人々が書き記した民俗誌が興味深い。方言や地域独特の語彙が使われるなど、その地域に生きた人々の声にふれることができる。謄写版、私家版など一般には流通していない希少な資料もある。統計資料や行政資料、レファレンスサービスを利用することも可能だ。公共図書館の郷土資料室は、地域を学ぶための情報拠点である。

3 名所図会・写真・WebGIS

　昔、この地域はどんな姿だったのだろう。こうした切り口から地域を知る方法に名所図会や写真がある。名所図会は江戸時代後期に

流行した。写実的な風景画を特徴とし、各地の名所旧跡や特産品などを紹介する。「江戸名所図会」などの有名なものは翻刻されているが、そうでなくても絵図から雰囲気はつかめる。「国立国会図書館デジタルコレクション」「埼玉県立図書館デジタルライブラリー」などのサイトを通じて、無料公開されているものも多い。

　近現代については写真を利用する手がある。郷土資料室の大型本書架には、その地域の新聞社などが刊行している地域の写真集が収蔵されている。埼玉県の例では、『写真集 埼玉の昭和』(埼玉新聞社、1990年)、若狭蔵之助『明治・大正・昭和埼玉県写真集』(国書刊行会、1978年)、『航空写真集 さいたま』(埼玉新聞社、1992年)などである。近年は、地域の日常的な風景を収録した写真集の刊行も盛んである。『写真アルバム 越谷市の昭和』(いき出版、2014年)などだ。絵はがきや古写真のデータベース化も進んでいる。長崎大学附属図書館「日本古写真グローバールデータベース」、埼玉県「彩の国デジタルアーカイブ」などである。

　国土地理院のWebGIS「地理院地図」※2)も便利だ。標準地図に地形図を重ねると、自然堤防、台地、旧河道などの自然地形や盛り土、切土地などの人工地形などの土地の成り立ちが見える。まちがどのような地形に立脚しているのかが分かるとともに、災害時の被害予想にも活用できる。年代ごとの航空写真を重ねて見ることもできる。田畑の宅地化、埋立地の造成、駅の設置と街の発展、逆に過疎化と衰退など、地域の変貌が一目瞭然である。

　まずは、あなた自身のゆかりの場所を閲覧してみてはどうだろう。生まれる前の風景に驚くのではないか。両親や祖父母と一緒に写真を見ると、きっと思いがけない話を聞けるに違いない。そしてあなたも伝承者となるのである。

※2)「地理院地図」の地域理解への活用については、東京大学大学院新領域創成科学研究科の須貝俊彦教授(地学・地理学)に、教養科目「埼玉研究」での講義の一環としてご教示いただいた。

4│寺社探訪

寺院や神社を訪ねてみることも有効だ。寺社は地域の歴史の記録装置である。本尊や主祭神だけではなく、境内で目にすることができる奉納物にも注目してみよう。

地域を離れ、遠方の聖地への巡礼を記念した奉納物が巡礼記念碑である。巡礼の功徳で諸霊を供養するため巡礼供養塔とも呼ばれる。代表的なものに、伊勢神宮、善光寺、出羽三山（月山・羽黒山・湯殿山）、御嶽山、富士山、さらに四国八十八か所や西国、坂東、秩父の百観音霊場のものがある。六十六部回国巡礼供養塔は全国の一宮をめぐってきた証だ。地域は閉ざされた小世界ではなく、外部に開かれ、交流する存在だったことがわかる。

健康祈願や病気治しに関する奉納品に注目するのも面白い。その地域の人々が何に悩み、何を祈ったのかをうかがうことができる。

例えば、秩父三十四観音は女性の祈りが濃い。常泉寺の子持石、金泉寺の子育観音、岩之上堂の乳水場、童子堂の仁王像などからは、妊娠・安産・育児に関する時代を超えた祈りが伝わってくる。他方、菊水寺の子返しの絵馬からは暗い歴史が垣間見える。

庶民の身近な祈りを引き受けてきたのは地蔵菩薩だ。狭山市の「耳だれ地蔵」や「カンカン地蔵」（**写真 8-1**）、川越市の「あごなし地蔵」（**写真 8-2**）などのユニークな地蔵菩薩が、どんな病気や痛みをどのように癒してきたのか、調べてみると面白い。

一方、御堂の縁側に座る赤い座像は賓頭盧尊者像（びんずるさん）である。苦痛のある部位と同じところをなでることで苦痛が癒えるという「なで仏」信仰がある。多くの人になでられることで損耗する像である。長野県の善光寺の賓頭盧像は両目が擦り切れて形がない異形である。薬師如来に奉納されることが多い「め」という字を向かい合わせにした絵馬も、眼病平癒を祈念するものだ。

こうした現地での気づきから、地域におけるトラコーマなどの眼病の流行と対策を自治体史に戻って確認することもできる。さいたま市の武蔵第六天神社には、耳病や頭痛にご利益があるという「神錐」が今も数多く奉納されている。なぜ耳や頭の痛みを癒すのに「錐」なのかを民間療法の資料から考えるのも面白い。

写真8-1　カンカン地蔵　　写真8-2　あごなし地蔵

狭山市「田中の墓地」にて
（2019年1月筆者撮影）

川越市「広済寺」にて
（2019年1月筆者撮影）

　遠い聖地への巡礼という大事業に人々がどのように協力したのか
に関心をもったなら、「講」などの互助組織を参照するとよい。現
地と図書館の往復運動によって、あなたの地域理解はどんどん重層
的になるのである。

5 ｜ 地域を描いた漫画

　ときには漫画も地域理解に有効だ。タイトルに地域名が入ってい
るものが分かりやすいが、地域性や郷土愛を描いた作品は結構ある。
例えば、『こちら葛飾区亀有公園前派出所』（秋本治、1977-2016、
2021 年、集英社）だ。「こち亀」は、時事ネタの宝庫として有名
だが、東京下町への愛着が描かれている漫画でもある。

　県民性のような地域「あるあるネタ」が主題化されたものなら、『埼
玉の女子高生ってどう思いますか？』（渡邉ポポ、2018-2021 年、
新潮社）、『お前はまだグンマを知らない』（井田ヒロト、2014-

2019 年、新潮社）、『北陸とらいあんぐる』（ちさこ、2016-2020 年、KADOKAWA）などがあげられる。特徴的な方言や食べ物、気候、学校の習慣などを知ることができる。

タイトルに地域名を含まないが、特定の地域が舞台である漫画はさらに多い。普段なにげなく読んでいる漫画も、「地域がどのように表象されているのか」という視点でとらえ直すと新しい発見につながるだろう。

6 ｜ まとめ

さて、このようにして、あなたが学んだ知識は果たして「正しい」のだろうか。絵図や漫画には誇張があり得る。写真は客観的事実を写し取ったように見えるが、撮影者が主観的に切り取った風景であることを忘れてはならない。自治体史や民俗誌の記述もどの程度の一般性があるのだろうか。国民性や県民性の議論が妙に腑に落ちるところがある反面、どこか胡散臭いのは、国民や県民が決して一様ではないからである。地域性と地域住民の関係も同様だ。

だが、これらの学びは無駄ではない。次にあなたがするべきなのは、こうした知識を携えて地域の人々に語りかけることである。地域の範囲を可変させながら共通の話題を探ることは、利用者との親和的な関係を築く糸口になる。図書館と現地の往復運動で深まった地域理解は、人々との語り合いを加えることで立体的に立ち上がる。こうした実践のなかで、あなたが人々の「心意」にふれたとき、おそらくあなたは、レイニンガー（Madeleine M. Leininger）らのいう「文化ケア理論」[4] に一歩近づくことになるのである。

引用・参考文献

【第1節】
・日本ケアマネジメント学会認定ケアマネジャーの会監修，福富昌城・白木裕子編著『相談援助職のための事例研究入門——文章・事例・抄録の書き方とプレゼンテーション』中央法規出版，2020.
・村山正治・中田行重編著『新しい事例検討法PCAGIP入門——パーソン・センタード・アプローチの視点から』創元社，2012.

【第2節】
・日本緩和医療学会 専門的・横断的緩和ケア推進委員会「緩和ケアチーム 活動の手引き Practical Guidance for Palliative Care Team 第2版」2013.
・日本緩和医療学会 専門的・横断的緩和ケア推進委員会「緩和ケアチーム活動の手引き（追補版）緩和ケアチームメンバー職種別手引き」2020.
1）神奈川県介護支援専門員協会編『改訂 介護支援専門員実践テキスト——専門研修Ⅰ・更新研修』中央法規出版，p.286，2019.
2）文部科学省「特別支援教育の推進について（通知）」2007.
3）文部科学省「発達障害を含む障害のある幼児児童生徒に対する教育支援体制整備ガイドライン～発達障害等の可能性の段階から、教育的ニーズに気付き、支え、つなぐために～」2017.
4）森正樹・藤野博・大伴潔「教育現場における特別支援教育巡回相談の効果的活用に関する検討——教師の意識と行動にかかわる質問紙を通じた調査」『臨床発達心理実践研究』第7巻，pp.175-183，2012.
5）森正樹「小中学校における特別な教育的ニーズを有する児童生徒への支援の実態と類型——特別支援教育巡回相談における授業観察記録に基づく検討」『臨床発達心理実践研究』第10巻，pp.95-103，2015.
6）森正樹「通常学級の実践から学ぶ特別支援のヒント52」『指導と評価』第66巻，3月号，2020.
7）日本医師会HP「アドバンス・ケア・プランニング（ACP）」2021. https://www.med.or.jp/doctor/rinri/i_rinri/006612.html
8）SOMPOケア「「ACP（アドバンス・ケア・プランニング―人生会議―）」に関する調査結果」2021. https://www.sompocare.com/attachment/topic/1131/news_0225_2.pdf
9）人生の最終段階における医療の普及・啓発の在り方に関する検討会「人生の最終段階における医療に関する意識調査報告書」2018. https://www.mhlw.go.jp/toukei/list/dl/saisyuiryo_a_h29.pdf
10）総務省消防庁「傷病者の意思に沿った救急現場における心肺蘇生の実施に関する検討部会（WG）（第7回）資料1 検討部会報告書（案）」https://www.fdma.go.jp/singi_kento/kento/items/wg7-shiryou1.pdf
11）近泰男編『現代の家族計画——指導者ハンドブック』日本家族計画協会，pp.270-277，1984.
12）中島正夫「妊産婦と乳幼児の健康を支援する手帳制度の変遷と公衆衛生行政上の意義について」『日本公衆衛生雑誌』第58巻第7号，pp.515-525，2011.
13）衆議院HP「女性の健康の包括的支援に関する法律案」https://www.shugiin.go.jp/internet/itdb_gian.nsf/html/gian/honbun/houan/g18602027.htm
14）厚生労働省HP「養育支援訪問事業ガイドライン」https://www.mhlw.go.jp/bunya/kodomo/kosodate08/03.html
15）光田信明「特定妊婦って何？」『女性心身医学』第20巻第3号，pp.289-293，2016.
16）湯澤直美監修「「妊娠葛藤決断後」の相談」『妊娠葛藤白書——にんしんSOS東京の現場から2015-2019』特定非営利活動法人ピッコラーレ，pp.99-107，2021.
17）特定非営利活動法人ピッコラーレ「2019年度活動報告書」pp.6-7，2020.

【第3節】
・中西正司・上野千鶴子『当事者主権』岩波書店，2003.
・朝日雅也「リハビリテーション連携における「当事者本位」を考える」『リハビリテーション連携科学』

第21巻第1号，pp.81-85，2020.

【TOPICS】
1）佐野賢治「郷土」『日本民俗大辞典 上』吉川弘文館，pp.490-491，1999.
2）古家信平「心意」『日本民俗大辞典 上』吉川弘文館，pp.877-878，1999.
3）草加市史編さん委員会編『草加市史　民俗編』草加市，pp.753-791，1987.
4）池田光穂『看護人類学入門』文化書房博文社，pp.7-8，2010.

第9章

IPWとIPEの展望

1 地域と協働したIPWの展望

　本節では、地域との連携によるIPWについて、埼玉県立大学でIPEに取り組むようになった当時の地域の状況や筆者らの取り組みを振り返り、今後の展望を述べる。

1）チーム医療やチームケアをIPWで

　埼玉県立大学が日本で初めてIPEとIPWの国際セミナーを開催したのは、2005（平成17）年11月であった。故・丸山一郎先生（初代社会福祉学科長）を実行委員長として、英国専門職連携教育推進センター（Centre for the Advancement of Interprofessional Education：CAIPE）からB.Clague氏とH.Low氏を招聘し[1]、埼玉県内外にIPEとIPWを広く普及する機会であった。

　それまでは、保健医療福祉の専門職が連携して実践することを、医療の場では「チーム医療」と呼び、介護保険制度のもとでは、「チームケア」や「チームアプローチ」と呼んでいた。チーム医療やチームケアとIPWは異なるものではなく、その実践内容をIPWの考え方で取り組むという理解がなされた。また、複数の異なる分野の専門職が、利用者などの当事者を中心に据え、利用者とその家族のために、自立した専門職として互いに知識と技術を提供し合い、パートナーとして尊重し、ともに学び合いながら共通の目標の達成をめざして一緒に援助活動を行うIPWは、単に多職種が集まった実践ではない。チームメンバーで一緒に取り組むチーム医療やチームケアもIPWであるという理解がなされた。

2）政策誘導で広がるチーム医療やチームアプローチ

　2010（平成22）年、厚生労働省は、チーム医療を推進するために日本の実情に即した医師と看護師等との協働・連携のあり方等について検討を行う「チーム医療の推進に関する検討会」を開催した。その報告書には、「チーム医療とは、医療に従事する多種多様な医療スタッフが、各々の高い専門性を前提に、目的と情報を共有し、業務を分担しつつも互いに連携・補完し合い、患者の状況に的確に対応した医療を提供すること」[2]と記されており、IPE・IPWの考え方が強く反映されている。また、医療政策として、栄養サポートチーム加算や緩和ケア加算など、診療報酬でチーム医療が促進されている。

　介護保険制度のケアマネジメントでは、チームアプローチがうたわれている[3]。

施設ケアの多職種によるチームアプローチや地域包括支援センター内3職種の連携、在宅ケアでは関係機関間の連携である。さらに退院支援や退院調整、地域連携パスなど医療と介護との連携が促進されている。

これらのチーム医療やチームアプローチは、IPE・IPW の考え方を基盤として、チーム活動のスキルやコミュニケーションスキル、連携・協働のスキルなどが IPW の実践方法として理論化され活用されている。

3）保健医療福祉の専門職と利用者や地域住民とのIPWへ

保健医療福祉の専門職の実践である IPW は、超高齢社会の持続可能な制度改革のなかで、保健医療福祉分野以外の専門職や、地域住民やボランティア、利用者と連携した取り組みに発展している。ここでは、筆者らがかかわってきた利用者と他分野の専門家が参加するケア会議、認知症カフェの取り組み、地域住民のコミュニティづくりの活動を紹介する。

① 個別支援から家族支援に発展したケア会議

70代の女性である認知症の A さんは、居宅介護支援事業所のケアマネジャーのケアマネジメントのもと、デイサービスや訪問介護のサービスを利用している。40代の知的障害がある息子は、障害者相談支援と就労支援を利用している。A さんの不動産をめぐって金銭トラブルが生じているという情報を得た地域包括支援センターの社会福祉士と行政保健師が相談のうえ、ケア会議を開催した。A さんと息子および両者の支援関係者と、A さんの親族、友人、成年後見制度に精通している司法書士にケア会議の声をかけた。ケア会議では、地域包括支援センターの社会福祉士と行政保健師が会議の趣旨説明をし、各参加者が自己紹介をしたうえで、まず、A さんの支援をしている居宅介護支援事業所のケアマネジャーと息子の支援をしている相談支援専門員が、日常的にそれぞれが課題としていた食事と緊急時の対応についての情報交換をし、対応策を検討した。次に、今回の検討課題である金銭トラブルについて、司法書士から状況説明と法的な対応策の提案があった。A さんのケアマネジャーや息子の相談支援専門員は日ごろの両者の様子をふまえて意見を述べ、親族と友人は A さんと息子の関係性や過去の意思決定の傾向について述べた。A さんと息子の暮らしの場の選択肢についても検討され、相談支援専門員が常に息子の意向を確認しながら代弁者となった。最終的には A さんと息子の希望をふまえて、現状の暮らしを継続する方針が確認され、このチームメンバーで支援を継続することを合意した（図9-1）。

図9-1　認知症のAさんと知的障害の息子を支援する関係者によるケア会議

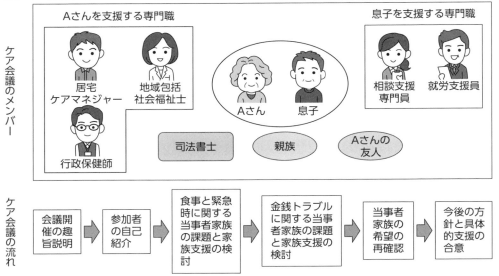

出典：寅磐朝香「多様な問題を抱えて地域で生活する高齢者への支援に関する一考察～成年後見制度を活用したケア会議
　　　の事例より～」2021（令和3）年度宮城大学看護学群卒業論文を一部改変

　近年、利用者が参加するカンファレンスやケア会議の開催は、あたりまえのことになっている。利用者中心のIPWの考え方では当然のことであるが、このケア会議は、高齢者と障害者を別々に支援している2つの専門職チームが、利用者家族支援として合同チームとなってIPWを展開し、かつ、他分野である法律の専門家をチームメンバーに加えたものである。個別支援のIPWから利用者の家族や利用者が所属する集団を支援するIPWに拡大したものであり、認知症高齢者と知的障害者という利用者に加え、親族、友人という非専門職と法律の専門家が加わったIPWに発展している。専門職によるIPWは、利用者のニーズに応じてメンバーが拡大し、形態が変化して発展するのである。

② 行政の運営から地域住民・地域の専門職・研究者の共同運営に移行した認知症カフェ

　B地域の認知症カフェは、地域包括支援センターが運営して隔月で開催していたが、参加人数が少なく、参加者は固定していた。認知症カフェは、すべての市町村への設置を目標とした認知症施策である。筆者らは、認知症カフェの活性化のための取り組みを開始した[4]。地域包括支援センターの職員に加え、研究者が地域の病院や訪問看護ステーション、調剤薬局、居宅介護支援事業所のケアマネジャーや介護職などに運営参加を呼びかけた。さらに、認知症カフェの常連である地域住民に運営のコアメンバーになってもらった。そして、地域住民、地域の専門職、研究者

図9-2 地域住民・地域専門職・研究者の3者による協働体制と各自の役割

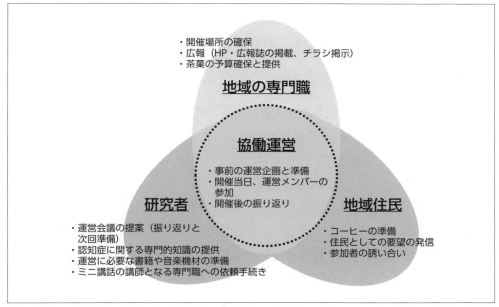

・開催場所の確保
・広報（HP・広報誌の掲載、チラシ掲示）
・茶菓の予算確保と提供

地域の専門職

協働運営
・事前の運営企画と準備
・開催当日、運営メンバーの参加
・開催後の振り返り

研究者

・運営会議の提案（振り返りと次回準備）
・認知症に関する専門的知識の提供
・運営に必要な書籍や音楽機材の準備
・ミニ講話の講師となる専門職への依頼手続き

地域住民

・コーヒーの準備
・住民としての要望の発信
・参加者の誘い合い

出典：徳永しほ「運営方法の転換による認知症カフェの活性化──地域包括支援センター主体の運営から住民との協働運営へ」『宮城大学研究ジャーナル』第1巻第1号，p.166，2021. を一部改変

の3者で認知症カフェを共同運営することになった（**図9-2**）。これは、研究者を含む保健医療福祉の専門職に地域住民（非専門職）を加えたIPWの取り組みだといえる。

③ 住民・行政・大学の連携で取り組む住民主体のコミュニティづくり

C地域は首都圏の近郊で、1970年代に造成された住宅街（約1,000戸）である。働きざかりの40代や50代の住民は、皆一緒に年を重ねて、高齢化率は約40％となっていた。十数年前から一部の住民が仲間づくりや助け合い活動を行っていたが、今後について漠然とした不安をかかえていた。地域住民とのIPWを模索していた筆者らは、行政の地域包括ケア担当者と、この地域住民との出会いによって、「住民・行政・大学の連携で取り組む住民主体のコミュニティづくり」を始めた[5]。都市部で住民活動を進めるために、皆の願いである「住み慣れた地域で最後まで自分らしく暮らし続けたい」を旗印としてかかげ、住民アンケートを行い、地域住民に呼びかけて毎月ワークショップを行うことで、地域活動の新たな枠組みをつくった。それを、「住民・行政・大学という3者のパートナーシップによる協働」によって運営した。こうして始まった自分のための仲間づくりは、コミュニティづくりに発展し、現在は自治会や社会福祉協議会など既存の組織との連携を強化して、「助けて」

といえる地域をめざして活動している[6]。

　筆者らは、この取り組みを、専門職同士のIPWを基盤とした専門職と非専門職である地域住民とのIPWと評価している。

4）専門職とのIPWから非専門職を加えたIPWのために

　Aさんのケア会議には、親族や友人という非専門職が参加していた。B地域の認知症カフェ活性化の取り組みとC地域のコミュニティづくりの取り組みは、保健医療福祉の専門職と地域住民という非専門職とのIPWであった。これらの取り組みから、専門職同士のIPWとの違いを図9-3に示した。

　保健医療福祉の専門職は、資格や免許をもち、制度やサービス事業のなかで、その分野のプロとして支援をしている。しかし、地域住民は、専門職や地域住民との信頼関係のなかで、自分自身の欲求実現として、もしくは暮らしの一部として、住民への支援や地域の支え合い活動を行っている。専門職は、この根本的な違いを認識して、非専門職とのIPWに取り組まなければならない。そして、その地域の特性である、気候・風土・文化・慣習・交通・建物・環境などを把握し、自分自身も地域住民の一員としてかかわることが重要である。江戸時代の宿場町としての歴史があるB地域と首都圏近郊の新興住宅街であるC地域では、地域特性も住民の意識も異なるので、専門職には、それをふまえた地域住民とのかかわり方が求められる。

　一方、専門職と非専門職とのIPWでも、目標は共有している。地域活動では、「地

図9-3　地域における専門職と住民によるIPWの取り組み

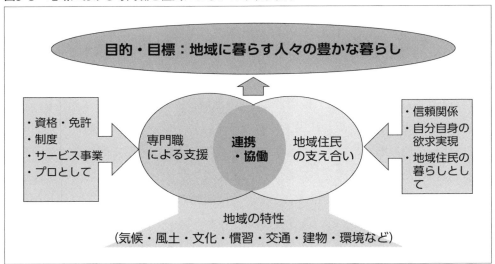

域に暮らす人々の豊かな暮らし」という大きな目的・目標のもと、具体的な取り組みの目標をかかげ、合意のもとに活動することが IPW 成功の鍵になる。Ｃ地域の場合は、「住み慣れた地域で最後まで自分らしく暮らし続けたい」という活動の旗印をかかげた。この目的・目標は、住民と行政と大学からの参加者が繰り返しワークショップを行い、対話を続けてつくりだしたものであった。

その際、具体的なかかわりとしては、専門職が非専門職である地域住民をパートナーとして尊重し、礼儀正しさをもって接する礼節が重要である。

5）保健医療福祉の専門職による IPW から他分野の専門職との IPW のために

Ａさんのケア会議では、司法書士という法律の専門家が参加していた。認知症ケアでは、その多様なニーズに応えるために、警察や消防、タクシー会社などの協力もなければならない。地域の支援活動では、保健医療福祉以外のさまざまな専門家の協力を得ることが必要であり、IPW の考え方が基本となる。さらに必要なことは、利用者中心の支援の前提となるヒューマンケアであり、支援者としての倫理である。保健医療福祉の専門職にとってはあたりまえの考え方であるが、ほかの分野の専門家にとっては新しい出会いである可能性がある。IPW に参加するほかの分野の専門家に、ヒューマンケアと支援者としての倫理を伝え、共有して取り組むことが必要である。

6）タスク・シフティング、タスク・シェアリングによる 役割機能の変化

医師の働き方改革の議論が進んでおり、看護師や薬剤師、理学療法士などの医療職のタスク・シフティング、タスク・シェアリングが進む可能性がある[7]。タスク・シフティングは、医行為の一部をほかの職種へ移譲することであり、タスク・シェアリングは、業務をほかの職種と共同で行うことである。これを実現するために、地域では、医療や介護などのサービス提供がさらにシステム化され、ICT (Information and Communication Technology：情報通信技術) を活用した遠隔医療なども推進される。

IPW は専門職がそれぞれの役割機能を発揮しているが、今後は役割拡大、権限移譲、多職種の働き方改革や ICT 活用などを視野に入れて、多様な実践方法が模索されていくだろう。ただし、IPW の考え方がその基本であることを忘れてはならない。

1） 埼玉県立大学における IPE

　埼玉県立大学の教育課程では、保健・医療・福祉の各専門職の連携によるケアの統合化について、4年間を通じて連続的・体系的に学修することとしている。

　埼玉県立大学のこの特色ある教育は、英国などで行われ、日本全国の保健医療福祉系の大学教育で導入されつつある IPE と言い換えることができる。

　IPE によって育成される専門職とは、国家資格で認められている職業だけではなく、多様な専門的な知識・技能を有するものを含める。

　埼玉県立大学では、IPE の一環として「IPW 論」「IPW 演習」「IPW 実習」等を教育課程に盛り込んでいる。本節では、IPE の集大成とも呼べる IPW 実習について、特にオンライン実習に焦点をあて、学生との協働を紐解いていく。

2） IPW 実習における学生との協働

　4年次生が IPE の集大成として実施する IPW 実習は、施設や施設ファシリテータ、対象者が実在し、連携の実際を学ぶという点で、IPW 演習とは大きく異なる。

　IPW 実習では、新型コロナウイルス感染症（COVID-19）予防等のために、学生が病院・施設といったフィールドに足を運べないこともある。このような局面においても、施設ファシリテータと教員ファシリテータは、学生が主体となって IPE に参画できるよう、従前より対面で行っていた、実際の事例作成やインタビュー内容ならびにスケジューリング等の打ち合わせを実習前に行う。オンライン下で重要なことは、可能な限り学生がリアルに経験できるよう環境を整えることである。

　事例を通して IPE を実践する最小単位は、教員ファシリテータ1名と複数学科の学生から構成される1チームである。1施設あたりでは、原則施設ファシリテータ1名と3チーム（教員ファシリテータ3名、学生3チーム）が1事例をオンラインにて実習するシステムをとっている。複数チームの参画で、自分たちのチームにはない他チームの視点等が刺激となり、事例の理解を深めることを可能にする。学生は、インタビュー、ディスカッション、リフレクションを通して、同じ場所で互いから互いのことを学び合い、施設ファシリテータと教員ファシリテータはそれを補佐する形で協働している。この学びの集大成として全4日間の最終日に複数施設での合同報告会を開催し、学生自身が属するチームのみでなく、他施設チームを含めた他チームの IPE 実践活動から、「チーム形成と協働」「利用者中心の視点・姿勢」

「相互理解」のプロセスについての学びを得る。

　教員ファシリテータと学生との協働の視点から対象者に関するインタビューで重要なことは、最小単位のチームもしくはこれを構成する個々の学生が知りたいと思う内容について、明確な根拠が提示できるよう教員ファシリテータが導くことである。この導きこそが、対象者に関するインタビュー内容・方法を、利用者やその家族に関する情報収集と専門職者の考え、対象者本人の意思の直接聴取、対象児の保護者へのアンケート、施設ファシリテータによる施設での対象者の生活やリハビリテーションの実況中継等多岐にわたらせ、また、学生には言語的・非言語的コミュニケーションを図る努力を生じさせ、「チーム形成と協働」「利用者中心の視点・姿勢」「相互理解」のプロセスを自ら学ばせることを可能にする。ついには直接的なインタビューに緊張感をもたせ、より現実的な体験をさせることとなる。加えて、オンラインという特性をいかし、当該施設に参加した複数チームが同時に参画し、しかもすべての学生がこの結果を共有することで情報量が格段に増し、その後のディスカッションが効率よく実践できることからも、紙上事例での実習と比較して学生の学びは非常に大きい。対面での肌で感じる実習とは比較にならないが、オンラインでの実習は対面と同様に、学生の素晴らしい思考変化・対応力を身近で意識できる貴重な時間でもある。

　以上をふまえると、学生と協働したIPEの展開から、「利用者中心の統合されたケアを創造するためにIPWの方法を身につける」に代表される真の教育効果は、学生が職業人となる今後先々に期するところが大きい。

3　協働のさらなる広がり

　IPWの必要性の背景として、利用者がかかえる課題の複雑性があげられる。生活全体を視野に入れ、QOL（Quality of Life：生活の質）の向上をめざすとき、保健医療福祉分野を超えたさらなる連携が展望される。生活の基盤である住環境を対象とする建築分野との連携は必要性・必然性が高く、地域包括ケアシステムの構築が進められるなか、協働の具体的な実践も求められている。

1）建築学を構成する領域と建築の実践を担う人たち

　建築学は計画系、構造系、環境系の3分野に大別されることが多い。計画系は美しさ、機能性、経済性、快適性などの観点から設計理論を扱い、建築史分野も含む。

構造系は建築材料とその構成方法を扱う。環境系は水、熱、音、空気、光とその調整方法や設備を扱う。人間工学や環境心理学と融合し、人と物的環境のかかわりを考究する領域も形成されている。それらの領域は利用者中心の保健医療福祉と親和性が高い。

諸分野の知見を統合し、建築を構想するのが設計という行為である。設計に関する有資格者が建築士であり、設計を職務とする人を建築家と呼ぶ。建築士は「建築士法」により、設計、工事監理等の業務を行う者とされている。工事監理とは、設計図や仕様書に示されたとおりに工事が実施されているかを確認することである。

建設プロセスにおいて、通常、設計と施工（工事の実施）は別の人が担う。施工業者（工務店、建設会社等）は、基礎、大工、電気、配管、建具、塗装、外構など、各工事を専門とする職人を手配し、現場監督がその工事を管理（工程管理・品質管理・安全管理・原価管理）する。

設計が決まっているか、建築の一部分に手すりや浴室等の設備を取りつけるのみであれば、施工業者に依頼すればよいであろう。総合的に生活環境や建築のデザインを求める場合、建築家に依頼するのが望ましい。なお、施工業者が設計部門をもつ場合もある。

２）建築とヒューマンケア

保健医療福祉分野と建築分野は深いかかわりをもってきた。公衆衛生の発達において、上下水道の整備が果たした役割は大きい。建築における通風・採光への配慮、衛生設備の導入は健康に寄与してきた。近代的看護を確立したナイチンゲール（Nightingale, F.）は、『病院覚え書』（1859 年）において、汚染された空気を速やかに排出し、新鮮な空気を供給することに最大限留意した病院の設計指針を示した。著しい効果が認められ、近代的な医療設備・看護体制にもとづく病院が台頭する 20 世紀初頭まで、世界の病院建設に強い影響を与えた。環境のデザインによって人の自然治癒力を引き出すことに意が払われたことは、今日においても示唆に富んでいる。

20 世紀における医療福祉と建築の協働は、主に医療・福祉サービスを提供する施設に向けられた。そこではいかにサービスを提供するかが主眼とされ、空間は人の収容、設備・家具の配置、スタッフの活動に要する 3 次元的広がりととらえられた。利用者の主体性や個別性が顧みられる機会は乏しく、多くの施設が身の置き場のないような感覚を与えるものとなった。

ここでは、ケアに関するサービス提供の場という二次的な関係ではなく、建築的

配慮そのものがケアとなり得ることや、人と環境の切り離しがたい関係性を示し、建築とヒューマンケアとのかかわりを提示する。

　行動に対する障害の排除や、姿勢を保持したり、行動を容易にしたりする設備の付加は、環境の調整によるケアといえる。そのようなバリアフリー環境の整備は、人の活動に自由度を与え、その人らしい暮らしの実現に寄与する。

　その人らしい暮らしを考えるとき、人と環境の切り離しがたい関係への注目も大切である。外山義は「その人独自の仕方で長いあいだ住みこなされてきた住まいは、周辺に広がる地域社会とのかかわりも含めて、その人の生活の中身や内面の軌跡と切り離しがたく結び合わされている」と述べている。そのように、人と環境を切り離しがたく、影響を与え合いながら変容する1つの体系ととらえる立場は「相互浸透論」(transactionalism) と呼ばれる。学際的研究の蓄積があり、ヒューマンケアについての思索に有益な参考を与えると考えられる。

　管理、防御、プライバシーの観念が強い現代において、住まいも施設も外部に対して閉ざされがちである。しかし、外部への眺望、穏やかな日ざし、肌ざわりのよい涼風などが人を癒す力は大きい。人と人とのつながりが、健康によい影響を与えることも認識されてきた。垣根や壁の配置を再考し、窓や扉の位置、大きさ、建具を調整することで、自然環境や社会環境との関係を改善することができる。そのような環境のデザインも、ヒューマンケアの一要素と位置づけられよう。

3）保健医療福祉分野と建築分野の協働のこれから

　建築や環境への配慮によって、活動の自由、その人らしくいること、心身の癒し、人や地域とのつながりを促進できる。そのことで、住まい、施設、まちが安心して自分らしく暮らせる場や、人と人が支え合う場になっていくことが期待できる。以下では、建築的配慮が求められる場面を例示し、これからの協働について展望を示す。

① 住まい

　障害のある人や身体機能が低下した人の住まいにおけるバリアフリー環境の整備は、多くの実践がある。介護保険による住宅改修は、年間約45～46万件実施されている。ただし、質の問題が指摘されることも多い。住人、身体と環境をアセスメントする人、環境の設定や設計をする人、施工する人の連携促進が期待される。介護保険による住宅改修においては、支給限度額や対象項目の範囲ではできることが限られ、労力と時間を払うだけのインセンティブが働かないとの見方もある。そ

れを補完する独自の制度をもつ自治体もあるが、連携促進のためには、さらに創造的な工夫が必要かもしれない。

その人らしい生活を支えるうえでは、バリアフリー環境の整備だけでは不十分である。趣味や生きがい、家族とのかかわり、友人の訪問、外部環境とのつながりへの配慮も必要である。その人を取り囲む、物、家具、部屋、庭、地域の総体に目を向け、その環境整備をケアの一環として、多様な人材の協働で実施することが求められる。

② 施設

住み慣れた家や地域に住み続けられることは大切であるが、ほかの選択肢も必要である。個室ユニット型特別養護老人ホームは、2000（平成12）年前後、受動的にケアされる場ではなく、主体的に暮らす住まいとして成立した。「相互浸透論」の知見をふまえ、入居者が新たな環境になじんでいけるような空間的・設備的配慮も重視された。運営の実態と対応しない部分が生じつつあるかもしれないが、施設から住まいへの転換を具体化させた、福祉と建築の協働の成果から学ぶべきことは多い。

施設を地域に開いたり、地域との境界を曖昧にしたりする取り組みも広がっている。敷地と前面道路を隔てる壁を取り払い、地域に開かれた前庭をつくりだした「社会福祉法人愛川舜寿会ミノワホーム」の取り組みは、施設運営者・職員と建築家の協働による好事例である。日除け、テーブル、ベンチ、花壇などが設けられた前庭は、近隣住人や保育園児が滞留する場となっている。施設が地域とのつながりをもつことは、住まいとしての質を高めるうえで重要であり、こうした取り組みの広がりにも期待したい。

③ まち

まちなかにおける地域の居場所づくりも盛んである。孤立の軽減・解消に寄与するほか、支え合いの拠点になっている事例もある。専門職が滞在し、人々の日常にかかわることで、リスクを早期に発見したり、その人にあった解決策を見出したりする事例もある。立ち寄りやすさや人を引き寄せる魅力を与えるうえで、デザインの力も大きく、優れた設計者との協働が有効である。

快適に歩ける道の整備や、道や広場に身を置ける場を設けることで、公共空間を豊かな活動の場に変える取り組みも増えている。歩行や交流の機会を自然にうながし、健康増進にも寄与すると期待できる。ベンチを1つ置くだけでも道端に身の置

き場をつくることができる。一方、道路や広場の整備となると、行政や公民連携の取り組みが必要となる。保健医療福祉分野と建築分野の連携により、効果についてのエビデンスや魅力的な事例を積み上げることも有益である。

④ 連携に向けた環境のリ・デザイン

20世紀の都市・建築では、機能と空間の厳密な対応が重んじられ、空間を機能ごとに明確に区切ること、機能と無関係なものを排除することがめざされた。その結果、医療は医療施設、福祉は福祉施設に閉じられ、外部から見えにくくなった。施設内でも専門分化と空間の機能分化は対応関係を築き、固定化されていった。それらのことは効率に寄与したが、人と人や、職種間のかかわり合いを阻害してきた。ケアする人とケアされる人の関係の固定化も、都市・建築のあり方によって強化された側面がある。連携の促進に困難を感じるとき、職務環境、生活環境に目を向け、物理的境界を曖昧にしたり、「余白」を与えたりすることで、自由で多様なかかわりの醸成を試みることも有効といえる。

4 教育・実践・研究の融合と展望

IPWにより利用者やその家族の希望をかなえるためには、各々のコンピテンシーが向上することが期待される。コンピテンシー[1]-[2]とは、特定の職種に対して求められる能力要件の指標であり、組織成員個人の職務遂行能力を確認するための指標である。コンピテンシーは高業績者の行動特性とされるが、単に知識や技術の習得にしぼった能力ではなく、学習への意欲から行為に至るまでの広く深い能力であり、学習可能な能力ととらえられている。つまり誰でももつことができる能力である。

本節では、筆者らが行ったIPWコンピテンシー自己評価尺度の研究[3]-[4]をもとに、IPWコンピテンシーの構成要素とIPWの評価について概説する。筆者らはIPWコンピテンシーを「保健医療福祉の専門職がIPWを実施するために有する根源的・包括的な能力であり、具体的な環境や状況によって変化する個人の行動特性」と定義し、コミュニケーション、パートナーシップ、リフレクション、リーダーシップ、ファシリテーション、マネジメント、コーディネーションの7つを抽出した。これらのコンピテンシーについて、大塚ら[5]-[6]は事例分析により確認し、さらに病院で働いている専門職へのインタビュー、地域連携の実践者へのヒアリン

グ、介護保健サービスを提供する専門職の実践内容からIPWコンピテンシーの具体的な37の行動のリストを作成した（表9-1）。この行動リストは、52の病院の中堅の保健医療福祉専門職および事務職を対象に行った調査と、7つの病院の全職員を対象に実施した調査により、24項目のIPWコンピテンシー自己評価尺度として整理された（表9-2）。全職員の調査では、保健医療福祉専門職や事務職以外に、清掃員、警備員、保育士なども対象とした。連携の機会の有無や頻度には違いはあっても、病院で働くすべての職種が直接的、間接的にIPWの実践者としての側面をもっていると考えているからである。

　IPWコンピテンシーは、状況に応じて複合的な力として発揮されると考えられ、区別して評価することは難しいが、具体的な行動として評価することによって意識することが可能となる。そのため、行動しているかを問うた。

表9-1　IPWコンピテンシーの行動リスト

コンピテンシー	行動
コミュニケーション	ほかの専門職に患者理解に必要な情報を伝える
	ほかの専門職から患者理解に必要な情報を聞く
	ほかの専門職から患者に関する専門的なアセスメントを聞く
	ほかの専門職から患者に関する専門的なアセスメントを伝える
	患者についてほかの専門職と納得できるまで話し合う
	ほかの専門職と患者の援助方針を決定するために議論する
	ほかの専門職に患者に関して相談する
	ほかの専門職からの患者に関する相談に応じる
	援助による患者や家族の変化をほかの専門職と話し合う
	患者のために必要なことを、ほかの専門職やほかの部署にしてもらえるよう交渉する
パートナーシップ	職種や職位、経験年数にかかわらず、患者の援助活動に対して他職種を対等な仲間として尊重する
	ほかの専門職に自分の立場や状況を伝える
	ほかの専門職の立場や状況を知ろうとする
	ほかの専門職の立場や状況を考慮して行動する
	ほかの専門職を信頼して役割分担する
リフレクション	ほかの専門職とのかかわりについて振り返り、意味づける
	ほかの専門職とのかかわりで生じた思いや感情を振り返り、意味づける
	援助の満足感や達成感をほかの専門職と共有する
	援助の不満足感や不全感（不完全な思い）をほかの専門職と共有する
リーダーシップ	自分自身が考える患者に対する援助方針をほかの専門職に伝える
	ほかの専門職の意見を統合して、チームの援助方針を示す

	ほかの専門職同士が話し合いやすい雰囲気をつくる
ファシリテーション	ほかの専門職同士のやりとりを聞き、相手が言いたいことを確認する
	ほかの専門職同士のやりとりを聞き、互いに話が正しく伝わるよううながす
	ほかの専門職同士によるチーム活動のプロセスを予測し、チーム活動を計画する
	ほかの専門職同士の議論の内容が理解できるような方法を提案する
	ほかの専門職同士の議論がかみ合うように橋渡し役をする
	ほかの専門職同士によるチーム活動の目標を共有する
	ほかの専門職同士でねぎらい、感謝、謝罪、期待を述べるなどの情緒的なサポートをする
	チーム活動のプロセスを鳥瞰的（全体を眺める）に観察する
マネジメント	多職種チームで行う問題解決のプロセスを管理する
	多職種チームで行った援助の評価を行い、次のチーム活動にいかす
	多職種チームの活動を促進するための仕組みを提案する
コーディネーション	複数のほかの専門職や患者、家族とのケア会議の開催を、必要に応じて提案する
	多職種やスタッフの役割と能力を理解する
	患者が各専門職から必要なケアが受けられるように専門職種間の調整をする
	患者が各専門職から必要なケアが受けられるように患者と専門職種間の調整をする

出典：國澤尚子・大塚眞理子・丸山優ほか「IPWコンピテンシー自己評価尺度の開発（第1報）——病院に勤務する中堅の専門職種への調査から」『保健医療福祉連携』第9巻第2号, p.145, 2016. を一部改変

表9-2　IPWコンピテンシー自己評価尺度（24項目）

因子名	コンピテンシー	質問項目
チーム活動のマネジメント	ファシリテーション	私は多職種で行う援助活動のプロセスを鳥瞰的（全体を眺める）に観察する
	ファシリテーション	私は多職種で行う援助活動を計画する
	ファシリテーション	私は多職種で行う援助活動の目標を共有するようにうながす
	マネジメント	私は多職種で行った援助活動の評価を行う
他者の理解と尊重	コーディネーション	私はほかの専門職の役割を理解しようとする
	パートナーシップ	私はほかの専門職の状況を知ろうとする
	パートナーシップ	私はほかの専門職を対等な仲間として尊重する
	パートナーシップ	私はほかの専門職に自分の状況を伝える
事実やアセスメントの相互のやりとり	コミュニケーション	私はほかの専門職に患者の情報を伝える
	コミュニケーション	私はほかの専門職から患者の情報を聞く
	コミュニケーション	私はほかの専門職に患者に関して相談する
	コミュニケーション	私はほかの専門職からの患者に関する相談に応じる

統合されたケアの ための調整	コミュニケーション	私はほかの専門職と患者の援助方針を決定するために議論する
	リーダーシップ	私は自分自身が考える患者に対する援助方針をほかの専門職に伝える
	コーディネーション	私は患者が必要なケアを受けられるように調整する
	コーディネーション	私は患者・家族を交えたケア会議の開催を必要に応じて提案する
対話と議論の促進	ファシリテーション	私はほかの専門職同士の議論がかみ合うように橋渡し役をする
	ファシリテーション	私はほかの専門職同士のやりとりで議論の内容が整理できるような方法（図解や板書など）を提案する
	ファシリテーション	私はほかの専門職同士のやりとりで話しやすい雰囲気をつくる
	ファシリテーション	私はほかの専門職同士のやりとりを聞き、相手が言いたいことを確認する
感情の共有と 意味づけ	ファシリテーション	私はほかの専門職をねぎらう
	リフレクション	私は援助の満足感や達成感をほかの専門職と共有する
	リフレクション	私は援助の不満足感や不全感（不完全な思い）をほかの専門職と共有する
	リフレクション	私はほかの専門職とのかかわりを振り返る

出典：國澤尚子・大塚眞理子・丸山優ほか「IPWコンピテンシー自己評価尺度の開発（第2報）——病院に勤務する保健医療福祉専門職等全職員のIPWコンピテンシーの測定」『保健医療福祉連携』第10巻第1号，pp.10-11，2017．を一部改変

　IPW コンピテンシーの自己評価を比較すると、社会福祉士が高かった。放射線技師、臨床検査技師、看護助手、事務職は自己評価が低く、連携している他職種の数も少なかった。職位では中間管理職以上が、勤務形態では常勤職員の自己評価が高く、現在の職種の経験年数が短い、現在の職位での経験年数が短いあるいは長い、年齢が高いほうが IPW の自己評価は低かった。職種が担っている職務、IPW の機会の有無や頻度が影響していると考えられる。

　しかし、IPW は頻度が問われるのではなく、必要なときに実践されるかどうかが問われるものである。本尺度は、IPW を実践していたからよかった、していないから努力が必要という判定に用いるのではなく、IPW として意識している行動、意識していなかった行動、自分はやっていないが誰かがやっている行動に着目し、職場の IPW がどのように成り立ち継続されているか、IPW を担うメンバーとして自身がどのように行動することが IPW であるかを学習するために活用すること

図9-4 IPWコンピテンシーの構成要素の構造

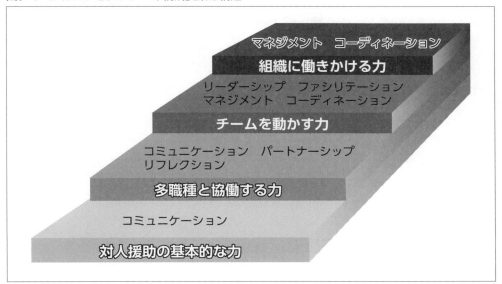

マネジメント　コーディネーション

組織に働きかける力

リーダーシップ　ファシリテーション
マネジメント　コーディネーション

チームを動かす力

コミュニケーション　パートナーシップ
リフレクション

多職種と協働する力

コミュニケーション

対人援助の基本的な力

出典：大塚眞理子「第4章「食べる」ことを支える専門職連携実践」諏訪さゆり・中村丁次編著『「食べる」ことを支える
ケアとIPW──保健・医療・福祉におけるコミュニケーションと専門職連携』建帛社，p.34，2012．を一部改変

　が期待される。

　図9-4は、IPWコンピテンシーの構成要素の構造である。利用者への対人援助
の基本的な力はヒューマンケアの考え方が基盤となっている。コミュニケーション、
パートナーシップ、リフレクションは多職種と協働する力として発揮される。これ
らのコンピテンシーは全員が有していると考えられる。リーダーシップ、ファシリ
テーション、マネジメント、コーディネーションはチームを動かす力であり、チー
ムメンバーの誰かがもっていることでIPWが促進されるが、全員が有するように
努力することでIPWはさらに促進される。組織に働きかける力は組織間連携や機
関間連携において必要な力であり、マネジメントやコーディネーションも発揮され
る。

　相互作用によりチームプロセスを活性化し、互いのコンピテンシーがチーム力と
なるように互いに努力するなかで、IPWコンピテンシーは発揮され、向上してい
くと考えられる。そのためには、よいチームワークとなるようなチームを形成し、
チームについて評価することも必要である。

5 IPW のシステム開発

IPW および IPE は、それぞれの実践の段階にとどまることなく、それらを推進していくためのシステムとして開発されていく必要がある。本節では、このシステム開発について、教育の取り組みを素材に探究したい。

埼玉県立大学大学院では、IPW に関する必修科目として、博士前期課程に「IPW論（専門職連携実践論）」、博士後期課程に「IPW システム開発論」を開講している。ここからは、IPW システム開発論で扱っている内容をもとに、IPW システム開発にかかる視点を述べる。

1）IPW のシステム的展開、制度化

システムとは、相互に影響を及ぼし合う要素から構成される仕組みを指す。一般性の高い概念であるため、体系、制度、方式、機構、組織といった多種の言葉に該当する。日本の社会保障システムは国際的に見ても高い水準にあり、高い平均寿命や健康寿命の長さ、医療の質評価やアクセシビリティのよさ、平等性などに裏づけられた成果が示されている[1]。

医療や介護支援において、IPW は戦略的に取り組まれている。この IPW には支援上の共通目標があって連携・協働が生まれる。サービスの効果検証、制度設計や政策形成を含め、保健医療福祉にかかわる諸課題の解決には IPW は欠かせない。しかし、その手法については課題解決が現在進行形であれば、常に試行錯誤とシステム開発のためのいわゆる PDCA サイクル（図9-5）を動かす必要がある。現在、地域包括ケアシステムの構築に向けた施策が公的機関と民間レベルで展開されてい

図9-5　PDCAサイクル

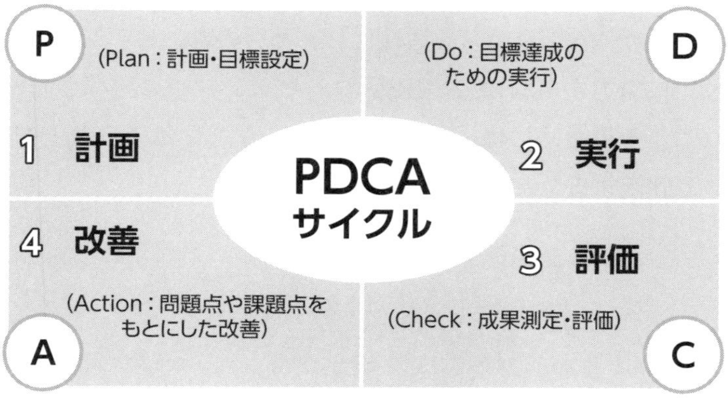

る。地域住民が主体的に取り組む自助・互助による健康や生活改善、暮らしやまちづくりまでの包括的な制度設計を各市町村で構築するために、いわゆる PDCA サイクルを動かし、試行錯誤が続けられている。

　例えば、2000（平成 12）年に始まった介護保険制度において、ケースマネジメント手法に IPW 戦略が取り入れられ、医療と介護連携に IPW は欠かせない手法となった。また、地域包括ケアシステムは、介護、医療、予防、住まいおよび日常生活の支援が包括的に確保される体制の仕組みを指すものであり、地域の社会資源を活用した自助、互助、共助、公助の 4 つのシステム開発が行われている。

2）IPW のシステム開発の視点

　埼玉県立大学大学院の博士後期課程での科目 IPW システム開発論では、多様な IPW 課題に関連する文献調査や、院生自身の職場で取り組む IPW や医療福祉の課題解決に向けた多様な取り組みを調査・紹介している。報告内容からは、IPW システム開発に関連したテーマは保健医療福祉の多様性を含有していることが分かる。いずれにしても、地域社会の課題解決のためのシステム開発にはエビデンスにもとづく改革が必要であり、関連学会での効果検証は欠かせないと考えられる。

3）IPW の評価の基本的な考え方と方法

　IPE のアプローチによって学んだ学生は、互いに尊敬と前向きな姿勢を示し、利用者の転帰の改善に取り組む協力的な専門職間チームメンバーになる可能性が高い[2]。また、IPE による IPW の質的向上には IPW 評価の視点が必要であり、利用者中心のケアの質的向上には利用者、家族、地域をパートナーと位置づける課題解決型の IPW のあり方をめざす必要がある。

　IPW によって何をどのように改善して、何を得たのかの成果・効果検証を行うことが必要とされる。これには 5 W 1 H の「When：いつ」「Where：どこで」「Who：だれが」「What：何を」「Why：なぜ」「How：どのように」からなる情報伝達と課題分析が必要であり、IPW 評価の基本要素となる。また、評価による課題分析と解決に向けた対策をプラン化して、その方法と結果について専門職間で情報提示と共有化を行うことが、IPW のために必要なプロセスとなる。

　2014（平成 26）年度には医療介護総合確保推進法によって医療法や介護保険法などの 19 の法律が一括改正され、地域包括ケアの定義規定が設けられた。詳細は割愛するが、地域包括ケアの対象が高齢者に限定されず障害者や難病患者なども包括している点は重要である。2000（平成 12）年からスタートした介護保険制度は

表9-3 IPWのコンピテンシー

① 専門職間のコミュニケーション	異なる専門職が協働的で敏感で信頼できる態度で互いに話し合う
② 利用者中心のケア	ケアの構築、実行において利用者、家族、地域をパートナーと位置づける
③ 役割の明確化	自分自身とほかの専門職の役割を理解し、その知識を利用者の目標に達するために適切に活用できる
④ チーム機能	チームダイナミクスの原則とチームの過程をつくり上げる効果的な多職種連携を理解する
⑤ 協調的リーダーシップ	協働的な実践モデルを支持するリーダーシップの原則を理解し、活用できる
⑥ 専門職間の対立の解消	意見の対立が生じたときに積極的に、建設的に働きかけて解決する

出典：McGill University, *Canadian Interprofessional Health Collaborative*（CIHC）*framework,* 2021. より作成

3年ごとに見直しが行われており、2018（平成30）年の医療法と介護保険法の同時改正では、国をあげてIPWを推進する改定となっている。法律は、医療システムと教育システムの構築・監視・管理を形成する重要なメカニズムである。したがって法改正は、医療従事者等の教育・認定・規制・報酬の制度に影響を及ぼす可能性があることから、IPEとIPWの開発・実行・継続性も大きく左右されるといえる[3]。

　カナダのCIHC National Interprofessional Competency Framework[4)-5)]では、連携実践に必要な態度、行動、価値、判断の発展と統合を必要とする一連の能力から構成された6つのコンピテンシードメインを示して、IPWのコンピテンシー評価の基本的考え方を示している（**表9-3**）。これら基本的なコンピテンシー評価はIPWプロセスのなかで必要であり、組織的なPDCAの実施とリフレクションによるIPWの効果の評価を行うことで、新たな価値あるIPWの発展とIPWシステム開発につながると思われる。

6　学術的取り組みとその展望

1）IPW・IPE の概観

　高齢社会の到来により、複数の基礎疾患をもつ高齢者にも積極的な医療が提供されるようになり、医療はより複雑化した。さらに、医療技術の高度化と専門分化が進んでいる。このような変化に伴い、医療専門職が連携・協働することの重要性はより高まっている。

　日本では医療専門職の連携・協働を表す用語として「チーム医療」が普及し、2000（平成12）年以降にはチーム医療を扱う研究論文が急増した。さらに、2010（平成22）年の厚生労働省「チーム医療の推進に関する検討会報告書」によりチーム医療は推進された。チーム医療とは、医療に従事する多種多様な医療スタッフが、各々の高い専門性を前提に、目的と情報を共有し、業務を分担しつつも互いに連携・補完し合い、患者の状況に的確に対応した医療を提供することと定義されている[1]。

　他方、「IPW」は、WHO（世界保健機関）がアルマアタ宣言のなかで、健康と福祉の協働の重要性を強調し、多様な保健医療職の教育の必要性を示している。そして、2010 年の「Framework for Action on Interprofessional Education & Collaborative Practice」では、「専門職連携の教育と連携医療の実践が、世界的な医療従事者不足の危機を緩和する上で重要な役割を果たす革新的戦略であると認識している」とし、その重要性を提唱している[2]。また、IPE によって人材が育成され、IPW が実践されることにより、人々の健康や QOL、well-being の向上に貢献することができると位置づけた[3]。この枠組みは、日本の保健医療福祉システムに大きな影響を与え、地域包括ケアの発展とともに多様な場で IPW が言及され、発展してきている。IPW とチーム医療は類似した用語として活用されるが、IPW は医療だけでなく、福祉・保健などの職種も参画する場面で活用されることが多い。

2）IPW の構造

　IPW の効果は、利用者、患者、家族それぞれの側面（満足度の向上、治療効果改善、QOL の向上など）、チームの側面（ケアの継続性、サービスの効果的利用、コミュニケーション改善、課題解決能力の向上など）、チームメンバーの側面（職務満足度の向上、役割の明確化、決定への参与など）、組織の側面（入院期間の減少など）と、多様な効果が検討されている。このような効果が期待される一方で、

その実現の難しさやコンフリクトについても多く検討されている。困難感には、コミュニケーション能力が不十分であること、多様性の理解が浅いこと、多忙さや縦割り組織の影響などが検討されている。また、メンバー間の課題のとらえ方や価値観の相違などによるコンフリクトも報告されている。

　IPW のあり方、多職種チームの種類、IPW のプロセスについては多様に報告されている。コンフリクトを乗り越えてチームが発展する過程を示したタックマンモデルは汎用性の高いモデルであり、チームの成長をふまえるうえで重要な示唆を提供している[4]（第3章第3節参照）。Leutz は、統合の程度から検討し、linkage、coordination、full integration と段階的に示した[5]。野中は、構成員相互の関係性の密度から、第一段階の「linkage ＝連結」、第二段階の「coordination ＝調整」、第三段階の「cooperation ＝連携」、第四段階の「collaboration ＝協働」を提唱している[6]。これらは、関係性が浅い段階からチームワークが密に展開される過程を示しており、チームワークの状況の理解や評価に有益なモデルとなっている（第3章第6節参照）。

3）IPE の発展と研究動向

　IPW を促進するためには、その教育（IPE）が重要となる。IPE を大別すると、学生を対象とした卒前教育（卒前 IPE）と、専門職を対象とした現任教育（現任 IPE）に分かれる。

　IPW や IPE の実践や研究は、英国、米国、オーストラリアなどを中心として発展してきており、基盤となる枠組みをもとにカリキュラムが構成され、系統的な卒前 IPE が 行 わ れ て い る。カ ナ ダ の マ ギ ル 大 学 で は、CIHC（Canadian Interprofessional Health Collaborative）の枠組を基盤として、6つのコンピテンシー（専門職間コミュニケーション、利用者中心のケア、役割の明確化、チーム機能、協調的リーダーシップ、専門職間の対立の解消）でカリキュラムが構成されている[7]。オーストラリアのカーティン大学では、Curtin Interprofessional Capability Framework の3つの要素（患者・利用者中心のサービス、患者・利用者の安全と質、協働実践）を基盤とした5つの能力（コミュニケーション、リフレクション、コンフリクト解決、役割の明確化、チーム機能）でカリキュラムが構成されている[8]。

　日本の IPE は 2000 年代から行われるようになり、研究や実践報告が徐々に増加してきた。卒前 IPE に関する研究は少数だが、受講前後で IPE の効果を検証した研究がある。吉良らは、1年次に開講する「チームワーク入門実習」の学習効果

を検討した[9]。受講前後の比較により、職種に対する理解やチームワークへの自信が向上したことが示されたが、チーム医療やチーム医療教育に関する考え方はほとんど変化が見られなかった。中村らは、保健医療学系学生に対して1年次から4年次にわたり段階的に多職種連携科目を展開し、学習目標到達度に関わる自己評価表を用いて教育評価を行った[10]。受講前後の比較による有意差が示された項目から、1年次では対人コミュニケーション能力、2年次では疾病・障害をもつ対象者から学ぶ姿勢、3年次では自職種・他職種の役割と専門性の理解、4年次では対象者への支援プラン策定にかかわるチーム医療実施能力に関する学習機会も到達度も高いと報告している。倫理的態度は1年次から意識が高く、学年を重ねるごとにより到達度が高いことが示されていた。学習効果を統計的に示している研究は限られるが、今後も段階的な学習効果のエビデンス蓄積が望まれる。

その他、学生レポート内容などから効果を検討した研究もある。伴仲らは4つの学科の学生への初年次教育にチームビルディングを導入し、学生レポートの記述内容をテキストマイニングで分析し、他者理解のみならず他者を介した自己理解が深められたと報告している[11]。榎田らは医系学生を対象としたチーム医療学修カリキュラムのうち「学部連携病棟実習」の学生のポートフォリオを質的に分析し、患者中心のチーム医療の実践や、多職種連携のための倫理観などの記述があることから、卒前教育プログラムの必要性を報告している[12]。

卒前IPEの長期的効果に関する研究も実施されている。藤後らは、病院勤務の看護師を対象に卒前・現任IPEに関する質問紙調査を行い、卒前・現任IPEの有無により、IPWのためのコア・コンピテンシー尺度の必要性の認識と実施状況で有意差があったとしている[13]。卒前IPEはチーム医療の必要性を認識するために、現任IPEはチーム医療の実践能力を高めるために有効であると報告している。藤井は、24名の自由記載欄の分析であるが、IPEの長期的効果を検討した[14]。そのなかでは、多くがIPEは役立ったと回答した一方で、6分の1は邪魔になったと回答しており、また、ほぼ全員が卒前と卒後のIPEが必要と回答していた。

これらの卒前IPEに関する論文は、いずれもカークパトリック（Kirkpatrick, D.）のレベル1からレベル2に相当すると考えられる[15]。つまり、IPEに対する受講者のリアクション、もしくは知識や技術の習得は検証されている。IPEの効果をより確実なものにするためには、受講者の行動変容や組織の変化を検証する研究をより発展させることが望まれる。近年、多くの教育機関で卒前IPEが実施されている状況を考えると、今後は長期的効果の検証とともに、組織の変化を含めた検討が発展していくと考えられる。そして、卒前および現任IPEの必要性が示されてい

ることから、段階的で継続的な IPE の必要性が示唆される。

　医療専門職者を対象とした現任 IPE は、在宅療養を課題とした研究が多い。患者の安全性を高めることをめざしたコミュニケーショントレーニングを中心としたプログラム Team-STEPPS® は、コミュニケーションの著しい改善、臨床エラー率の低下、患者の満足度の改善が確認され [16]、効果的なプログラムとして多様な医療機関で実施されている。継続的な Team-STEPPS® により、インシデントレポートが減少したことも報告されている [17]。安全性に焦点をあてたプログラムではあるが、現任 IPE として有効性の高いプログラムと考えられる。

4）IPW・IPE の展望

　今後もますます医療の高度化や在宅療養が発展し、IPW・IPE は発展し続けると想定される。また、日本の文化・風土をふまえた IPW のモデルが構築されることが求められるだろう。そのモデルを基盤とした IPE によるエビデンスの構築が重要になると考える。教育に関する研究では、多くの関連要因があり、多様な課題があるが、カークパトリック（Kirkpatrick, D.）のレベル３やレベル４の検証を含め、さらなる発展が望まれる。

7　国際協力分野での展開

1）国際的な動向から見る IPW

　昨今のパンデミックへの対応は、国際的にも協業する必要性を示している。国際的な規模での人の往来が活発化した現代では、一部の地域の感染症が、またたく間に世界の隅々に広がり、人々の生活を制約する。こうした状況下では、特定の専門職あるいは文化に限局した考えや、連携の不十分さは、世界規模で推進すべき対策の疎外因子となってしまう。こうした懸念から、サンパウロ、ミュンヘン、モザンビーク、コソボの高等教育機関が協業して、地域的にも国際的にも保健医療システムを強化するための教育を開始した [1]。各国で社会制度が異なるうえ、多民族国家では、人種や民族によって文化が異なる。文化が異なれば社会規範が異なるため、人々がとる行動も異なる。IPE は、対象者への保健医療効果の向上という共通の目標に向かい、互いについて、互いから、そして互いが一緒に、相互に影響しながら学ぶことを重要視する [2]。この視点は、国際協力や国際的、学際的または臨床的な活動においても不可欠な態度を滋養する。

2）保健医療福祉領域の IPW と文化

　臨床実践において、何を重要視するかの差異を、専門職の文化と見ることができる。文化にはさまざまな定義や階層が存在するが、行動様式に影響を与えるという点で、文化は社会的学習だといえる。これは、生来的特徴ではなく、学習され習慣化されることで、特定の集団内では常識と認識されるような行動様式を生む。例えば、対象者の主訴よりも生化学的数値を重要視する専門職がいるかもしれない。これが特定の専門職に所属する多くの人に観察されるならば、その専門職の文化であるともいえる。

　日本において、特定の専門職の優位性、そして性別や年齢による優位性の偏重は、IPW の障壁として認識されている。また、介護や育児が女性の役割であると認識する集団では、家族の介護や育児を担う人に、感じている困難感を表出することを躊躇させる。さらに、福祉サービスを受けることに抵抗を感じる要介護者は、サービス提供者が訪問する際に、サービスの利用を周りに悟られない車の使用や服装を求める。日本を含むアジア諸国に見られるこうした行動特性は、国際比較研究からあぶり出されてきている。

3）IPW におけるアウトカムの国際比較

　IPW は、対象者への支援が、対象者の希望に即し、かつ包括的であることをめざしている。国際学術誌では、IPW がベタープラクティス（better practice）に貢献し得るかとの問いが立てられ、検証途中にある。専門職内で推奨される介入は、疾患別に書籍に表記されている。しかし、IPW による介入やアウトカムは、いまだ模索されている段階である。国ごとに、医療費や社会保障制度、専門職が担う役割遂行の範囲が異なっているため、1 つの国の実践をそのままほかの国で実施するには、さまざまな限界がある。まさに「互いについて、互いから、そして互いが一緒に、相互影響しながら学んでいる」状態であるといえる。IPW による実践の国際比較は、システマティックレビューやスコーピングレビューで論じられつつある。

① 乳がん患者を対象とした IPW [3]

　比較対象国は、米国、英国、オーストラリア、カナダ、香港、オランダ、ベルギーを含んでいる。IPW に参画した専門職のうち、ほとんどの研究に表記されていたのは、乳腺専門外科医、放射線技師、病理学者、医療腫瘍学者、放射線腫瘍学者、乳がん認定看護師であった。まれに表記されていたのは、乳房再建専門外科医、看

護師ナビゲーター、理学療法士、心理学者、遺伝カウンセラー、社会福祉士、薬剤師、臨床試験コーディネーター、研修医であった。

用いられたアウトカムは、患者、医療提供者、そして提供システムの3つのレベルに分類された。患者レベルには、生存率を含む臨床観察データと、乳がん患者に特化したQOL尺度や患者満足度尺度が含まれ、医療提供者レベルには、提供者満足度、臨床的意思決定プロセスが含まれた。また、提供システムには、介入までの期間、臨床治験登録、ガイドラインの順守が含まれた。この報告書は、電話会議や臨床的決断支援システムは十分活用されているが、チームワークについては、リーダーシップの要素のみが報告され、ほかのメンバーの役割については検討が不十分であると問題提起している。

② 慢性疼痛管理のための患者教育[4]

慢性疼痛の管理ができるよう、患者教育を勧告する指針が多い。しかし、慢性疼痛患者の短期および長期の自己管理への介入戦略の効果については、ほとんど示されていない。慢性疼痛は3か月以上続く痛みであり、その有病率は、先進国では人口の37％で、発展途上国では41％と見られている。

比較対象国は、米国、オーストラリア、ドイツ、デンマーク、ノルウェー、スペインを含んでいる。IPWに参画した専門職は、理学療法士、心理学者、看護師、内科医（かかりつけ医を含む）、疼痛の専門家、研究者、薬剤師、鍼治療師、マッサージ師、栄養士、社会福祉士である。用いられた介入戦略は、認知行動療法、身体活動、投薬モニタリング、疼痛管理スキル習得プログラム、鍼治療とマッサージ、その他を含んでいる。IPWによる患者教育は、慢性疼痛をもつ人々の自己管理と自己効力感を向上できる一方で、教育リソース、連携に必須な専門職については、いまだ不明瞭であることを報告している。

③ 腫瘍学領域における多職種連携会議の影響[5]

この腫瘍学領域でのシステマティックレビューは、多職種連携会議の影響を分類した。それによると、多職種連携会議で討議された患者は、エビデンスは限定的ではあるが高い生存率を示し、術前のステージ評価の妥当性が高く、新補薬や補薬の治療を受ける可能性が高かった。しかし、多職種連携会議が、直接的に患者の臨床アウトカムの改善に貢献したとするエビデンスはほとんどなかった。今後は、専門職間でデータを照合し合う率や、患者の満足度と、患者のQOLに及ぼす影響を評価する必要があると結んでいる。

4）対象者を中心とした IPW

IPW による介入は、その中心に対象者とその家族を置いているため、彼らの認識を重要視している。対象者は、入院中には患者として医療的支援を受けるが、治療が終了したときからは、慢性的な健康状態の問題をもつために、介護保険（国外では long-term care）などの社会的ケアを利用しつつ地域生活を営む人へと移行する。対象者を中心とした国際的な IPW は、治療を受ける患者から、地域生活を営む社会的ケアの利用者への変遷をとらえることができる尺度の構築を開始している[6]。

そうしたなか、社会的ケアを利用することで、対象者と家族が望む地域生活が営まれ、かつ、彼らの人権が擁護されているかを評定するための尺度のセット（Adult Social Care Outcomes Toolkit）が、社会学、医療経済学、そして法学の学術者の連携によって英国で構築された[7]。このセットには、利用者版や、家族を含むインフォーマルな立場の介護者版も含まれる。利用者版と介護者版をペアで用いることができる利点をいかして、社会的ケアの費用対効果の評価が、英国やオーストラリア、そしてアイスランドを加えた国々での比較が始まっている。日本語版については、利用者版[8]と介護者版[9]が構築され、さらに、日本人用スコアのアルゴリズムがそれぞれ構築されている[10]-[11]。これらの尺度とアルゴリズムを用いた国際的な比較が始まっている。

5）まとめ

対象者にベタープラクティスを提供するために、対象者の認識を実践に組み込む必要がある。フィンランドでは、社会的ケア利用者とその家族の認識が、自治体の社会的ケアの提供のあり方に影響を与えつつある[12]。目的とする対象者の認識を把握できるアウトカムの選出や、得られた認識の実践への活用の国際的な動向は、今後明らかになっていくと期待される。

引用・参考文献

【第1節】

1）埼玉県立大学国際セミナー '05実行委員会編「埼玉県立大学国際セミナー報告書」2006.

2）厚生労働省「チーム医療の推進について（チーム医療の推進に関する検討会 報告書）」2010. https://www.mhlw.go.jp/shingi/2010/03/dl/s0319-9a.pdf

3）厚生省高齢者ケアサービス体制整備検討委員会監修『介護支援専門員標準テキスト 第1巻』長寿社会開発センター, p.146, 1998.

4）徳永しほ「運営方法の転換による認知症カフェの活性化──地域包括支援センター主体の運営から住民との協働運営へ」『宮城大学研究ジャーナル』第1巻第1号, pp.162-171, 2021.

5）石丸美奈・久保田健太郎・大塚眞理子「福祉の現場から 住民が専門職を巻き込みながら進める地域包括ケア──住民─行政─大学のパートナーシップによる推進」『地域ケアリング』第19巻第10号, pp.101-103, 2017.

6）久保田健太郎・石丸美奈・大塚眞理子ほか「住民・大学・行政のパートナーシップによる「助けて」と言い合える地域づくり」『第77回日本公衆衛生学会総会抄録集』p.447, 2018.

7）厚生労働省「医師の働き方改革を進めるためのタスク・シフト／シェアの推進に関する検討会 議論の整理」2020. https://www.mhlw.go.jp/content/10800000/000720006.pdf

【第3節】

・薄井坦子ほか編訳『ナイチンゲール著作集 第2巻』現代社, 1974.

・日本建築学会編『人間─環境系のデザイン』彰国社, 1997.

・外山義『自宅でない在宅──高齢者の生活空間論』医学書院, 2003.

・山田あすか『ひとは, なぜ, そこにいるのか──「固有の居場所」の環境行動学』青弓社, 2007.

・秋山美紀『コミュニティヘルスのある社会へ──「つながり」が生み出す「いのち」の輪』岩波書店, 2013.

・金野千恵・矢田明子「ケアを暮らしの動線のなかへ, ロッジア空間を街のなかへ」『10+1 website』2018年12月号, 2018.

・厚生労働省HP「介護保険事業状況報告」各年度版 https://www.mhlw.go.jp/topics/kaigo/toukei/joukyou.html

【第4節】

1）大野勝利「コンピテンシーの定義に関する一考察」『大阪府立大学経済研究』第52巻第1号, pp.99-112, 2006.

2）ドミニク・S・ライチェン, ローラ・H・サルガニク編著, 立田慶裕監訳『キー・コンピテンシー──国際基準の学力をめざして』明石書店, pp.8-9, 69-72, 2006.

3）國澤尚子・大塚眞理子・丸山優ほか「IPWコンピテンシー自己評価尺度の開発（第1報）──病院に勤務する中堅の専門職種への調査から」『保健医療福祉連携』第9巻第2号, pp.141-156, 2016.

4）國澤尚子・大塚眞理子・丸山優ほか「IPWコンピテンシー自己評価尺度の開発（第2報）──病院に勤務する保健医療福祉専門職等全職員のIPWコンピテンシーの測定」『保健医療福祉連携』第10巻第1号, pp.2-18, 2017.

5）大塚眞理子・長谷川真美・新井利民ほか「インタープロフェッショナルワークに貢献する看護を学ぶ教材開発」『平成18年度～平成19年度科学研究費補助金（基盤研究（C））研究成果報告書』2008.

6）大塚眞理子・長谷川真美・新井利民ほか「インタープロフェッショナルワークに必要な専門職のコンピテンシーに関する研究」『平成20年度～平成22年度科学研究費補助金（基盤研究（C））研究成果報告書』2011.

【第5節】

1）筒井孝子『地域包括ケアシステム構築のためのマネジメント戦略──integrated careの理論とその応用』中央法規出版, 2014.

2）Diane R. Bridges, Richard A. Davidson, Peggy S. Odegard, et al. *Interprofessional* collaboration: three best practice models of interprofessional education. Medical Education Online, 2011.

3) 三重大学「専門職連携教育および連携医療のための行動の枠組み」2014.

4) McGill University, *Canadian Interprofessional Health Collaborative（CIHC）framework,* 2021.

5) Eric Wong, Jasmine J. Leslie, Judith A. Soon, Wendy V. *Measuring interprofessional competencies and attitudes among health professional students creating family planning virtual patient cases,* BMC Medical Education, 16（273）, 2016.

【第6節】

1) 厚生労働省「チーム医療の推進について（チーム医療の推進に関する検討会 報告書）」2010. https://www.mhlw.go.jp/shingi/2010/03/dl/s0319-9a.pdf

2) 三重大学「専門職連携教育および連携医療のための行動の枠組み」2014. https://apps.who.int/iris/bitstream/handle/10665/70185/WHO_HRH_HPN_10.3_jpn.pdf

3) 前掲書2）

4) Tuckman, Bruce W. *Developmental sequence in small groups,* Psychological Bulletin, 63（6）, pp.384-399, 1965.

5) Leutz, W. N. *Five laws for integrating medical and social services: lessons from the United States and the United Kingdom,* Milbank Quarterly, 77(1), pp. 77-110, 1999.

6) 野中猛・上原久『ケア会議で学ぶ ケアマネジメントの本質』中央法規出版, pp.10-25, 2013.

7) McGill University HP「IPE curriculum」 https://www.mcgill.ca/ipeoffice/ipe-curriculum/cihc-framework

8) Curtin University HP「Interprofessional Capability Framework」 https://resources.curtin.edu.au/file/faculty./hs/interprofessional_A5_broch_1-29072015.pdf

9) 吉良淳子・對間博之・富田美加ほか「多職種連携教育（IPE）コースにおける「チームワーク入門実習」の教育評価」『茨城県立医療大学紀要』第22巻, pp.31-43, 2017.

10) 中村充雄・青木信裕・首藤英里香ほか「保健医療学系学生の卒前教育における段階的多職種連携実践科目の教育評価（第1報）──各科目の学習目標と学習機会・到達度の関連」『札幌医科大学札幌保健科学雑誌』第9号, pp.52-57, 2020.

11) 伴仲謙欣・高松邦彦・川崎弘也ほか「「チーム医療」「チーム学校」を念頭においた初年次教育──初年次教育科目「まなぶる→ときわびとⅠ」への"チームビルディング"の手法の導入」『神戸常盤大学紀要』第12号, pp.47-56, 2019.

12) 榎田めぐみ・鈴木久義・片岡竜太ほか「多職種連携実践に向けて医系学生が身につけた能力とは？──卒前の多職種連携教育の意義」『医学教育』第49巻第1号, pp.35-45, 2018.

13) 藤後秀輔・下司映一・榎田めぐみほか「看護師に対する卒前および現任専門職連携教育（IPE）の有効性の検証──専門職連携実践（IPW）に関するアンケート調査による検討」『保健医療福祉連携』第10巻第2号, pp.128-137, 2017.

14) 藤井博之「資格取得前に実施したIPEの長期的効果──学生時代にIPEを経験した社会人を対象にした研究」『保健医療福祉連携』第11巻第1号, pp.2-13, 2018.

15) Kirkpatrick, D. L. *Evaluating Training Programs :the four levels 2nd ed,* Berrett-Koehler Publishers, pp.19-70, 1998.

16) Parker A. L. Forsythe L. L. Kohlmorgen I. K. *TeamSTEPPS® : An evidence-based approach to reduce clinical errors threatening safety in outpatient settings: An integrative review,* Journal of Healthcare Risk Management,38（4）, pp.19-31, 2019.

17) Fukami T. Uemura M. Terai M. et al.*Enhanced hospital-wide communication and interaction by team training to improve patient safety,* Nagoya Journal of Medical science, 82, pp.697-701, 2020.

【第7節】

1) Vincente C. R. Jacobs F. de Carcalho D. S. et al. *Creating a platform to enable collaborative*

learning in One Health: The Joint Initiative for Teaching and Learning on Global Health Challenges and One Health experience, One Health, 12, 2021

2) Reeves S. Boet S. Zierler B. Kitto S. *Interprofessional Education and Practice Guide No.3: Evaluating interprofessional education*, Journal of Interprofessional Care, 29(4), pp.305-312, 2015.

3) Shao J. Rodrigues M. Corter A. L. Baxter N. N. *Multidisciplinary care of breast cancer patients: a scoping review of multidisciplinary styles, processes, and outcomes*. Current Oncology, 26(3), pp.385-397, 2019.

4) Joypaul S. Kelly F. McMillan S. S, King M. A. *Multi-disciplinary interventions for chronic pain involving education: A systematic review*, PloS One, 14(10), e0223306, 2019.

5) Pillay B. Wootten A. C. Crowe H. et al. *The impact of multidisciplinary team meetings on patient assessment, management and outcomes in oncology settings: A systematic review of the literature*. Cancer Treatment Reviews, 42,pp.56-72, 2016.

6) Karimi M. Brazier J. *Health, Health-Related Quality of Life, and Quality of Life: What is the Difference?*, PharmacoEcomonics, 34, pp.645-649,2016.

7) Netten A. Burge P. Malley J. et al. *Outcomes of social care for adults: developing a preference-weighted measure*, Health Technol Assess, 16,pp.1–166, 2016.

8) Nakamura-Thomas H. Morikawa M. Moriyama Y. et al. *Japanese translation and cross-cultural validation of the Adult Social Care Outcomes Toolkit (ASCOT) in Japanese social service users*, Health Qual Life Outcomes, 17(59), 2019.

9) Nakamura-Thomas H. Yamaguchi M. Yamaguchi I. et al. *Assessing the structural characteristics of the Japanese version of the Adult Social Care Outcomes Toolkit for Carers*, Home Health Care Management & Practice, 34(1), pp.17-23, 2021.

10) Shiroiwa T. Moriyama Y. Nakamura-Thomas H. et al. *Development of Japanese utility weights for the Adult Social Care Outcomes Toolkit (ASCOT) SCT4*, Quality of Life Research, 29,pp.253-263, 2020.

11) Shiroiwa T. Nakamura-Thomas H. Yamaguchi M. et al. *Japanese preference weights of the Adult Social Care Outcomes Toolkit for Carers (ASCOT-Carer)*, Quality of Life Research, 12,pp.1-9, 2022.

12) Nguyen L. Jokimäk, H. Linnosmaa I. et al. *Do you prefer safety to social participation? Finnish Population-Based Preference Weights for the Adult Social Care Outcomes Toolkit (ASCOT) for Service Users*, MDM Policy and Practice, 6(2), 2021.

おわりに

　本書の前身にあたる『IPW を学ぶ——利用者中心の保健医療福祉連携』が出版されたのが 2009（平成 21）年。その後 10 年余りを経て、IPW を取り巻く環境も大きく変化しました。IPE を教育課程の重要な要素として位置づける取り組みも高等教育機関を中心に着実に増加しています。

　前書は本学における IPE への試行錯誤も含めた取り組みの積み重ねにもとづき、多様な人々によって共有化され、取りまとめられた IPW と IPE の原点でもあり、今もなおその意義は変わらないものと確信しています。その意義を改めて確認しながら、さらにこの間に得られた知見と経験を整理して、志を同じくする人々に分かりやすく伝えること、「利用者中心」の概念をさらに広げ、「利用者とともに」と「地域とともに」のコンセプトを進展させること、その必要性を実感しながらも眼前の業務と課題に追われ、時間が経過していきました。

　こうした事情をふまえながらも、IPW の本質が保健医療福祉における諸課題が複雑化・増大化するなかで一層の輝きを増すとともに、抱いてきた課題認識をこの機に発信しなければという思いが改訂版にあたる本書の編集の原動力になりました。

　幸い、今後も IPE を埼玉県立大学における教育活動の中核に位置づけたいという星文彦学長の所信表明にも後押しされ、編集作業がスタート。そして学内外の教員、施設や医療機関等の専門職、在学生や卒業生の多大な協力を得た原稿により、本書の質は高まり、厚みを増していきました。もちろん、本書の内容に多くの影響を与えてくださった利用者や地域の人々の姿を思い浮かべるにつけ、感謝の念に堪えません。

　改訂版の編集コンセプトとしては、前書との継続性、利用者（当事者）主体・参加や地域での展開の意識化、大学院教育や専門職連携講座等の生涯教育での活用等を意識し、いわば「次世代の IPW・IPE」にふさわしい内容を追求しました。書名についてもこうしたコンセプトをふまえ、最終的に『新しい IPW を学ぶ——利用者と地域とともに展開する保健医療福祉連携』と表現することができました。

　前書では英国専門職連携教育推進センター（CAIPE）の取り組みから学んだ概念や方法論に依拠するところが多く、それは海外の先駆的な取り組みなどから IPW と IPE のエッセンスを体得し、普及に尽力した先達によるところが大きいことはいうまでもありません。その重要性は今も不変ですが、確実に日本での実践と学術研究の進展に伴う固有の解釈やアプローチが拡充していることも実感していま

す。当然それに伴って、IPW と IPE にかかわる 1 つひとつの概念や表現についても多様な考え方が生じ、一書として統一感をもたせるためには、執筆・編集にあたって見解の違いの承認やすり合わせが必要であったことも事実ですが、そのプロセスこそが IPW であったといえます。

　こうした経過をふまえて結実した本書。IPW と IPE の進展を願い追求する人々とこの成果を共有しながら、保健医療福祉の分野における利用者の利益に資することができたとき、本書が真価を発揮することになるのでしょう。

　前書の内容をふまえつつ、新たな視点やテーマの広がりも考慮しながら、本書を再び本学編の形で出版する編集作業にかかわれたことは、このうえない喜びです。

　そして、当初から編集作業について的確な助言をくださり、かつ、進行管理において励ましていただいた中央法規出版の飯田慎太郎さん、佐藤亜由子さんのご尽力に心から感謝申し上げます。

　IPW、いつでも、どこでも、誰とでも。

2022 年 3 月

　　　　　　編集担当　※五十音順
　　　　　　埼玉県立大学　保健医療福祉学部社会福祉子ども学科　教授

　　　　　　　　　　　　朝日　雅也

　　　　　　　　　　看護学科　教授

　　　　　　　　　　　　國澤　尚子

　　　　　　　　　　理学療法学科　教授

　　　　　　　　　　　　田口　孝行

索 引

■執筆者一覧 （五十音順）令和4年3月末現在

秋山恭子 （あきやまきょうこ） 埼玉県立大学保健医療福祉学部健康開発学科准教授 ………… 第4章第6節 (8)

浅川泰宏 （あさかわやすひろ） 埼玉県立大学保健医療福祉学部共通教育科准教授 …………… 第8章 TOPICS ③

朝日雅也 （あさひまさや） 埼玉県立大学保健医療福祉学部社会福祉子ども学科教授

………… 本書を読み進めるにあたって、第2章第1節、第4章第4・6節、

第5章第1・3・5節、第8章第1・3節、おわりに

畔上光代 （あぜがみみつよ） 埼玉県立大学保健医療福祉学部看護学科准教授 ………… 第7章第6節

新井利民 （あらいとしたみ） 立正大学社会福祉学部社会福祉学科准教授 ………………… 第7章第5節

飯岡由紀子 （いいおかゆきこ） 埼玉県立大学大学院保健医療福祉学研究科教授 ………… 第9章第6節

井上和久 （いのうえかずひさ） 埼玉県立大学保健医療福祉学部理学療法学科准教授 ………… 第4章第7節

井原寛子 （いはらのりこ） 埼玉県立大学保健医療福祉学部健康開発学科准教授 ………… 第7章第3節

梅崎薫 （うめざきかおる） 埼玉県立大学保健医療福祉学部社会福祉子ども学科教授 …… 第3章 TOPICS ②

江口のぞみ （えぐちのぞみ） 埼玉県立大学保健医療福祉学部看護学科准教授 ………… 第3章第4節

大塚眞理子 （おおつかまりこ） 宮城大学看護学群教授 …………………………………… 第9章第1節

小川孔美 （おがわくみ） 埼玉県立大学保健医療福祉学部社会福祉子ども学科准教授

…………………………………… 第3章第5節、第8章第2節 (5)

勝木祐仁 （かつきゆうじ） 日本工業大学建築学部建築学科准教授 ………………………… 第9章第3節

萱場一則 （かやばかずのり） 前埼玉県立大学学長 …………………………………………… 第1章第1節

川越雅弘 （かわごえまさひろ） 埼玉県立大学大学院保健医療福祉学研究科教授 ……………… 第8章第2節 (7)

川俣実 （かわまたみのる） 埼玉県立大学保健医療福祉学部作業療法学科教授 …………… 第7章第1節

北島裕子 （きたじまひろこ） 埼玉県立大学保健医療福祉学部看護学科助教 ……………… 第4章第2節

國澤尚子 （くにさわなおこ） 埼玉県立大学保健医療福祉学部看護学科教授 …… 本書を読み進めるにあたって、

第3章第2節、第9章第4節、おわりに

久保田章仁 （くぼたあきひと） 埼玉県立大学保健医療福祉学部理学療法学科准教授 ………… 第9章第2節

久保田富夫 （くぼたとみお） 埼玉県立大学保健医療福祉学部作業療法学科教授 …………… 第4章第6節 (3)

久保田亮 （くぼたりょう） 埼玉県立大学保健医療福祉学部健康開発学科准教授 ………… 第7章第2節

佐藤玲子 （さとうれいこ） 埼玉県立大学保健医療福祉学部健康開発学科准教授 ………… 第6章第4節

柴田貴美子 （しばたきみこ） 埼玉県立大学保健医療福祉学部作業療法学科准教授 ………… 第8章第2節 (4)

鳰末憲子 （しますえのりこ） 埼玉県立大学保健医療福祉学部社会福祉子ども学科准教授

…………………………………… 第3章第6節・TOPICS ①

鈴木幸子 （すずきさちこ） 埼玉県立大学保健医療福祉学部看護学科教授 ………… 第8章第2節 (6)

鈴木康美 （すずきやすみ） 埼玉県立大学保健医療福祉学部看護学科教授 ………… 第3章第7節

鈴木玲子 （すずきれいこ） 埼玉県立大学保健医療福祉学部看護学科教授 ………… 第1章第3節

須永康代 （すながやすよ） 埼玉県立大学保健医療福祉学部理学療法学科准教授 ………… 第4章第6節 (2)

善生まり子 （ぜんしょうまりこ） 埼玉県立大学保健医療福祉学部看護学科准教授 ………… 第2章第4節

添田啓子 （そえだけいこ） 埼玉県立大学保健医療福祉学部看護学科教授 ………… 第4章第6節 (1)

高橋綾 （たかはしあや） 埼玉県立大学保健医療福祉学部看護学科准教授 ………… 第6章第5節

髙村夏輝 （たかむらなつき） 埼玉県立大学保健医療福祉学部共通教育科准教授 ………………… 第5章第4節

高柳雅朗（たかやなぎまさあき）埼玉県立大学保健医療福祉学部共通教育科准教授 ………………… 第4章第1節

田口孝行（たぐちたかゆき）　埼玉県立大学保健医療福祉学部理学療法学科教授

………………… 本書を読み進めるにあたって、第2章第2節、第4章第5・9節、

第6章第1・3節、第7章第7節、おわりに

田中健一（たなかけんいち）　埼玉県立大学保健医療福祉学部共通教育科教授 ………………… 第6章第2節

田中滋（たなかしげる）　埼玉県立大学理事長 ………………………………………… 第1章第2節

辻玲子（つじれいこ）　埼玉県立大学保健医療福祉学部看護学科准教授 ………… 第8章第2節（2）

常盤文枝（ときわふみえ）　埼玉県立大学保健医療福祉学部看護学科教授 ………… 第4章第3節

富田文子（とみたふみこ）　埼玉県立大学保健医療福祉学部社会福祉子ども学科助教 ………… 第7章第4節

中村裕美（なかむらひろみ）　埼玉県立大学保健医療福祉学部作業療法学科教授 ………… 第9章第7節

滑川道人（なめかわみちと）　埼玉県立大学保健医療福祉学部共通教育科教授 ………… 第2章第3節

原和彦（はらかずひこ）　埼玉県立大学保健医療福祉学部理学療法学科教授 ………… 第9章第5節

廣渡祐史（ひろわたりゆうじ）　埼玉県立大学保健医療福祉学部健康開発学科教授 ……… 第4章第6節（7）

星文彦（ほしふみひこ）　埼玉県立大学学長 ………………………………………… 刊行にあたって

保科寧子（ほしなやすこ）　埼玉県立大学保健医療福祉学部社会福祉子ども学科准教授 … 第4章第6節（4）

星野純子（ほしのじゅんこ）　埼玉県立大学保健医療福祉学部看護学科准教授 ………… 第8章第2節（1）

本間三恵子（ほんまみえこ）　埼玉県立大学保健医療福祉学部健康開発学科准教授 ………… 第4章第6節（6）

丸山優（まるやまゆう）　埼玉県立大学保健医療福祉学部看護学科准教授 ………… 第3章第1・3節

水間夏子（みずまなつこ）　埼玉県立大学保健医療福祉学部看護学科助教 ………… 第5章第2節

森正樹（もりまさき）　埼玉県立大学保健医療福祉学部共通教育科准教授 ………… 第8章第2節（3）

森田満理子（もりたまりこ）　埼玉県立大学保健医療福祉学部社会福祉子ども学科准教授 … 第4章第6節（5）

吉村基宜（よしむらもとのり）　埼玉県立大学保健医療福祉学部看護学科助教 ………… 第4章第8節

【コラム執筆者】（掲載順）

米澤春風（よねざわはるか）　埼玉県立大学保健医療福祉学部3年

小林亜耶（こばやしあや）　埼玉県立大学大学院保健医療福祉学研究科博士前期課程

篠原純史（しのはらあつし）　埼玉県立大学卒業生／国立病院機構高崎総合医療センター

吉川和希（きっかわかずき）　埼玉県立大学大学院保健医療福祉学研究科博士前期課程

上原美子（うえはらよしこ）　埼玉県立大学保健医療福祉学部共通教育科教授

花房華帆（はなふさかほ）　埼玉県立大学保健医療福祉学部4年

小野寺由美子（おのでらゆみこ）　IPW実習ファシリテータ／埼玉協同病院

酒本隆敬（さけもとおきのり）　IPW実習ファシリテータ／特別養護老人ホーム杏樹苑爽風館

山﨑あすか（やまざきあすか）　IPW実習ファシリテータ／くりの木薬局

原嶋創（はらしまはじめ）　IPW実習ファシリテータ／介護老人保健施設あすかHOUSE松伏

林裕栄（はやしひろえ）　埼玉県立大学保健医療福祉学部看護学科教授

新しいIPWを学ぶ
── 利用者と地域とともに展開する保健医療福祉連携 ──

2022 年 4 月 20 日　発行

編集 ································ 埼玉県立大学
発行者 ···························· 荘村明彦
発行所 ···························· 中央法規出版株式会社
　　　　　　　　　　　　〒 110-0016　東京都台東区台東 3-29-1　中央法規ビル
　　　　　　　　　　　　TEL　03-6387-3196
　　　　　　　　　　　　https://www.chuohoki.co.jp/
印刷・製本 ····················· 株式会社アルキャスト

装幀・本文デザイン ········ 株式会社タクトデザイン
イラスト ························· 藤田侑巳

本書の内容に関するご質問については、下記 URL から「お問い合わせフォーム」にご入力いただきますようお願いいたします。
https://www.chuohoki.co.jp/contact/